엄마의 빛바랜노트

창조 때로부터 사람을 남자와 여자로 지으셨으니
이러므로 사람이 그 부모를 떠나서 그 둘이 한 몸이 될지니라
이러한즉 이제 둘이 아니요 한 몸이니
그러므로 하나님이 짝지어 주신 것을 사람이 나누지 못할지니라 하시더라

마가복음 10:6~9

엄마의 빛바랜 노트

"참말로 내 맘이 거시키 해뿌요"

지은이 오달자

코람데오

| 머리말 |

엄마의 무한 인내와
희로애락 인생노트에 고마움!

　　　　　어느 날, 우연히 엄마의 방에서 서랍 깊숙이 숨겨놓은 손때 묻은 낡고 빛바랜 노트들을 발견했습니다. '도대체 이게 뭐기에 이렇게 꽁꽁 숨겨놓은 거냐'고 투덜대며 무심코 한 장을 넘겨보았습니다. 낯익은 엄마의 필체가 눈에 들어왔습니다. 놀랍게도 엄마의 일기였습니다. 단숨에 몇 장을 읽어 내려갔습니다.

　마음이 심란할 때마다 노트에 그 마음을 적으며 감정을 가라앉히신 듯 했습니다. 자기 최면과 같은 것이었나 봅니다. 엄마의 평온은 하루아침에 얻어진 게 아닌 듯 했습니다. 때로는 분노를 참지 못하고 욕을 해대시고, 때로는 주님을 찾으며 간절히 도움을 청하셨습니다. 감정을 억누르고 산다는 건 보통 인내심이 필요한 게 아닙니다. 결혼을 하고 부모가 되고 나서야 공감하게 된 사실입니다. 내가 죽지 않으면 안 되는 일이 비일비재했습니다. 산다는 것은 솟구치는 감정을 꾹꾹 누르는 일들의 연속, 더구나 너나없이 가난하던 시절을 사신 부모님 세대는 더욱 그러했을 것입니다.

녹록치 않은 살림에 무심한 남편은 계속 밖으로 나돌며 속을 썩이고, 훈수 두는 시누이, 시동생까지…. 그 모든 상황을 온몸으로 받아내며 마음에 피멍이 들었을 엄마를 떠올리니 눈물이 핑 돕니다. 아문 상처에 새로운 상처가 나고 또다시 새로운 상처가 나고…. 끝없는 반복, 고통의 나날이었겠지요. 상처는 아물어도 흔적은 남아 엄마의 삶을 얼룩지게 만들었을 것입니다. 아파도 아프다 소리 한 번 내뱉지 못하고, 자식에게조차 이해받지 못한 삶을 살아내느라 너무나도 고단하셨겠다는 생각이 들었습니다. 그럴 때마다 노트에 한풀이를 하신 듯합니다. 제발 살려달라고, 살고 싶다고….

현실을 외면한 채 도망치고 싶을 때도 있었겠지만 돌봐야 하는 시대와 친정 식구들 때문에 이리지도 저리지도 못하고 한평생 눈물로 가슴을 쥐어뜯으며 사셨을 가엾은 엄마!

이제라도 마음의 응어리를 풀어드리고, 숱하게 흘리셨을 눈물을 닦아드리고 싶습니다. 죽을 만큼 힘들어도 참고 가정을 지켜낸 엄마에게 고마움과 감사함을 전하며, 엄마의 일기를 모아서 책으로 엮으려 합니다.

이 책에 자식들 또한 강인한 엄마의 인내심을 모두 본받아 살면서 소중한 '가정'이라는 천국의 공동체를 잘 지켜나가겠다는 다짐의 마음을 담아봅니다.

"주님! 가여운 엄마의 지치고 상처난 삶을 위로하시고
여생만이라도 마음 평안히 행복한 여인이 되게 보호 인도하옵소서!"

| 추천사 ① |

인생행로의 내공이 베풂 손길로 변화된 이야기

정일연 (시인, 나눔공동체 회원)

삶에 지칠 때마다 찾는 식당의 사장과 손님으로 만난 오달자 작가님은 칠순을 넘어선 숙년인생 선배다. 안면을 트고 세상 살아가는 이야기들을 편편이 나누다보니 누님 같은 존재로 여기게 되었다. 지금의 70, 80, 90대가 겪었던 궁핍과 생존을 위한 고난의 그림자를 확연히 느끼게 되는 분이다.

오래전에 자신의 살아온 이야기, 성공 실화를 책으로 써서 많은 이들에게 용기와 희망을 불어넣은 오 작가의 이번 이야기들은 내밀하게 쌓아두었던 부분, 마음 아픈 이야기들이 많아 적잖이 놀랐다.

누구든지 한 개인의 속사정과 가족사들을 듣다 보면 각양의 아픔과 해결되지 않은 과제들이 있지만 결혼 이후로 이어진 가장 가까운 배우자의 외도와 반복되는 가학적인 사정들은 미처 알지 못했다. 세상 남자들의 살아가는 모습에서 흔히 보게 되는 안타까움이고, ' 사내가 그럴 수도 있지!' 하며 치부하기에는 너무 지나치고 특이한 일화들을 풀어냈다. 이렇게라도 하지 않으면 마음에 깊은 병이 되었을 것 같다.

부군과 동거하는 내연녀에게 사업 자금을 보태준다든지, 자신의 식당에 직원으로 채용하며 인생 상담까지 해주는 심정은 어떠했을까. 얼마나 힘들었을지 상상이 안 된다. 그렇게 하면서까지 지켜낸 가정, 가족의 가치는 무엇인지 다시금 되짚게 되며 숙연함마저 든다.

사회심리학자 에리히 프롬(Erich Fromm, 1900~80)이 추구한, 소유보다는 관계적 소통의 삶을 선택함으로써 주변의 안정과 평화를 유지하려는 것이었을까? 어떻게든 가해자 입장을 이해해서 그가 뉘우치고 가족에게 돌아오길 바라는 조강지처의 끝없는 극한 인내였을까? 이 과정을 통해 작가 내면의 성장과 인간집단에 대한 협의와 공동체 의식을 유지하고 싶은 갈망 때문이었을까? 남자와 여자를 지으신 하나님만이 아실 일이다.

참담한 인생 도정에서 내공이 쌓인 그녀는, 세상을 바라보는 스펙트럼이 넓다. 사람을 따듯한 시선으로 바라보며 포용하는 모습을 여러 차례 보았다. 특히 가난하고 낮은 사람들, 인생에 강도 만난 이들을 향한 깊은 연민과 아낌없이 도우며 펼쳐 보이는 손길, 사회복지시설과 국제 구호단체 후원 등등 이루 헤아릴 수 없다.

이 책의 구성 목차를 보더라도 그가 세상일들을 관조하며 주변인들을 대하는 이야기들이 줄을 섰다. 부군이라는 한 인간 대상을 바라보며 자신이 변화되어 온 과정, 친정과 시댁의 소소한 이야기들, 식당 단골손님들과의 교유와 친밀감 넘치는 에피소드, 들려오는 소식, 소문들을 갈무리하는 솜씨 등이다. 각인이 안고 살아가는 희로애락을 들어주고 공감하며 함께 기도해 주는 멘토 그리고 힘을 복돋우며 맛있는 영양식으로 대접하는 큰누님의 심정이 곳곳에 묻어나 흐뭇하다.

장(章) 구분의 제목들 – '내가 짊어진 십자가,' '말로 때리는 매,' '고난을 통해서 깨달음을 주시는 주님,' '터널 끝에서 만난 희망,' '타인의 삶 바라보며 기도 드리기' 등에서 보듯이 그녀에게 지금의 세상은 하룻길 소풍 장소쯤 된다. 날이 궂고 바람이 부는 날의 소풍길이지만, 저 너머의 천국과 그곳으로 인도하시는 주 하나님의 인도하심을 매일같이 체험하며 열심히 살아가는 생활신앙인의 이야기보따리기도 한 것이다.

훌륭하게 살아낸 오 작가가 훗날에는 심리치료사 또는 인생 상담 전문가의 식견을 풀어낸 또 다른 책을 들고 나타날 수도 있겠다는 희망을 갖게 된다. 오랜 세월 오 작가를 고통스럽게 했던 주변인들의 참회와 화해가 담긴 책이었으면 더욱 좋겠다. 지난날의 과오를 회개하고 거듭난 얼굴들이 함께 부르는 사랑과 화합의 합창을 듣고 싶다!

글을 쓰려는 초년생 작가들, 종교 지도자, 강연자, 설교가, 남을 가르치고 있는 분들에게 특히 일독을 권한다. 인간의 생생한 민낯과 날마다 치열하게 고군분투하는 현장 이야기 가득한, 보기 드문 책이기 때문이다.

고등교육 이수자이거나 해외 유학 출신의 박사학위 소지자가 아니어도 실제 삶의 현장에서 부딪치며 얻은 깨달음과 진실한 삶의 이치, 그 지혜는 살아 있는 고귀한 실체다. 또 다른 이들을 변화시킬 능력이 발현되기에 순기능의 역할을 감당한다. 이 책이 그것의 한 모델이다.

| 추천사 ② |

이 땅 어머니들의 '고진감래' 모델

정명자(가정주부)

'인내는 쓰고 열매는 달다.' 누구에게도 말 못할 사연들을, 노트를 친구 삼아 이런저런 아픔을 얘기하면서 살아온 세월이 참 부럽네요. 원고 초본을 읽으면서 마음이 아프기도 하고 기쁘기도 하고…. 같은 시기를 살아온 사람으로서 참 잘 사셨다고 박수를 보냅니다. 여러 사람들 살아가는 모습도 적어 놓으셨는데 우리 시대 엄마들은 장한 어머니 상을 받을 만하죠. 가정을 지키기 위해서 말 없이 희생해 준 대가로 아들딸들이 모두 밝고 바르게 잘 자라서 가정과 사회에서 꼭 필요한 사람들로 살아가고 있으니까요.

살아가는 날들이 힘들고 지칠 때 이 책을 한 번 읽어보면서 힘을 얻으시길 바랍니다. 옛 어른들은 "원래 사람은 고생하려고 태어난다."고 말씀하셨는데 오달자님은 아주 많은 고생을 참고 살아오셔서 늘그막에 평안한 삶을 즐기시는 것 같아 동년배로서 기쁩니다. 꼭 한 번 읽어보시길 권합니다.

CONTENTS

머리말
엄마의 무한 인내와 희로애락 인생노트에 고마움! / 4

추천사 ①
인생행로의 내공이 베풂 손길로 변화된 이야기 / 6

추천사 ②
이 땅 어머니들의 '고진감래' 모델 / 10

 내가 짊어진 십자가

사귈수록 반했던 '오빠' / 18
부모님 말씀 잘 들으면 자다가도 떡이 생긴다 / 23
금쪽 같은 아이를 내주고 / 27
자라온 환경에서 비롯된 자격지심 / 31
취직 사건과 장물 연루 사건 / 37
새 출발_룸살롱 출근 / 41
일상이 트집거리인 남편 / 43
나에게 있어 '사랑'은 아낌없이 주는 것 / 48
적당히 하면 안 될까요! / 51
부끄러움은 내 몫 / 54
나쁜 예감은 늘 적중한다 / 56
내 마음의 배는 점점 멀리 노 저어 가고 / 59
나쁜 것에는 빨리 물든다 / 64
이게 오지랖이지 싶다 / 66
바람피우는 남편과 딸들의 항변 / 70
동병상련을 느끼며 / 75

철부지 아버지와 심청이 큰딸 / 78
불효한 죄, 죽는 날까지 용서를 빌며 / 81
나도 내 마음을 잘 모르겠다 / 85
등신 중의 상등신 / 87
큰딸에게 직장을 그만두게 하다 / 90
남의 떡이 더 커 보이냐? / 94
인생을 바꿀 기회를 놓치다 / 97
들키지나 말지! / 101
여자의 마음은 갈대라더니 / 104
부부 일은 부부밖에 모른다 / 107
닮아도 너무 닮았다 / 110
내 죄가 크다 / 112
원숭이도 나무에서 떨어질 때가 있다 / 115
가슴에 손을 얹고 생각해 볼 일이다 / 117
남편은 나를 엄마로 생각한다 / 119
그 간극을 어찌할꼬! / 122
적반하장도 유분수 / 127
남편에게 노래를 권하다 / 129
안 좋았던 기억들이 새록새록 떠오른다 / 133
생각이 달라도 너무 다르다 / 137

 2장 말로 때리는 매

동네 머슴으로 사신 시아버님 / 140
마음에 폭탄을 품고 사는 사람들 / 143
마음을 독하게 먹고 / 147
시누이 시집살이 / 150

시아버님의 담석 시술과 남편의 바람 / 155
둘째 공주가 태어나다 / 158
시부모님의 손자 타령 / 161
시부모님의 서울 상경기 / 163
시어머님의 모진 세월 / 166
빈 수레가 소리가 요란하다 / 170
약자끼리 의리로 똘똘 뭉쳐서 / 173
알다가도 모를 일 / 176
효행상 수상 / 179
내 탓이오! / 182
아무 때나 눈물이 났다 / 186
사람만 없을 뿐인데… / 189
시어머님 재가복지센터를 세 번 옮기다 / 192
자식은 죽으면 가슴에 묻는다 / 196
시설에서 또 쫓겨나다 / 200
천사 같은 간병인 / 203
시어머님이 세례를 받으시다 / 206
시어머님 장례를 치르고 / 209
독립운동가의 후손임을 입증하지 못한 아쉬움 / 211

 3장 고난을 통해서 깨달음을 주시는 주님

고아 아닌 고아처럼 살다 / 216
무소식이 희소식(?) / 219
작은언니와 연락이 되다 / 223
친정아버지가 돌아가시다 / 228
지성이면 감천 / 230

영원한 내 편인 엄마가 천국에 가시다 / 235
둘째 형부와 내 남편의 공통점 / 238
결혼이 대수냐? / 241
외모가 밥 먹여주나! / 245
두 자매 이야기 / 248
살만하면 죽더라! / 254
세상이 변했다 / 257

 터널 끝에서 만난 희망

빚으로 시작한 식당 / 262
나 혼자 자유롭게 살고 싶다 / 264
다정도 병인가! / 268
물살이 내 마음을 닮아 있었다 / 271
각자 밖에서 위로받을 사람을 찾다 / 276
장남이 짊어진 삶의 무게 / 279
전생에 죄가 많은가 보다! / 282
팔은 안으로 굽는다 / 286
드디어 터질 게 터졌다 / 290
뿌린 대로 거둔다 / 293
소망을 이루다 / 295
때 아닌 시집살이 / 298
삶의 목표가 생기다 / 303
복권에 당첨되는 꿈을 꾸다 / 307
지옥을 경험하다 / 310
콩 심은 데 콩 나더라! / 313
주님을 믿습니다! / 315

축복의 통로로 사용해 주세요! / 317
나 정말 바보 아냐! / 319
우물에서 숭늉 찾고 있다 / 321
쥐가 고양이를 무는 심정 / 324
이제 행복 타령은 그만할게요 / 326
따듯하고 평화가 넘치는 가정을 꿈꾸며 / 329

 타인의 삶 바라보며 기도 드리기

전생에 나라를 구했나 보다! / 334
자식들이 십분의 일이라도 알면 좋을 텐데… / 339
집하고 여자는 가꾸기 나름이라고 했던가! / 343
내 주장이 강한 사람이 편하게 산다 / 346
정말 '팔자'라는 것이 있나! / 348
강인한 엄마의 향기를 느끼며 / 350
산 사람은 다 살아지게 마련이다 / 352
푸념을 다 들어주는 남편 / 357
그 아버지에 그 딸 / 359
사람마다 타고난 복이 따로 있나 보다! / 363
세상에 혼자 남겨지는 것이 두려워서 / 365
천사 같은 분 / 372
제 버릇 남 못준다 / 374
그러니까 있을 때 잘하지! / 377
사람의 마음은 참 간사하다 / 379
보이는 것이 다는 아니다 / 381
부러울 게 따로 있지… / 384
세상에 비밀은 없다 / 387

내가 사람의 방언과 천사의 말을 할지라도
사랑이 없으면 소리 나는 구리와 울리는 꽹과리가 되고
내가 예언하는 능력이 있어 모든 비밀과 모든 지식을 알고
또 산을 옮길 만한 모든 믿음이 있을지라도
사랑이 없으면 내가 아무 것도 아니요
내가 내게 있는 모든 것으로 구제하고 또 내 몸을 불사르게 내줄지라도
사랑이 없으면 내게 아무 유익이 없느니라
사랑은 오래 참고 사랑은 온유하며 시기하지 아니하며
사랑은 자랑하지 아니하며 교만하지 아니하며 무례히 행하지 아니하며
자기의 유익을 구하지 아니하며 성내지 아니하며
악한 것을 생각하지 아니하며 불의를 기뻐하지 아니하며
진리와 함께 기뻐하고 모든 것을 참으며 모든 것을 믿으며
모든 것을 바라며 모든 것을 견디느니라

고린도전서 13:1~7

내가 짊어진 십자가

1장

사귈수록 반했던 '오빠'

나는 시댁 식구들이 그렇게 어려운 환경에서 산 줄 몰랐다. 같은 동네지만 시댁은 목리 1구고, 우리 집은 목리 3구였다.

당시 강진국민학교를 다녔는데 시누이는 1학년 선배고, 시동생은 1학년 후배였다. 그래서 얼굴은 가끔 봐서 알고는 있었다. 더구나 시누이는 항상 1등을 하는 모범생이라서 모르는 사람이 없을 정도였다. 예쁜데다가 옷도 잘 입고 다녔다. 그 시절에는 언니들 옷 물려 입는 것이 다반사여서 자기 몸집이나 키에 맞는 옷을 입고 다니는 경우가 드물었다. 그나마 단벌 신사가 많다보니 깨끗이 빨아 입지도 못했다. 대충 입고 대충 먹고살 때였다. 먹는 것, 입는 것이 부족하다 보니 벌거벗지 않고 죽지 않을 만큼 먹고살았다고 해도 과언이 아니다. 그런데 시댁 식구들은 동네에서 멋쟁이들이었다. 내가 시동생을 교회에서 가끔 만나는데 항상 까만 교복을 단정히 입고 있었다. 모자까지 쓰고 있어서 막연히 저 집은 엄청 부자인가 보다 생각했다. 시누이는 초등학교를 졸업한 후 대전으로 나가서 공부했다. 당시에는 우리 동네에서 제일 부잣집 딸인 2년 선배만 대전으로 공부하러 갔을 때였다. 여자들은 중학교도 안 보내던 시절이라서 엄청 부러움의 대상이었다. 그러고는 시동생도 대전으로 중학교를 갔다는 소문을 들어서 나는 시댁이 엄청 부자라고 생각하고 있었다.

어릴 때의 기억으론 내 남편이 매우 잘생기고 일도 잘한다는 얘기가 있었다. 그래도 마주칠 일은 없었다. 그러던 어느 해 가을, 탈곡기로 벼를 터는 날 만날 수 있었다. 일하고 새참을 먹을 때 물 좀 달라고 해서 떠다 주었더니 활짝 웃으며 농담으로 "아침부터 웬 소주를 갖다 주냐?"고 말했지만 나는 못들은 척했다. 그리고 다시 만나게 된 것이 스무 살 되던 해였다. 정월 보름이 지나고 친구들과 동네 오빠네 집에서 놀고 있는데 왔다. 나중에 안 사실이지만 그 친구들 중 한 명과 사귀고 있었단다. 어쨌든 그렇게 첫 만남이 있었고 그날 저녁 우리 집이 머니까 데려다준다고 해서 함께 한참을 걷게 되었다. 당시 나는 서울에서 양장점엘 다니고 있었는데 그런 사정을 다 알고 있었다. 뭐 특별한 얘기 없이 집 앞에서 농담처럼 "꿈속에서 만나자~!"고 말했는데 진짜 그날 밤 꿈속에서 만나서 참 좋았다. 인연이 되려니까 다음 날 친한 언니랑 면사무소에 주민등록증 때문에 갔다가 거기서 또 마주쳤다. 밥을 사준다고 하기에 셋이서 밥을 먹고 소화도 시킬 겸 집에까지 엄청 먼 길을 걸어왔다. 그때 홀딱 반해서 좋아하는 마음이 생겼다.

서울로 돌아오기 전 며칠 동안을 매일 저녁 친구들과 어울려 윷놀이 등을 하며 즐겁게 보냈다. 자연스럽게 오빠라 부르며 참 용기 있게 오빠 집엘 놀러가서 책을 빌리기도 하고 책 읽은 얘기도 하면서 자꾸 만나러 갔다. 봄나물 나올 때라서 나물을 캐다 주기도 했다. 지금 생각해 보면 완전히 미친 거였다. 우리 엄마, 아버지 나물 캐다 드릴 생각은 못하고 그에게 잘 보이기 위해 어떻게든 핑곗거리를 만들어 만나러 갔다. 사람의 인연이 그런 것인가. 왜 그렇게 좋았는지…. 그 사람이 날 좋아해 주기만 한다면 뭐든지 할 수 있을 것 같았다.

서울로 오는 날, 엄마한테 송편을 만들어 달라고 부탁했다. 오빠한테 강진역까지 데려다 달라고 해서 다방에서 열차 시간 될 때까지 송편을 먹으면서 얘기를 나누었다. 그 후 내 마음은 온통 오빠 생각뿐이었다. 그래서 매일 편지를 썼고 일요일에는 친구하고 오빠를 만나러 시골에 갔다. 마침 농번기라 오빠가 논에서 일하고 있어서 저녁때까지 기다리고 있다 만났다. 그러다 보니 시간이 너무 늦어서 여인숙에서 자기는 싫고 할 수 없이 친구랑 셋이서 강진에서 다시 동네로 와서 집에서 자고 서울로 올라왔다. 서울에 오니 엄마한테 좀 미안한 생각이 들었다.

몇 개월이 지나자 오빠가 서울로 올라오겠다고 했다. 나는 21살이고, 오빠는 28살이던 1월이었다. 그래서 방을 알아봐 주었다. 마침 친구가 세 살고 있는 집 옆방이 비었다고 하기에 그 방을 소개해 주어서 서울생활이 시작되었다. 재단을 배우고 싶다고 선생님을 소개시켜 달래서 알아보던 중에 내가 다니는 양장점의 재단사가 재단보다는 냉장·냉동학원에 다니는 것이 나을 것 같다고 했다. 자기 매제가 냉동학원을 나와서 아남○○○에 다니는데 월급도 괜찮고 출퇴근 시간도 공무원 같다면서 엄청 좋단다. 그래서 ○○냉장·냉동학원을 다니게 되었다. 시누이는 미국 전자회사에 취직했고, 시동생은 고등학교 졸업 후 올라와서 놀다가 ○○생명에 입사해서 보험 상품을 팔았다. 나는 저녁 9시에 퇴근해서 매일 그 집에 놀러 가는 게 일이었다. 시누이가 그린하우스 식빵을 좋아해서 식빵을 사가기도 하고 동대문시장에 함께 가서 옷감을 끊어다 옷도 맞춰 주곤 했다.

당시 나와 양장점에서 같이 일하던 성희 언니의 언니네가 미아리에서 가구점을 했다. 가게 앞이 버스 정류장이라서 토큰이나 담배도 함께 팔고 있었는데 그 언니네가 월급 주고 일할 사람을 구할 형편이 아니라서 오빠한테 토큰 가게를 하며 학원비라도 벌어서 쓰라고 했다. 학원에 가지 않는 시간에 가게를 보면 된다는 것이다. 그래서 얘기를 했더니 좋다고 하며 시골에다 돈을 해달라고 해서 토큰 가게를 하면서 학원엘 다녔다. 나는 일요일이 되면 토큰 가게에 가서 놀다가 충무로에 있는 친구한테 표 사놓으라고 해서 오빠와 같이 영화를 보러 다녔다. 가진 것도 없고 배운 것도 없으면서 나는 돈을 펑펑 쓰고 살았다. 내가 취직한 양장점 주인 언니는 명문대 출신이고, 그 남편은 이름 있는 작가이자 화가였다. 그렇게 주위 사람들이 돈도 많고 많이 배운 사람들이어서 그 사람들 속에 살면서 잠시 착각을 했던 것 같다. 돈을 펑펑 쓰다 없으면 쩔쩔매고 많이 배운 척하며 살았다. 아마 무시당할까 봐 그랬을 것이다.

그렇게 오빠하고 남이 아닌 사이가 되어 갔다. 처음엔 나한테 엄청 잘했다. 그땐 살구를 잘 사 먹었는데 살구씨를 돌로 깬 후 물감으로 곱게 색칠해서 목걸이와 팔찌를 만들어 주었다. 특히 살구씨 한 알을 반을 쪼갠 후 안에다 "영원히 사랑한다!"고 쓴 종이를 용케 접어서 넣고 다시 붙여서 메달처럼 목걸이를 만들어 주었다. 그는 온갖 정성을 다 쏟았다. 어느 날은 임연수어(새치)를 무척 맛있게 먹었다고 했던 말을 기억하고 집에 데리고 가서 임연수어에다 맛있게 밥을 차려주었다. 점심값을 아껴서 맛있는 과자도 사주고, 매운탕도 끓여주고 감동적이었다. 깜짝 이벤트도 잘했다. 그러니 내가 홀딱 반할 수밖에. 생일인지도 몰랐는데 내 생일이라며 안에 거울, 빗, 손수건 등을 넣은 자주색 핸드백도 선물했다. 아마 냉동·냉장학원을 무사히 마치고 취직을 해서 월급쟁이로 살았으면 평탄하게 살지 않았을까 싶다.

그런데 토큰 가게를 하면서 학원을 빠지기 시작한 것 같다. 수업을 많이 빠져서 시험을 봐도 떨어질 거라고 걱정하기에 학원비를 대줄 테니 다시 심기일전해서 시험을 보라고 격려했다. 그리고 학원비를 빌려서 대주었다. 하지만 끝내 학원도 안 다니고 자격증 시험도 안 보고 빈둥빈둥 가구점을 지키는 허수아비가 되고 말았다.

부모님 말씀 잘 들으면 자다가도 떡이 생긴다

둘이서 사귄다는 소문이 한두 사람의 입을 통해 시골에까지 퍼졌다.

그 소문을 들은 고향 친구가 그 오빠네가 그 동네에서 동네 머슴처럼 사는 집이라 부모님이 반대하실 텐데 괜찮겠냐고 묻기에 처음 듣는 얘기지만 지금 세상에 그게 무슨 문제가 되느냐고 대답했다. 그건 내 짧은 생각이었다. 아버지가 올라오셔서 절대 안 되는 일이라며 헤어지라 하시고, 엄마도 올라오셔서 온 동네가 난리 났다며 그 사람하고 계속 사귀면 죽어버리겠다 으름장을 놓으시고, 오빠도 올라와서 호적에서 파내겠다고 협박하시고 온 집안이 난리가 났다. 사람 마음이란 게 참 웃긴다. 솔직히 그렇게 난리들을 치니까 더 헤어지기 싫었다. 그 오빠가 이대로 시골로 내려가면 도로 농사지으면서 사람들한테 멸시당하며 살 것 같은 생각에 슬그머니 내가 구해주어야겠다는 마음이 들었다. 나 또한 제대로 된 집안에서 태어난 것도 아니다. 그래서 나 좋다는 사람이 있어도 선뜻 만나러 나가기가 어려웠다. 양장점 언니가 법무사 사무실 다니는 사람을 중매하며 하도 사정을 하기에 한 번 맞선 자리에 나가기는 했지만 자격지심에 퇴짜를 놓았다. 왜냐하면 양장점 언니는 내가 고등학교 졸업에, 또 집이 그냥저냥 사는 줄 알고 있었기 때문이다.

사실, 배운 것도 없고 오빠들을 오빠라 부르지도 못하고 자랐다. 오빠들이 엄마보다 나이가 많았으니 어렵기만 해서 말도 붙이기 힘들었다. 조카들 몇몇은 나보다 나이가 많다. 그래도 조카들이 착해서 나를 고모라고 불렀다. 어쨌든 내게는 엄청 큰 약점이었다. 이처럼 둘이 모두 안 좋은 환경에서 자랐으니 더 의지하고 살면 될 줄 알았다. 하지만 살면서 내 큰 판단 착오였음을 새록새록 뼈저리게 느꼈다. 그래서 옛말에 부모님 말씀 잘 들으면 자다가도 떡이 생긴다고 했던가!

어쨌건 고향에서 둘이 사귀는 걸 알게 되면서 안 좋은 일이 자꾸 일어났다. 지금도 남편은 화가 나면 종종 옛날에 조카들 셋이서 자기를 산으로 끌고 가서 나랑 헤어지라고 때렸다는 얘기를 하면서 화풀이를 한다. 자기가 조카들보다 힘이 없어서 맞은 게 아니라 그냥 맞아준 거라며 괜히 맞아주었다고 분통을 터트렸다. 당시 조카들한테 맞고 와서도 나한테 엄청 화풀이를 해댔다. 나 때문에 맞았다고 화를 내면서 내 뺨을 때린 적도 있었다. 그러고도 계속 만났다. 남녀가 만나니 애가 들어섰는데 남자가 돈을 못 버니 애를 낳을 수가 없어서 유산을 시켰다. 마음이 많이 아팠다. 지금 생각해도 마음이 찡하다. 시동생이 만나자는 연락을 해서 나갔더니 오씨를 싫어하지만 형님이 결혼을 하겠다고 하니 어쩌겠냐면서 자기 부모님한테만 잘해달라고 한다.

그렇게 살가웠던 사람이 언제부턴가 말이 없어지고 사나워졌다. 자기 뜻대로만 하려 했다. 처음에는 내가 친구들을 만나러 갈 때 같이 다녔다. 서울에 친구가 없는 그를 노는 날 혼자 두고 나가는 게 마음에 걸려서 함께 다녔던 것이다. 명절 때나 축하할 일이 있을 때 양장점 언니네도 같이 가서 밥 먹고 놀다 오곤 했는데 어느 순간부턴 아무 데도 못 가게 했다. 하루는 양장점 언니네가 이사를 해서 집들이를 한다고 초대를 했다. 직원들이 모두 가니 같이 가자고 했더니 자기가 직원도 아닌데 왜 가냐며 안 간다고 하기에 혼자 갔다 늦게 돌아왔다. 다짜고짜 하도 두들겨 패기에 죽는다고 약을 먹었다. 전에도 몇 번 괜히 트집을 잡으며 전에 사귀던 사람 있었으면 불라면서 흠씬 때린 적도 있었다. 한번은 연락도 없이 양장점에 들렀는데 내가 없었다며 누굴 만나러 갔다 왔는지 말하라고 때렸다. 몇 번 맞다보니 진즉에 이런 남자랑 사느니 차라리 죽는 게 낫다고 생각하던 참이었다. 그때는 연애하다 헤어지면 정말 큰일 나는 줄 알던 시절이었다. 순진한 건지, 모자란 건지는 알 수 없지만 연애하다 헤어지면 인생이 끝나는 줄 알았다. 온 동네 뉴스거리가 되느니 차라리 죽는 게 낫다고 생각하던 시절이었으니 말이다.

어쨌든 죽는다고 약을 먹었다. 병원에 실려 가서 이틀 만에 깨어났다. 의사한테 엄청 혼나고 놀라서 달려오신 아버지도 살아났으니 가신다며 시골로 내려가셨다. 그런데 소문은 내가 그 사람을 너무 좋아해서 같이 살게 해달라고 약을 먹었다고 났단다. 그 사건 이후 나는 양장점을 그만두고 그의 집에서 같이 살았다. 남자가 돈벌이가 없으니 내가 다른 양장점에 취직을 했다. 보통 저녁 9시에 퇴근을 하는데 그날은 손님이 늦게까지 있어서 평소보다 퇴근이 조금 늦었다. 마침 시어머님이 시골에서 올라와 계셔서 아이스크림과 수박을 사들고 집에 왔더니 대문 들어서자마자 화를 내면서 사갖고 온 아이스크림과 수박을 내 손에서 채가더니 냅다 마당에 내팽개치면서 당장 양장점을 그만두라고 고함을 쳤다. 할 수 없이 양장점을 그만두었다.

집에 있으면서 주인아주머니와 친해져서 두 식구 반찬을 수시로 얻어먹었다. 그래서 없는 살림에 그럭저럭 살 수 있었다. 하지만 둘이 하는 일 없이 붙어 지내다보니 사소한 것조차 싸움거리가 되어 그는 날마다 화를 냈다. 그러니 사는 게 뭔 재미가 있을까. 둘이 안 맞아도 너무 안 맞는다. 내 속에서는 천불이 나지만 티를 내지 않으니 가만히 생각해 보면 나 같은 성격이 재미는 없을 것 같다. 나는 매일 남편만 나쁘다고 하면서 살았다.

금쪽 같은 아이를 내주고

큰애가 생겼다. 우리 큰조카가 이사를 한다고 해서 그 사람이 이삿짐을 날라주러 갔다.

밤늦게 술이 잔뜩 취해 돌아왔는데 마루 위로 올라오지도 못하는 바람에 간신히 끌어 올려서 방에 눕혔다. 얼마나 마셨는지 인사불성이었다. 다음날 나한테 하는 말이 조카랑 싸웠난다. 일선에 시어머님이 고추장을 담가주러 오셔서 나와 함께 고추장을 담갔는데 시골에 내려가서 한바탕 하셨다고 한다. 고추장 하나 못 담는 애를 뭐가 잘났다고 그 야단들이냐고 동네방네 다니시며 이 사람 저 사람한테 말했다는 것이다. 큰조카가 둘이 결혼식을 안 올리고 같이 살아도 아무 말 안 하면 남들이 모를 텐데 왜 안사돈이 쓸데없는 말씀을 하고 다니셔서 다 알게 만들었냐고 해서 싸웠단다. 그날은 그런가 보다 하고 넘어갔다.

사달이 난 건 따로 있었다. 그날 큰조카 집에 여자애가 하나 있었는데 그 사람이 그 애랑 바람이 난 것 같다고 시골 친구가 알려주었다. 엄청 실망스러웠다. 배는 불러 마음대로 움직일 수 없었지만 알아보니 정말로 바람이 났다. 그래서 그 사람한테 따져 물으니 조카네 이사하던 날 조카랑 싸우는 걸 본 여자애가 밖에서 기다렸다가 술 한 잔을 하자 해서 같이 술을 마셨단다. 다음날 점심때쯤 어떤 애를 시켜 누가 오란다고 해서 가보았더니 그 여자애가 점심을 해놓고 기다리고 있었다는 것이다. 그 후 거의 매일 가서 점심을 먹었다고 한다. 그래서 저녁을 한 번 사줬다고 해서 그런가 보다 했는데 그 후 며칠을 집에 들어오지 않았다. 알아보니 그 여자네 집이 여수인데 여수에 같이 갔다는 거다. 분하고 속상해서 며칠 뜬 눈으로 밤을 지새우며 시골에 계신 부모님께 불효한 것을 후회했다. 헤어질 생각을 했지만 배 속의 애가 9개월이나 되니…. 돈만 있으면 낙태라도 하겠지만 주위에 나한테 돈을 빌려줄 만한 사람도 딱히 없었다. 그래서 애를 낳아 그들에게 키우라고 데려다주어야겠다고 생각했다. 당시는 배 속의 생명체에 대한 연민보다 내 처지에 대한 설움이 더 컸던 것 같다. 잠시나마 그 귀한 생명을 두고 나쁜 마음을 먹었다는 것에 대한 자책감이 한참 후에야 밀려왔다. 그때는 그만큼 내 상황이 절망적이었다.

    그 후 정말 대놓고 밖으로 돌았다. 하루걸러 집에 들어왔는데 들어오지 못한 날에는 아침에 와서 내가 살았나 죽었나를 살펴보고 갔다. 그때는 통행금지가 있던 시절인데 집에 들어와도 그 여자네 집에 있다가 딱 12시에 맞춰 들어왔다. 차라리 안 보는 게 나으니 들어오지 말라고 해도 아랑곳하지 않고 애를 낳을 때까지 거의 한 달을 그러고 살았다. 애를 낳고 나니 아침저녁으로 병원에 와서 들여다보고 가는데 마음이 불편했다. 애를 낳고 한 20일쯤 됐을 때 그날도 사실은 데려다줄 마음은 없었는데 애 아버지를 기다리다 안 오기에 애를 데리고 그 집에 갔더니 거기 있어서 홧김에 애를 내려놓고 왔다.

서둘러 나오고 있는데 애 아버지가 뒤쫓아 와서는 애 다시 데려가라며 후회 안 할 거냐고 물었다. 후회 안 한다고 했지만 지금 다시 생각해 봐도 가슴이 저리다. 애를 데려다준 다음날, 전에 다니던 양장점에 가서 재취업을 했다. 여자가 한이 맺히면 오뉴월에도 서리가 내린다고 하더니 얼마나 지옥 같은 생활이었으면 애 낳은 사실도 잊어버릴 정도로 마음이 홀가분했다. 하지만 잠이 잘 안 왔다. 그래서 술도 마시고, 춤추러 다니던 애들과 어울려 다니며 방탕한 생활을 했다.

그럭저럭 6개월이 흘렀다. 어느 날, 양장점에 가봉하러 온 손님이 애기를 데리고 왔다. 6개월 되었단다. 그동안 마음이 조금 풀려서인지 갑자기 우리 애 생각이 났다.

하루는 시누이한테 전화가 왔다. 애기를 자기가 돌보고 있고 예방주사를 맞히러 갔다 오는 길인데 애기 보고 싶으면 나오라고 한다. 그래서 다방에서 만났다. 안아보라고 해서 품에 꼭 안았다. 애기가 재떨이를 만지려고 하기에 못 만지게 했더니 고개를 돌려 나를 바라보는데 그 모습이 어찌나 예쁘던지…. 시누이가 애를 데리고 가고 나서도 애기의 온기가 품에 느껴졌다. 밤에도 애기 얼굴이 아른거려서 잠이 오지 않아 밤새 손바느질로 애기 옷을 만들었다. 그리고 일요일에 시누이 집에 가서 애기와 놀아주었다. 지난번에는 정신이 없어서 묻지 못했는데 애가 왜 여기 있느냐고 물어보았다.

그 여자랑 몇 달 못살고 헤어졌다고 한다. 부모님이 그 집에 갔더니 애는 방치해 놓고 대낮에 친구들과 고스톱을 치고 있더란다. 애가 울어도 시간이 안 됐다고 우유를 안 줘서 부모님이 그 길로 애를 시골에 데려가 키우고 계시다는 것이다. 지금은 농사철이라서 시누이가 데려왔고, 겨울에는 시골 부모님이 다시 데려가실 거라고 한다.

그 무렵, 양장점에서 같이 일하는 동료가 신문사 헬기 조종사인 오빠 친구를 나한테 소개해 준다고 했다. 아들이 하나 있고 어머님이랑 사는데 이혼을 했는지, 사별을 했는지는 확실히 모르지만 멋지고 좋은 사람이라고 선을 보라고 해서 날을 받아놓고 있었다. 그날 나는 마음을 고쳐먹었다. 남의 애를 기르느니 내가 낳은 내 애를 기르고 살기로. 나는 죽고 없다고 생각하고 무슨 일을 해서든 그 애만 잘 기르자고 다짐했다. 마음을 굳게 먹고 애를 데려다 살기로 했다.

자라온 환경에서 비롯된 자격지심

애 아버지 될 사람이 돈을 못 버니까 여기저기서 돈을 빌려 살았다. 그러다 두 사람 모두 돈을 못 벌게 되니 빚이 늘었다.

집주인 아저씨가 택시 운전을 했는데 돈벌이가 괜찮으니 택시 운전을 해보라고 권했다. 그 말을 했더니 자기가 무슨 택시 운전을 하느냐며 버럭 화부터 냈다. 시어머님 오셨을 때 그 말씀을 드렸더니 위험해서 안 된다고 펄쩍 뛰셨다. 생활비가 없었다. 애도 낳아야 하는데 막막했다. 철이 없었는지 웃기는 짓을 다 해보았다. 청와대에 돈 좀 빌려달라는 편지를 썼다. 답이 있을 리 없다. 결국, 애를 낳아 그 여자한테 데려다주었고, 그 후 애 아버지가 장롱을 팔아서 돈을 좀 벌었다며 갖다 주고 갔는데 액수는 정확히 기억이 나지 않는다.

그 여자와는 얼마 못살고 헤어졌던 것 같다. 나중에 정확한 사실을 알게 됐는데 그 여자가 도망을 갔단다. 애 아버지가 돈을 안 벌어다 주니까 그 여자가 술집에 나가서 돈을 벌어서 먹고 살았다고 한다. 시골에서 시부모님이 오신 날도 일 나가지 말라고 했는데 나갔다고 그릇을 부수고 싸웠단다. 다음날 아침에 일어나 보니 여자가 나가고 없더란다. 그럭저럭 애 아버지 혼자 살다가 월세를 못 내니까 보증금도 다 까먹고 가구점에서 잠을 잤다고 한다. 나 또한 방 보증금을 빼 빚을 갚느라고 양장점에서 지내고 있었다. 둘 다 방 한 칸 없이 살고 있었던 것이다. 그래도 나는 월급이라도 타니 생계는 유지되었지만 애 아버지는 엄청 고생을 많이 했다고 한다. 설상가상으로 내가 숙식을 해결하고 있던 양장점이 망해서 문을 닫게 되었다. 그래서 큰조카네 집에서 한참을 얹혀살다가 시골집으로 내려가 일 년 가까이 지냈다.

그러다가 애 아버지가 방을 얻어서 같이 살자고 했다. 서울에 오니 마땅히 갈 데가 없어 방 한 칸에 사는 큰언니 집에서 있었다. 며칠 후 애 아버지가 방 얻으라고 30만 원을 줘서 월세를 얻어서 같이 살기 시작했다.

그때부터 진짜 고생이 시작되었다. 뭐라도 해서 먹고 살아야 하는데 배운 것이 없어서 취직할 만한 곳이 없었다. 배운 게 도둑질이라고 양장점에 면접을 보러 갔다. '마도매'라고 단 꿰매고 단추 다는 일을 해야 하는데 9시 출근에 9시 퇴근이었다. 월급도 얼마 안 되고 해서 포기했다. 그러던 중 친구가 화장품 장사를 해보라고 권했다. 시간도 자유로워서 애도 돌볼 수 있고 하니까 한 번 해보라며 자기가 보증을 서 주겠다고 했다. 그렇게 화장품 장사를 하면서 세상을 많이 배우게 되었다. 아침에 대리점으로 출근해서 조회를 한 다음 여러 종류의 화장품을 챙겨서 캐리어에 싣고 집으로 왔다. 대리점은 삼양동에 있었고, 집은 미아동이었다. 시누이가 결혼해서 미아동에 살고 있어서 낮에 애를 맡길 수 있었다. 삼양동에서 미아동 집으로 와서 아침을 해먹고 나면 10시가 넘는다.

애 아버지 생활이라는 게 남의 가구점에다 가구 몇 개 들여놓고 가게 나가서 놀다가 팔리면 다행이고 아니면 그만이고였다. 그렇게 몇 년을 있다 보니 그래도 단골손님이 몇 명 생겨서 몇 개씩은 팔곤 했던 것 같다. 가구점 하는 사람들이 다 그렇게 사는 것은 아니겠지만 당시 같이 어울렸던 사람들이 술 좋아하고 여자 좋아하고 나름 제멋에 겨워 사는 '자유로운 영혼'들이었다. 아무튼 퇴근 시간이 정해진 것이 아니라 마음대로였다. 술 먹고 놀다가 아무 때나 들어왔다. 매일 술을 마시니 아침에는 잘 못 일어났다. 나는 8시까지 대리점에 가서 조회하고 교육받고 9시에 집에 와서 아침을 해서 먹고 애를 시누이네 데려다주고 집집마다 방문해서 화장품 장사를 했다. 구역이 삼양동, 미아동이었다. 많이는 못 벌어도 입에 풀칠은 하고 살았다. 애는 아침에 시누이네 데려다주고 저녁에 데려오는데 아침마다 떨어지지 않으려고 하도 울어서 애를 먹었다. 몇 개월 후에는 집에다 애 혼자 두고 다니다 데리고도 다니다 하면서 생활했다.

사람이 너무 방탕한 생활에 젖어서 살고 또 나를 너무 무섭게 대하니 찍소리도 못하고 살았다. 애를 보며 '나는 죽고 없다. 딸아 네가 나다. 너만 잘 크면 난 어떻게 살아도 괜찮다.' 하면서 살았다. 사람이 돈을 못 버니까 먹는 것도 부실하고 또 매일 술을 마시니 키는 180센티미터인데 몸무게는 63킬로그램밖에 나가지 않았다. 너무 마르고 잘 안 먹고 짜증이 너무 심해서 항상 불안하게 살았다. 남편은 자라온 환경 때문인지 부모 원망을 많이 했다. 그 모습을 보며 남편을 불쌍하게 생각하고 살게 되었다. 소도 비빌 언덕이 있어야 하는데 자기는 너무 안 좋은 환경에서 태어났다고. 그러면서 가끔 자신의 비참함을 얘기했는데 동생들 때문에 자신이 희생했다고. 당시 그 동네에서는 철도고등학교를 가서 철도청에 취직한 사람들이 몇 있었다. 그래서 아버지가 철도고등학교를 가라고 했는데 자기가 고등학교를 가면 동생들은 중학교도 못 가니까 자기 한 사람 희생해서 동생들 둘을 잘 배우게 해야겠다고 양보했단다. 부모님께 그런 말씀을 드리고 공장에 취직해서 나갔는데 적응하지 못하고 며칠 있다 집으로 돌아와서 부모님과 농사짓고 살았다는 것이다. 토끼 길러 팔아서 돼지 사고, 돼지 길러 팔아서 소 사고 해서 대전에다 집을 하나 장만했단다. 그 동네를 떠날 생각으로. 그런데 그 집에서 살던 누나가 그 집을 팔아버렸다고 한다. 그래서인지 누나를 유독 싫어했다.

나에 대한 적대감으로 남편은 오씨들 욕을 많이 한다. 그 화풀이 대상이 나라는 것을 내가 왜 모르겠는가. 남들이 볼 때 남편의 겉모습은 정말 멋쟁이다. 바지 선을 칼날 같이 세운 신사복 바지를 입고 다녔고, 돈이 없어도 옷은 멋지게 맞춰 입었다. 나는 내가 벌어서 겨우 먹고살면서도 남편한테 왜 생활비를 안 주냐고 닦달한 적이 없다. 돈을 못 벌어다 주는 사람 마음은 오죽할까 싶었기 때문이다. 그러려니 하고 살았는데 남편의 요구 사항이 점점 많아졌다. 미장원이나 이발소를 안 가고 나보고 머리를 잘라 달라고 했다. 그때는 단발머리가 유행하던 시절이었다. 그래서 잘라주었는데 자르고 나서 마음에 들지 않으면 막 화를 냈다. 화내지 않도록 신경 쓰다 보니 단발머리를 아주 잘 자르게 되었다. 옷 다림질을 제대로 못하면 혼나니까 열심히 해서 잘하고 반찬도 입에 안 맞으면 안 먹고 화를 내니까 잘 만들려고 노력해서 한 가지라도 잘할 수 있게 되었다.

남편이 돈은 궁하지만 달라는 말은 못하고 그래서 사소한 일에도 화를 내는 것 같았다. 주위에 잘 사는 사람들이 많으니까. 가구점 사장님들은 그냥 잘 사는 게 아니라 많이 배우고 돈도 많고 저택에 살고 있단다. 그런 사람들과 어울리면서 자격지심이 든 것 같다. 수시로 이중인격자가 되었다.

그래도 독학을 했음에도 불구하고 가구에 대해서는 완전 박사님이다. 고가구에 대해서도.

인연이 닿아서 무역박람회 때 남편이 한국관을 맡아서 하게 되었는데 너무 잘했다. 그다음에는 롯데월드에도 여러 가지 전시품을 팔았다. 지금 롯데월드의 옛날 모습 전시관에 있는 것들이 자기가 넣은 것들이라고 자랑한다. 그 중 베틀이 작동되지 않는 것을 자기가 연구해서 작동되게 했다고 한다. 그런 것들은 잘

하는데 남한테 물어보는 것은 엄청 싫어한다. 동사무소(현 행정복지센터)나 은행 등에 가서 물어보는 걸 자존심 상해한다. 모르면 물어볼 수도 있는데 그런 것들을 자존심 상해서 이사든 뭐든 내가 다 알아서 처리하고 살았다. 그런데도 온갖 화풀이 대상은 나였다. 다른 사람한테 기분이 나빠도 당사자에겐 말을 못하고 나한테 화풀이를 했다. 생각해 보면 나는 평생 가스라이팅을 당하면서 살아온 것 같다. 그런데 왜 살았느냐고? 처음엔 안 그랬으니까. 살면서 남편은 남에게 무시당할까 봐 먼저 화를 낸다는 것을 알게 되었다. 여전히 남편은 모든 일을 화를 내서 무마하려고 한다.

취직 사건과 장물 연루 사건

1980년도쯤의 일이다. 화장품 장사를 하다 보니 다양한 직업의 사람들을 만나게 되었다.

그 중 친하게 지내던 사람이 호텔 접시닦이가 월급이 괜찮다며 취직을 시켜주겠다면서 백만 원을 달라고 했다. 소개해 주는 사람한테 돈을 좀 쥐어 주어야 한다는 것이다. 당시 친정엄마가 서울에서 돈을 받고 남의 집 애를 봐주고 계실 때여서 친정엄마한테 돈을 빌려서 주었다. 처음 취직 얘기를 꺼냈을 때는 가겠다고 하더니 막상 소개비를 주고 부탁을 하고 나니 안 가겠다는 거다. 자기가 그런 일 할 사람이냐며 마구 역정을 냈다. 그러면 경비 일은 하겠냐고 물으니 그것도 싫단다. 할 수 없이 포기했지만 돈을 돌려달라고 하기가 민망했다. 하도 속이 상해 시골 친구한테 그런 얘기를 했더니 자기가 그 소개비를 줄 테니 대신 자기 남편을 취직시켜 달란다. 그래서 친구 남편을 그 자리에 소개해 주었다.

친구 남편은 직장에 잘 다녔고 나중에는 유명 전자 회사로 옮겨 친구 집엘 가보면 직원 할인가로 사다 놓은 전자제품들이 그

득했다. 하지만 월급도 많고 편하고 좋다는 자랑만 할 뿐, 준다던 소개비는 언급도 없었다. 그래서 몇 번이나 망설이다 소개비를 달라고 했더니 소개비 없이도 들어갈 수 있는 곳인데 무슨 소개비를 달라는 거냐고 못 주겠단다. 그래서 '화장실 갈 때 마음과 나올 때 마음이 다르다.'고 하는가 보다. 그런 일을 당한 후 '그 돈 떼어먹고 잘 살아라.' 하고 그 친구와 연락을 끊어버렸다.

나중에 소식을 들으니 드레스 가게를 하면서 잘 벌어서 잘 쓰고 잘 먹고 산다고 하더라. 대리점도 많이 내고 엄청 잘살고 있다고. 그리고 몇 년 후 들려오는 소문에 따르면 드레스 가게가 망해서 빚만 어마어마하단다. 이혼 후 홀로 아들을 키우며 조그맣게 가게를 해서 빚 갚느라 고생을 많이 하고 산다고 한다. 그런 소식을 들으니 마음이 안 좋았다. 그래도 잘살길 바랐는데. 애 아버지 취직 사건은 그렇게 일단락되었다.

화장품 장사를 해서 그럭저럭 살고 있었는데 대리점이 망했다. 회사에서 외상으로 가져온 화장품 값도 갚아야 하고, 팔고 외상으로 깔아놓은 외상값도 많은데 생각처럼 외상값이 잘 걷히지 않았다. 그래서 떼인 돈이 많았다. 그때쯤 큰 사건이 또 하나 터졌다. 애 아버지가 훔친 장물을 팔아서 경찰서에 끌려가게 되었던 것이다. 어떤 여자한테 고가구를 사서 이익을 조금 남기고 다른 사람한테 팔았는데 그것이 훔친 물건이었단다. 도둑놈이 대구에서 훔쳐다 판 것이었는데 그 도둑놈이 다른 것을 훔치다 경찰에 붙잡혔다는 것이다. 그 고가구는 훔친 지 일 년도 넘었는데 다른 건으로 조사받다가 예전에 훔친 것까지 다 들통 났단다. 그래서 애 아버지가 장물을 팔았다고 형사들이 와서 잡아갔다. 다행히 집에 전화가 있을 때라서 빨리 연락을 받을 수 있었다. 공중전화를 해야 되니까 동전을 많이 가져다 달라고 해서 경찰서 유치장으로 동전을 많이 가져다주고 왔다. 밤새 통화를 얼마나 했는지 모른다. 고가구를 가져오면 유치장에서 나갈 수 있다며 빨리 나보고 그 고가구를 찾아오란다. 종로에 사는 할아버지에게 팔았으니 그 할아버지한테 가보라는 것이다. 다음날 일찍 경찰서로 가서 형사에게 사정을 설명했다. 그리고 내가 어떻게 하면 되느냐고 물어보니까 집안에 남자 있으면 오라고 한다. 할 수 없이 애 아버지한테 고가구를 판 할아버지 집주소를 알려달라고 해서 찾아갔더니 당시 돈으로 250만 원에 샀다는 것이다. 1980년대 초반이니 250만 원은 엄청 큰돈이었다. 마침 수중에 무역박람회 전시관에서 번 돈과 전세를 얻으려고 모아 놓은 돈이 있었다. 우리가 살고 있는 월세방을 전세로 돌리기로 집주인 아주머니와 이미 얘기를 마친 상황이었다. 내가 집도 깨끗이 쓰고 여러 집이 사용하고 있는 세금도 식구수대로 계산해서 관리인처럼 잘 챙겼더니 나를 좋게 봤다. 그래서 주인아주머니가 전세로 해주겠다고 했는데 그 돈에서 고가구 값을 치르고 물건을 경찰서에 돌려준 후 애 아버지를 경찰서 유치장에서 빼내왔다.

집에 돌아와서 애 아버지는 "자기는 지지리 돈복이 없는 사람인가 보다."라고 신세 한탄을 하면서 슬픈 표정을 지었다. 그때 더 나쁜 마음이 많이 생긴 듯하다. 내가 보면 남편은 희망, 감사, 배려와 같은 긍정적인 마음이 하나도 없는 사람 같다. 도대체 행복을 뭐라고 생각하고 있을까? 하긴 나도 깊이 생각해 보진 않았지만 아무 일 없이 지내면 그게 행복이 아닐까. 사람마다 행복과 사랑의 기준이 다르니까.

새 출발_룸살롱 출근

하루는 아침에 일어나서 문을 열고 마루로 나가니 친정엄마가 마루에 계셔서 깜짝 놀랐다.

오셨으면 방문을 두드리시지 왜 마루에 계시냐고 했더니 젊은 사람들 자고 있으니 일어날 때까지 기다렸다고 하신다. 무릎이 아파서 오셨는데 단칸방이 불편하셔서 그런지 한 이틀 있다 금방 가셨다.

그 무렵, 시어머님께서 제사를 나한테 넘겨주신 터라 이래저래 넓은 데로 이사를 해야겠다고 생각하고 있었다. 우리가 살던 집 2층이 넓고 방이 네 개라서 그것을 전세로 얻어 이사를 하고, 방 네 개 중 두 개는 월세를 놓고 부엌을 같이 썼다. 월세 든 아주머니가 장사를 하셔서 집에 잘 없고, 애들도 고등학생, 대학생이라서 조용했다.

독채 전세 보증금은 친정엄마가 시골 땅 판 돈이 있어 그 돈으로 보증금을 냈다. 그러고는 친정엄마를 모셔와 같이 살게 되었다. 처음에는 해드리는 밥을 드시고 동네 어르신들과 놀러 다니시더니 언제부턴가 돈을 번다고 다니셨다. 지금 생각해 보면 고물상에서 책 같은 것이 있으면 낱장으로 일일이 떼는 일을 하신 것 같다. 가을에는 방앗간에 말린 고추 꼭지를 따러 다니시기도 했다. 잠깐도 안 놀고 일을 하셨다. 그러던 중 아시는 분이 아파트 짓는 건설 현장에서 창틀이나 나무로 하는 일들을 맡아서 하는 사장님이라서 엄마가 그분을 따라다니면서 일을 하셨다. 또 그 사장님이 애 아버지한테 자기가 가르쳐줄 테니 설계도면 보고 먹줄 튀기는 것을 해보라고 해서 같이 다녔다. 엄마랑 애 아버지랑 아침에 같이 출근하고 저녁에 같이 퇴근하며 재미있게 며칠을 지냈는데 일이 안 되려고 하니까 앞집에 살면서 친구처럼 지내는 사람이 애 아버지한테 바람을 집어넣었다.

자기네가 강남에서 룸살롱을 크게 할 건데 거기 좀 맡아서 해달라고 한 것이다. 나는 못 가게 했다. 그냥 건설 현장에서 지금 하던 일 계속 하라고. 그런데 한사코 룸살롱에서 일하겠다고 고집을 부렸다. 공사 시작할 때부터 주인처럼 가서 일을 해주었다. 그런데 월급은 내부 공사가 끝나고 본격적으로 장사를 시작하고부터 주기 시작해서 거의 한 달은 공짜로 일한 거였다. 그러거나 말거나 남편한테 직장이 생겼다는 것만으로도 얼마나 좋았던지 그대로만 살면 아주 좋을 것 같았다.

일상이 트집거리인 남편

남편은 깔끔한 성격이다. 어질러져 있거나 쌓여 있는 것을 두고 보지 못한다.

내키면 아침에 일어나서 집안 청소도 하고 시부모님댁에도 가서 청소를 곧잘 한다. 하지만 치우면서도 버럭버럭 화를 낸다. 웬만한 것은 다 버리라고 소리친다. 오죽하면 시어머님이 "니 에미도 갖다 버려라."라는 말씀까지 하셨을까. 두 년 다 쓸모가 있으니 제발 그냥 놔두라고 해도 '쇠귀에 경 읽기'다. 친정엄마가 아침에 일찍 청소를 하시는데 남편이 11시쯤 일어나서 다시 한다. 기분 좋은 날은 괜찮은데 그렇지 않은 날은 한바탕 난리가 난다. 그런 게 일상이 되었다. 그렇게 마음에 안 들면 살지 말지. 뭐 하러 살면서 저렇게 화를 내는 건지 도통 모르겠다.

한번은 너무 화를 내기에 당신이 나 같은 여자 만나서 얼마나 울화통이 터지면 소리를 치나 싶어 불쌍한데 애들 시집보낼 때까지만 조금 봐달라고 했다. 나는 당신한테 바라는 것이 하나도 없어서 불만이 없고 그래서 그 마음을 모른다고. 그러자 네가 언제부터 애들을 생각했냐고 대뜸 소리를 지른다. 그 모습을 보신 친정엄마가 "정이 하나지, 둘이 아니라서 저런다."라고 말씀하셨다. 친정엄마는 이미 느낌으로 사위한테 여자가 있는 것을 알아차리신 것 같다. 그때는 새벽에 동대문 시장에 가서 장모님이나 어머님 옷도 사오고 가게에서 가져왔다면서 반찬이나 김치도 들고 왔다. 쌀이나 고구마도 가져오고 아무튼 식구들을 잘 챙겼다. 나는 마음의 문을 닫고 묻는 말에만 대답하며 애들 시집 갈 때까지만 꾹 참고 살자고 매일 마음속으로 주문을 외우다시피 했다. 남편은 내 침묵이 힘들어서 "여우하고는 살아도 곰하고는 못산다."는 말이 있다며 나보고 엉큼하단다. 정말 기가 찰 노릇이었다. 당시 나는 이 남자하고 말을 섞으니 차라리 벽하고 얘기하는 게 낫다고 생각하며 살고 있었다. 벽은 내 말을 듣기라도 하지. 남편은 무조건 싸우려고만 한다. 그래서 말을 안 하고 살았다. 마음이 달라도 너무 달랐다.

애들 아버지가 다니던 곳을 그만두게 되어 집에서 한 달 이상 놀고 있을 때였다. 하루는 퇴근할 때 미아역으로 마중을 나오겠다고 한다. 내키지 않았지만 그러라고 했다. 그렇게 가끔 마중을 나왔다. 은근히 계속 놀까 봐 걱정하고 있는데 남편은 그동안 서로 얼굴 볼 시간이 거의 없다가 같이 보내는 시간이 많아지니까 좋은 것 같았다. 그래서 하자는 대로 따라주었다.

나는 아침에 출근하고, 남편은 밤에 출근했다 새벽에 퇴근하는 생활을 거의 10년 넘게 했다. 그러다보니 나는 방에서 혼자 자기 싫어서 퇴근하면 거실에서 친정엄마나 애들하고 텔레비전을 보다가 잤다. 그리고 남편은 새벽에 들어와서 방에서 자다보니 데면데면하게 지냈다. 그럼에도 불구하고 '여자하고 바가지는 나돌면 깨진다.'고 수시로 단속했다. 낮에는 식당으로 전화하고, 저녁에는 집으로 전화해서 내가 있는지 없는지 확인했다.

한번은 식당 단골손님인 회장님이 별장에서 파티를 하신다며 일당 후하게 줄 테니 와서 고기도 굽고 탕도 끓여달라고 요청하셨다. 종업원 한 명과 작은딸을 데리고 회장님 별장으로 출장을 갔다. 남편이 일요일마다 외출을 하니까 당연히 그날도 그럴 줄 알고 딸을 데리고 다녀왔는데 도착해 보니 친정엄마가 문 앞에서 안절부절 하고 계셨다. 애들 아버지가 방에 틀어박혀서 술만 마셔대고 있으니 이를 어떻게 하냐고 걱정하신다.

방문을 열자마자 나가라고 소리치면서 때릴 것처럼 하기에 나갈 테니 소리치지 말라고 응수했다. 수시로 당하는 일인데도 매번 공포다. 무서워서 그 자리에서는 아무 말을 못하고 이혼할 셈에 보따리를 싸서 마당 한구석에 내놓고 2층에 사는 이웃집에서 하룻밤을 잤다. 그때는 이웃들이랑 다 친하게 지낼 때라 가능했다. 내가 보따리를 싸서 집을 나오자 식당으로 전화를 걸어 전세금 3,800만 원 중에서 1,200만 원을 내놓으란다. 그 전세금이 자기 돈인 양 1,200만 원을 달라고 했다. 그러더니 애들한테 누구랑 살지 정하라고 종주먹을 들이댔단다. 그러자 큰딸은 아무하고도 안 살겠다고 했고, 작은딸은 아빠의 회유책에도 불구하고 울면서 엄마랑 산다고 했다는 것이다. 아마 작은딸이 초등학교 2학년쯤 되었을 때다.

　그 억지를 당할 재간이 없어서 다음날 돈을 빌려서 1,200만 원을 해주었는데 식당으로 전화를 해서 돈을 더해오란다. 부아가 치밀어 내가 당장 갈 테니 나가지 말고 집에서 꼼짝 말고 있으라고 했다. 둘 중 하나는 오늘 초상 치르는 날인 줄 알라고 으름장을 놓고 달려갔더니 돈 봉투는 그대로 놔 둔 채 나가고 없었다. 할 수 없이 그 큰돈을 집에 둘 수 없어서 통장에 넣기 위해 천만 원짜리 수표 한 장과 만 원짜리로 2백만 원을 들고 ○○은행으로 갔다. 은행 직원이 계수를 하면서 만 원짜리가 한 장 남는다고 돌려준다. 분명 천만 원짜리 수표 한 장과 만 원짜리로 2백만 원을 주었는데 만 원을 돌려주며 입금액이 2백만 원이라는 것이다. 부리나케 집으로 달려와서 찾으면서 큰딸한테 혹시 돈 봉투를 만진 적이 있느냐고 물으니 큰딸 말이 돈 봉투를 열어보았다가 다시 그대로 두었다고 한다. 아무리 찾아도 없어서 은행으로 다시 가서 그 직원에게 2백만 원 속에 천만 원짜리 수표가 끼어 들어가 있는 것 같으니 찬찬히 찾아봐 달라고 부탁했다. 찾아도 없다며 나를 이상한 사람 취급을 해서 기분이 엄청 나빴다. 거래가 별로 없는 고객이 천만 원짜리 수표를 운운하니 무시하는 거였다. 다음날 수표 찾는 방법을 알아보니 신문에 공고를 내고 법원에 신청을 해놓으면 된단다.

　아침 일찍 집에서 가까운 ○○일보로 갔다. 그곳에는 식사하러 오는 단골들이 많아서 아는 기자한테 부탁을 하고 법원에 가는 중에 천만 원을 빌려준 언니한테서 전화가 왔다. 김포공항에 있는 ○○은행에서 연락이 왔는데 어떤 고객이 삼양동 지점에서 찾은 2백만 원 속에 천만 원짜리 수표가 한 장 끼어 있다면서 가져왔단다. 공항에서 환전을 하려다 발견했다는 것이다. 그 언니와 택시를 타고 공항으로 갔더니 마침 그분이 우리 식당에 오시던 분이었다. 나중에 식당에 오시면 한 턱 내겠다고 말하고 지점장한테 가서 상황을 설명하고 내가 그 수표 주인임을 확인받고 수령할 수 있었다. 그 천만 원 때문에 일도 못하고 잠도 제대로 못자며 이틀을 얼마나 마음고생, 몸 고생을 했는지 모른다. 생각해 보니 일차적으로는 돈 달라고 강짜 부린 남편의 책임이 가장 크고, 돈을 제대로 계수하지 못한 은행 직원의 책임 또한 엄중하다. 그때 이혼 못한 것이 후회막급이다.

나에게 있어 '사랑'은 아낌없이 주는 것

　　　　　　남자의 생각과 여자의 생각이 한참 다른 건 맞는 것 같다. 아니, 내 남편이 특이한 건지도 모르겠다.

　나에게 있어 '사랑'은 아낌없이 주는 것이다. 남편을 사랑했으니까 내가 좋아하는 것보다 그 사람이 좋아하는 게 더 좋았고, 그 사람이 아프면 차라리 내가 대신 아파주고 싶었다. "난 네가 좋아하는 일이라면 뭐든지 할 수 있다"는 노래 가사처럼 내 마음보다 그 사람의 마음을 헤아려주었다. 남편은 도통 배려라는 것을 모른다. 뭐든 자기 식대로 했다. 자기가 좋아하면 나도 당연히 좋아할 줄 아는지 늘 일방통행이다.

　애를 데려다준 후 양장점을 그만두고 시골에 내려와 있을 때였다. 설 명절 무렵이었던 것 같다. 아랫집에 우리 둘째 오빠가 살았는데 오빠가 장사를 해서 전화가 있었다. 남편이 오빠네로 전화를 해서 나보고 다리 있는 데로 오라고 해서 갔다. 들녘을 걸으면서 하는 말이 애를 데려다 같이 살자고 한다.

　지난 가을 추수 때 자기가 일을 도와주러 내려왔는데 방에서 자기 엄마가 애가 오줌을 쌌다고 때리면서 신세 한탄을 하시더라는 것이다. 하긴 시어머님도 신세 한탄을 하실 만하다. 8살에 민며느리로 시집와서 제대로 먹지도 자지도 못하고 평생 죽어라 일만 하셨는데 환갑도 지난 나이에 애를 기르려니 속상하고 힘이 드셔서 신세 한탄이 절로 나오셨을 거다.

 겨울 들녘에는 짚동가리가 쌓여 있다. 썰어서 소여물로도 쓰고 거름으로도 사용한다. 나일론 쌀부대가 나오고 나서는 가마니를 안 짜지만 예전에는 겨울에 새끼를 꽈서 그것으로 가마니를 짜서 사용했다. 그래서 겨울 논에는 짚이 많이 쌓여 있다. 처음에는 추우니까 짚동가리 속에 들어가 앉아서 얘기를 했는데 갑자기 다른 생각이 났는지 달려들었다. 힘으로는 당할 수가 없어서 그냥 있었는데 그 일로 애가 들어섰다. 벌이가 없으니 돈도 없어 애를 낙태시킬 수도 없고 그렇다고 애를 낳아 기를 수도 없는 형편이라 난감했다. 당시에는 큰언니가 애들 둘을 데리고 엄마에게 와 있었다. 서울에서 월세를 살고 있었는데 형부가 사우디아라비아로 돈 벌러 가 있으니 월세라도 아낀다며 방을 빼고 내려온 것이다. 마침 형부 월급이 나왔다고 타러 갔다 왔기에 돈을 좀 빌려 달라고 했더니 큰언니네 돈 관리는 시어머니가 해서 자기는 돈이 없다고 한다. 할 수 없이 애 아버지한테 사실대로 말하고 몇 달 후 서울로 올라와 유산을 시켰다. 임신 4개월째였다. 그때는 하도 살기가 힘들어서 그랬는지 미안한 감정이 하나도 없었다. 아마 큰애 갖고 있을 때 바람난 애 아버지 때문에 모든 감정이 다 죽어버렸던 것 같다. 설 지나고 친정아버지가 돌아가셨다. 몇 달 편찮으셨는데 그때 내려와 있던 내게 하신 말씀이 아직도 귀에 생생하다.

애 주고 나 혼자 살러 내려왔다니까 잘했다 하시며 정씨는 불쌍놈이라 상종하지 말라고 하셨다. 어릴 때 아버지 무릎에 안겨 종종 징 치면서 "군 나가라!"고 소리 지르는 것을 듣곤 했는데 그때마다 아버지는 정씨를 상놈이라고 못마땅해하셨다. '군 나간다'는 것은 마을 사람들이 모여서 무너진 곳을 고치기도 하고 새로 만들기도 하면서 살기 좋은 마을로 만들기 위해 일하러 나오라는 것을 말한다. 모이라는 신호인 것이다. 애를 유산시킬 때 시누이와 함께 갔는데 시누이 말이 아들이었단다. 그러면서 왜 유산을 시켰냐며 집안 대를 끊어놓았다고 길길이 뛰었다. 시누이한테 그 얘기를 전해들은 시어머님도 두고두고 나를 원망하셨다. 나라고 속이 편했을까. 그 사건 후에도 남편은 반성은커녕 내 감정은 무시하고 필요에 따라 그나마 조금 남아 있던 내 마음에 상처를 입혔다.

적당히 하면 안 될까요!

혼례식 전날, 남편이 혼례식을 안 하겠다고 했다. 그런 요식 행위가 왜 필요하냐면서 자기는 형식적인 것이 가장 싫다는 것이다.

남편은 생일도 자기 부모 생일밖에 모른다. 처녀 총각 때는 내 생일에 핸드백 안에다 손수건, 거울, 머리빗을 넣어서 선물해 나를 감동시키더니 이젠 내 생일은 물론, 애들 생일조차 기억하지 못한다.

한번은 우연히 할머니들이 골목에 앉아서 얘기하는 소리를 듣게 되었다. 한 할머니가 사위한테 용돈 한 번 받아봤으면 소원이 없겠다고 하셨다. 그 말을 듣고 다른 할머니가 돈도 많으면서 사위가 용돈 줄 때를 바라고 있냐고 혀를 끌끌 차셨다. 그러자 그 할머니 말씀이 "줘 보기만 했지, 받아본 적이 없잖아. 가끔은 나도 받는 즐거움이 있어야 살맛이 나지." 하신다.

문득 친정엄마 생각이 났다. 우리 엄마도 사위한테 용돈을 받아보고 싶으시겠지…. 그래서 남편한테 친정엄마 용돈 좀 드리라고 했다. 그랬더니 고개도 돌리지 않으며 나보고 드리라고 한다. 할 말이 없었다. 철저하게 자기 식구밖에 모르는 사람이다. 애 아버지는 우리 친정 식구를 달가워하지 않는다. 그래서 친정 식구들은 우리 집에 친정엄마가 계신데도 불구하고 잘 오지 않는다. 기념일 같은 때 친정엄마를 보러 조카나 언니들이 오면 죄인처럼 있다가 간다. 애 아버지는 인사는커녕 방에서 나오지도 않는다.

친정엄마는 사위와 몇 십 년을 같이 살고 있는데도 필요한 말 외에는 사위한테 말을 걸지 않으시고, 사위 어렵다고 밥도 같이 드시지 않았다. 남편은 친정엄마 방 장롱까지 홀딱 뒤집어 놓으면서 더럽게 빨랫감까지 장롱에 넣어놓는다고 야단을 한다. 친정엄마도 엄청 깔끔하시고, 정리정돈을 잘하신다. 장롱 안에 빨랫감이 들어가 있는 것은 사위가 집에 있으니까 갈아입은 옷을 사위 나간 다음에 세탁실에 가져다 놓으려고 검정 비닐에 싸서 숨겨둔 것이다. 만일 빨랫감을 방구석에 놓아두었다가는 지저분하게 늘어놓았다고 난리칠 게 뻔하기 때문이다.

왜 엄마 방까지 뒤지면서 화를 내냐고 하면 오죽하면 그러겠냐고 한다. 모르는 사람이 들으면 친정엄마가 엄청 지저분한 사람인 줄 오해한다. 남편은 가게 식구들도 딸내미들도 나도 다 지저분하다고 한다. 우리가 그렇게 지저분하게 하고 살지는 않는다. 80점, 90점짜리는 된다. 그래도 이틀이 멀다하고 사소한 거라도 트집을 잡아서 지저분하다고 화를 낸다. 비닐 봉투도 재활

용하려고 모아놓으면 버리기 일쑤다. 그것도 물에다 깨끗이 씻어서 말려놓은 것까지 죄다 버린다.

예전에 시어머님댁에 가서도 신문이고 비닐이고 다 버리니까 시어머님이 뭐라고 한마디 하셨다가 고래고래 소리를 지르는 바람에 참지 못하고 "그럼 나도 고물이니 갖다 버리라."고 소리를 치셨단다. 시어머님과 나는 그런 남편 흉을 보며 서로 피식 웃는다.

잘하는 거라곤 아까운 줄 모르고 멀쩡한 물건 갖다 버리기와 여자 사귀는 것밖에 없으면서 왜 그리 당당한 건지. 별로 잘난 것 없으신 당신, 좀 적당히 하면 안 될까요!

부끄러움은 내 몫

겨우 이혼 위기를 넘기고 식당에 취직해서 일을 할 때였다. 아침 10시에 출근해서 밤 10시까지 일을 했다.

밤 10시쯤 되면 매번 남편이 식당으로 전화해서 내가 있는지 확인한다. 퇴근 후 10시 30분쯤 되면 집으로 전화해서 애들 자느냐고 묻는다. 말로는 "장사 잘했느냐? 애들은 자느냐?" 묻지만 진짜는 나를 단속하는 거였다. 자기가 하는 처신이 있으니까 세상 사람들이 다 그런 줄 알았던 것이다.

하루는 작은딸 친구인 환이 엄마가 노래방에 가자고 퇴근 시간에 맞춰 식당으로 왔다. 환이는 환이 아버지가 봐준다며 모처럼 기분 전환하고 오라고 했단다. 그래서 식당 바로 지하에 있는 노래방엘 갔다. 30분 후에 환이와 우리 작은딸이 와서 같이 있다가 집에 왔다. 그날 새벽 2시쯤, 애들 아버지가 전화를 해서 마중 나오라고 하기에 나갔더니 집에는 식구들이 있으니까 여관으로 가서 얘기 좀 하자는 것이다. 그래서 따라갔다. 취조가 시작되었다. 퇴근해서 집에는 안 오고 어디를 갔냐고 해서 환이 엄마가 와서 노래방에 갔었다고 했더니 환이 집에 전화를 걸란다. 시간을 보니 새벽 4시였다. 이 시간에 남의 집에 전화를 거는 것은 예의가 아니라고 하니까 눈빛이 돌변하며 금세라도 때려죽일 기세였다. 할 수 없이 전화를 걸어 환이 엄마를 바꿔주었다. 노래방에 가려면 혼자 가지, 왜 원영이 엄마를 데려갔냐고 호통을 쳤다. 얼마나 미안하고 창피한지….

다음날 환이 엄마가 와서 환이 아빠한테 창피해서 죽는 줄 알았단다. 새벽녘에 연신 미안하다는 말만 하고 전화를 끊으니까 환이 아빠가 누구기에 그렇게 쩔쩔 매냐고 해서 자초지종을 말했더니 그런 전화인 줄 알았으면 자기가 받아서 마누라를 그렇게 못 믿으면 왜 사느냐고 욕을 해줄 걸 그랬다고 했다는 것이다. 그런 사람하고 사는 원영이 엄마가 불쌍하다고 했단다.

환이 아버지는 평소에 아내한테 존댓말을 쓰고 식사 후에는 잘 먹었다고 인사를 한다고 한다. 언감생심이다. 애들 아버지는 반찬 투정도 심하고 어쩌다 한마디 해도 퉁명스럽기 그지없다.

한번은 환이 엄마가 우리 집에 놀러왔다가 애들 아버지가 나한테 소리치는 것을 보고 깜짝 놀라며 혹시 원영이 아빠한테 무슨 약점이라도 잡혔냐고 물었다. 얼마나 부끄럽던지….

속으로 혼자 계산을 해봤더니 내 월급으론 애 둘 데리고 살 수가 없다. 어쨌든 애 아버지가 타다주는 월급이 생계에 도움이 되었다. 애들한테도 아버지가 없는 것보단 있는 게 나을 테고. 마음을 다잡고 그냥 살려고 하는데 현실은 나한테 끊임없이 그 대가를 요구한다.

나쁜 예감은 늘 적중한다

남편은 바람이 나면 집 식구들한테 엄청 잘한다. 그래서 티가 났다. 본인만 모르는 것 같다. 외박이 잦고 핑계가 늘고 살갑게 대하기 시작하면 십중팔구 뭔 일이 있는 거다.

수상쩍어서 알아보면 틀림이 없다. 나쁜 예감은 늘 적중한다. 차라리 일말의 양심마저 없으면 좋을 텐데, 알량한 양심은 남아 있어서 사람을 미치게 한다.

얼마나 유난을 떨면 다른 사람들도 다 눈치를 챌 정도다. 매번 그 사실을 알고도 겉으로는 내색을 안 한다. 친정엄마도 계시고 애들도 있으니 어차피 살 거면 나 한 사람만 참으면 된다고 생각했다.

한번은 며칠씩 집에 들어오지 않아서 전화를 했더니 친한 분이 상을 당해서 상갓집에 가느라 그랬단다.

남편 생일이어서 미역국을 끓이고 정성껏 밥상을 차려놓았다. 밥상에 앉아 국을 몇 숟가락 떠먹더니 짜다면서 일부러 골탕 먹이려고 짜게 했다고 수저를 바닥에 던져버렸다. 그러고는 옷을 입더니 휑하니 나가버렸다. 나중에 들어보니 생일이랍시고 바람난 여자와 그 딸하고 셋이서 밥을 먹기로 선약이 되어 있었단다.

어느 일요일 새벽에는 자연농원(현 에버랜드)에 가자며 느닷없이 김밥을 싸라고 한다. 가서 사 먹자고 하고 싶어도 새벽 댓바람부터 큰소리 나게 하고 싶지 않아서 이른 아침에 부랴부랴 김밥 재료를 사다가 김밥을 쌌다. 큰딸은 교회를 간다고 해서 못 데리고 가고 시부모님과 작은딸만 데리고 8시쯤에 집을 나섰다. 지하철을 타고 버스를 타고 도착했다. 점심을 먹기 위해 돗자리를 펴고 김밥을 꺼내 먹으려고 하는데 김치를 안 싸왔다고 화를 내면서 김치를 사러 갔다. 김치 파는 데가 있을 리가 만무했다. 빈손으로 돌아와서는 씩씩대며 나를 향해 별별 막말을 다 해댔다. 평소에도 늘 듣던 말이라 크게 상처가 되지는 않으면서도 애 앞에서 그럴 때는 쥐구멍이라도 있으면 들어가고 싶다.

예전에 한 번 친정엄마가 애들 앞에서 너무 심하게 막말을 한다고 꾸짖었다가 사위에게 쫓겨날 뻔한 적도 있다. 그때 데어서 그러신지 그 후 친정엄마도 더 이상 참견하지 않으신다. 말이 통하지 않으니 체념하고 사시는 듯하다.

우리 가족한테는 기억할 만큼 특별한 추억이 별로 없다. 애들 아버지는 집에서 가족과 지내는 시간이 많지 않으면서도 그 짧은 시간에도 화낼 궁리만 하고 사는 사람 같았다. 같이 한 공간에 있는 것이 항상 불안하고 불편해서 차라리 나가는 것이 마음 편했다.

그럼에도 불구하고 왜 살았느냐고 묻는다면? 큰딸이 '벌집'으로 간다고 하기에 참고 살았다. '벌집'은 가출한 애들이 모여 사는 곳이란다. 엄마, 아빠가 이혼하면 자기는 누구하고도 안 살고 그곳으로 간단다.

친정엄마 또한 그렇게 만나지 말라고 사정을 해도 안 듣고 끝내 네 고집대로 하더니 네 무덤 네가 팠으니 그냥 살라고 하셨다. 너 때문에 네 아버지와 내가 흘린 눈물이 얼만 줄 아냐고 하시며. 애지중지하던 막내딸이 불쌍놈 집안에 목을 맨다고 많이 우셨다고 한다.

또 하나 바보 같은 핑계지만 시부모님이 나 없이 못산다고 하셔서 이혼하지 않고 그냥 살았다.

나는 항상 속으로 "너는 이미 죽고 없다. 엄마 노릇, 딸 노릇, 며느리 노릇이나 잘하고 살자!"고 다짐한다. 언제부턴가 사람을 대할 때 인간적인 부분만 따지게 된다.

내 마음의 배는 점점 멀리 노 저어 가고

애들 아버지는 낮 12시쯤 일어나서 친정엄마가 해주시는 아침을 먹고 출근을 한다.

찌개고 반찬이고 한 번 상에 올라온 것은 다음번에 다시 먹지 않았다. 밥도 매번 새로 지어야 했다. 친정엄마는 밥을 밥솥에 안쳐놓고 찌개나 국 끓일 준비를 해놓았다가 사위가 일어나면 바로 끓여서 상을 차려주셨다. 며칠씩 놀러 가시는 데는 절대 안 가시고, 당일치기도 아침 일찍은 가시지 않았다. 딱 한 번 홍도인지 어딘지 놀러 가신다고 어린 손녀한테 사위 끼니를 맡기고 가신 적이 있었다. 큰딸이 학교도 안 들어갔을 때였는데 그 어린 것이 계란찜까지 해서 밥상을 차려주었단다. 나와 같이 산 이래 남편은 집에서 밥 한 번을 하지 않았다. 부엌에 들어가면 무슨 큰일이라도 나는 것처럼 부엌 근처에는 얼씬도 하지 않았다. 혼자 자취할 때는 잘만 해먹더니 기억 속에서 그 시간을 아예 없애 버린 사람 같았다.

우리는 가족이란 이름으로 묶여 살면서도 가족 간에 애틋함과 같은 정서적인 애착이 별로 없다. 각자 생활을 해왔다. 큰딸이 학생일 때는 아침에 학교 갔다가 학원까지 갔다 오면 저녁에 잠깐 얼굴을 마주칠 뿐, 얘기할 시간이 별로 없었다. 그런데 작은딸의 경우는 조금 달랐다. 초등학교 때부터 내가 집에서 나올 때 데리고 나와서 학교에 들여보내고 출근하고, 저녁에도 학원에서 올 시간에 거의 매일 마중을 나갔다. 그래봐야 하루에 두 시간 정도, 그 정도도 시간을 빼지 못할 때가 있었다. 일찍 자고 일찍 일어나야 하니까. 그래도 작은딸은 중학교 다닐 때까지 내 옆에서 붙어 잤다. 그래서 좀 더 애틋함이 있는 것 같다. 큰딸은 중학교 때부터는 거의 내 품안에서 벗어나 생활했다. 그 시절의 큰딸과는 특별히 기억나는 추억이 없다. 학교 친구, 교회 친구, 선후배들과 어울려 다녔다. 얼마나 마당발인지 오죽하면 선거에라도 한 번 나가 보라고 말을 했을 정도다.

언젠가 아는 동생이 자기 시누이가 병에 걸렸는데 치료에 혈액이 많이 필요하다면서 헌혈 증서를 구해주면 좋겠다고 하기에 큰딸한테 말했더니 이틀 만에 10장을 구해왔다. 큰딸은 바깥에서 안식을 찾고, 집은 잠자는 곳이었다. 그래도 나한테 애들하고 어울려 노는 얘기를 곧잘 들려주니까 큰딸이 밖에서 어떻게 하고 있는지는 잘 알고 있었다. 애들 아버지는 평일에는 애들 등교하고 나 출근한 다음 일어나서 나갔다가 다음날 새벽에 들어와서 자고 일요일에는 아예 집에 안 들어오는 날이 많았다. 일요일 새벽에 나갔다가 화요일 새벽에 들어올 때가 허다했다. 나는 말을 안 섞고 살기로 작정했으므로 무슨 짓을 하고 다니든 상관하지 않았다. 그러다보니 마음의 강에 띄워 놓은 배가 멀어진 마음만큼 점점 더 멀리 노를 저어 가고 있었다.

애들 아버지는 애들 하는 짓이 자기 마음에 안 든다고 욕을 하고 나 닮아서 정리도 할 줄 모르고 청소도 안 한다며 화를 냈다. 나를 정리정돈도 할 줄 모르는 지저분한 여편네라고 타박했다. 장모님이 지저분하다고 화를 내고, 자기 어머니네 냉장고가 엉망이라고 또 화를 냈다. 화내는 것에 재미 들린 사람처럼 화통을 안고 산다. 그때는 한 푼이라도 아끼고 살 때였다. 미아역에서 식당까지 걸어다녔더니 마을버스를 타고 다니지 그게 몇 푼이나 된다고 궁상을 떠는 거냐고 나한테 소리를 지르면서 난리를 쳤다. 늙어서 애들한테 짐 되기 싫어서 아끼고 산다고 하면 환갑날 잘 먹사고 열흘을 굶는 게 말이 되냐고 못마땅해했다. 그래서 나를 싫어한다나 뭐라나. 그럼 살지 말지. 뭐 하러 그 꼴을 보고 사냐고 하면 오히려 답답해 죽겠다고 소리를 질렀다.

나는 애들 옷도 다 얻어다 입히고 장롱, 세탁기, 냉장고도 남들이 새 걸로 바꿀 때 그걸 얻어와 사용했다. 여러 사람한테 애들 옷을 얻다보니 모양도 색도 다양해서 골라 입히는 재미도 있고 리폼해서 입히면 새 옷처럼 제법 폼이 났다. 그래서 주위에서는 옷 잘 입는 애들로 소문이 났다. 내가 근검절약하는 반면에 애들 아버지는 돈을 잘 쓰고 다녔다. 그래도 아빠 노릇한다고 애들 용돈도 챙겨주고 새로 나오는 것들이 있으면 삐삐든 이어폰이든 핸드폰이든 가장 먼저 사주었다. 외식도 가끔 시켜주었다.

내가 슈퍼마켓에서 일할 때였다. 차를 산 줄도 몰랐는데 중고로 그랜저를 싸게 샀단다. 몇 개월 후 어느 날, 작은딸과 강아지를 차에 태우고 나를 데리러 왔다. 그날 작은딸이 차 안에서 작은 소리로 "엄마, 이게 바로 행복인가 봐." 한다. 그 말을 듣고 가족끼리 얼마나 함께하는 시간이 없었으면 애가 그런 말을 하나 싶어 마음이 짠했다. 내 마음의 배는 이미 강 한가운데로 가 있는데….

작은애 유치원 졸업식과 큰애 초등학교 졸업식이 있는 날이었다. 내 몸이 두 개가 아니라 걱정을 태산같이 하고 있었는데 남편이 선뜻 큰딸 졸업식에 가겠다고 나섰다. 한 집에 살고 있던 주위 사람들이 다들 놀라워했다. 복도 하나를 사이에 두고 세 가구가 옹기종기 모여 살던 때라서 애들끼리도 잘 놀고 엄마들끼리도 아주 친하게 지냈다. 그래서 속사정을 누구보다 잘 알고 있었다.

세월이 흐르면서 보니까 남편은 자기 사정을 잘 모르는 바깥 사람들과는 잘 지내는 것 같았다. 무시당하지 않으려고 신경을 곤두세우고 있을 필요가 없으니 관대해지는 걸까. 선입견 없이 보면 남편은 입성도 깔끔하고 돈도 잘 쓰고 허우대도 멀쩡해서 인기가 많다. 특히 여자들한테 그런 것 같았다. 그래서 바깥에서 살아가는 재미를 찾는 거라고 생각한다.

명절 때만 되면 나는 곤혹스럽다. 엄청 바쁘다. 시부모님이 한꺼번에 많이 안 드시니까 다섯 번이나 끼니와 간식을 챙겨드리고 청소하고 빨래하고 시장을 봐서 차례 음식을 준비하고 나면 한밤중이다. 밤늦게까지 일하고 다음날 아침 6시에 일어나서 차례 상을 차리고 나면 남편은 꼭 한 가지라도 트집을 잡아서 화를 낸다.

오죽하면 시어머님이 "지금 세상에 너같이 당하고 사는 사람이 어디 있냐? 나 같아도 벌써 도망갔겠다."고 말씀하셨다.

대전에 사는 큰시누이 딸이 이혼한다고 우리 집에 와서 며칠을 있었는데 얼마나 외삼촌이 못되게 굴었으면 "외숙모는 외삼촌이랑 왜 살아요? 외삼촌 보니까 내 남편은 엄청 좋은 사람이네." 했다. 그렇다고 애를 데리고 미주알고주알 말할 수도 없고 해서 "외삼촌도 처음엔 안 그랬는데 사는 게 워낙 힘드니까 자신이 싫고 자신한테 화가 나니까 남한테는 못 그러고 만만한 외숙모한테 화풀이를 하는 거야. 나중에 잘살게 되면 안 그러겠지." 했다.

그 후 조카딸은 대전에 내려가서 남편과 화해하고 지금까지 잘 살고 있다.

나쁜 것에는 빨리 물든다

애들 아버지는 화가 많고 불안하고 소심하고 세심하고 의심이 많다. 그리고 의처증도 약간 있는 것 같다.

내가 나가서 일하는 것을 항상 불안해하고 자기는 마음대로 하면서 전화했을 때 안 받으면 두고두고 사람을 못살게 굴었다.

잘못한 일도 없는데 친정엄마는 사위한테 전화 올까 봐 불안해서 벌벌 떠신다. 내가 퇴근할 시간이 되면 미아역까지 왔다 갔다 하시면서 기다리신다. 한번은 생일날 친구들하고 고속터미널 위에 있는 유명한 가수들이 나오는 카바레에 가서 재미있게 구경을 하고 왔다. 친정엄마가 밖에 나와 기다리고 계시다가 친구들한테 다음부터 내 딸 데리고 그런 데 가지 말라고 막 화를 내셨다. 속으로 친정엄마가 엄청 미웠다. 하지만 이제와 돌이켜 보면 친정엄마가 그렇게 끊어내 주지 않았으면 나도 친구들과 어울려 다니며 방종한 생활을 했을 수도 있다.

당시 나는 친구 3명과 자주 어울려 다니며 친하게 지냈는데 그 중 한 친구가 유치원에서 만난 애 엄마들하고 밤마다 카바레에 놀러 다니는 생활을 하다 바람이 났다. 일상이 지루한데 만나면 예쁘다고 해주지, 좋은 데 데리고 다니면서 구경시켜 주지, 선물도 잘 사주지 하다 보니 그날이 그날인 삶에 활력이 되더란다.

그 후 친구들 셋 다 애인이 생겼다. 애들 유치원 보내놓고 엄마들끼리 어울려 차도 마시고 술도 마시고 카바레도 다니다 그렇게 되었다. 나쁜 것은 빨리 물이 든다고. 친구들은 한동안 새로운 세상에 빠져 살았다. 그 덕분(?)에 나도 몇 번 친구들 따라 스탠드바도 가보고 나이트클럽도 가봤는데 바람 들기 쉬운 분위기였다. 바람이라는 것은 끝이 안 좋게 마련이다. 하지만 이미 새로운 세상을 만난 그들한테 그 말이 들리기나 할까.

관심 가는 상대와 전화번호를 교환하고 나면 남자들은 저녁에 만날 거면서 낮에도 몇 번씩 전화를 한다고 한다. 그렇게 몇 달이 지나고 나면 상황이 역전된단다. 오히려 여자들이 안달을 낸다는 것이다. 남자의 전화 거는 횟수가 점점 줄어들다가 여자가 전화를 해도 바쁘다고 이 핑계, 저 핑계를 댄단다. 이미 떡밥을 물고 잡혔으니 어장 관리가 필요 없다는 것이다. 남자들은 참 못 됐다. 남의 떡 한 번 먹어나 보자는 심산 아닌가. 그러고 보면 애들 아버지는 참 특이하다. 남자들이 마음은 안 준다고 하던데 마음까지 다 주니 말이다. 상대 여자한테 진심인 것이다. 그러니 정성이 얼마나 대단하겠는가. 오죽하면 우리가 이사하는 날 집에까지 찾아왔을까. 친정엄마가 그 소식을 전하며 아무래도 그 여자랑 관계가 수상하다고 하셨다. 속에선 천불이 났지만 친하게 지내는 직장 동료니까 신경 쓰시지 말라고 말씀드렸다.

이게 오지랖이지 싶다

남편은 내가 뭐든지 척척 알아서 하지 못한다고 화를 낸다.

그날은 나도 참지 못하고 "그렇게 답답하면 남의 머릿속까지 들여다보는 로봇하고 살지, 왜 나하고 살면서 당신 생각까지 다 알아달라고 하느냐? 사람은 생각이 다 달라서 당신이 무슨 생각을 하는지 말을 하지 않으면 모른다."고 쏘아 붙였다.

그랬더니 "사람이 꼭 말을 해야 아느냐? 생각이라는 걸 하면 되는데." 하면서 소리를 쳤다.

살다보니 별일이 다 있다. 하루는 남편의 외도 상대 여자한테서 전화가 왔다. 초면에 나한테 하소연을 한다. 아무래도 다른 여자를 만나는 것 같다고. 얼마 전부터 자주 자기한테 화를 낸다는 것이다.

왜 그렇게 화를 내는 거냐고 물어봤더니 엄마가 치매에 걸리셔서 불안하고 속상해서 그런다고 하더란다. 그런데 아무래도 이상해서 알아보니 최근에 룸살롱에 젊은 애가 들어왔는데 그 애한테 꽂힌 것 같다고 한다. 둘이 같이 일하고 있는 줄 알았는데 아닌 모양이었다. 내가 자기 동생이랑 동갑이라서 항상 미안했다고 하면서 한 번 만나자고 했다. 만날 곳이 마땅히 생각나지 않아서 노래방에서 만났다. 이게 무슨 경우인지는 모르겠지만 얼떨결에 만나서 단둘이 얘기를 나누었다.

  시작은 평범했단다. 같이 일하니까 일 끝나고 대여섯 명이 모여 노래방도 가고 등산도 가고 하면서 지냈다고 한다. 애들 아버지가 잘생긴데다가 유머도 많고 장난을 잘 치니까 호감이 가기는 했지만 남녀 관계로는 생각해 보지 않았다는 것이다. 그날도 회식 후에 노래방을 갔다 헤어졌는데 간 줄 알았던 사람이 안 가고 따라와서 자기가 잡은 택시에 올라타더란다. 그러고는 수유리 근처에 내려서 억지로 모텔에 끌려갔고 그 후 사귀게 되었다고 한다. 남편한테서 받아보지 못했던 사랑과 관심을 받고 보니 다른 세상에 살고 있는 것 같았단다. 전국 여기저기를 돌아다니며 세상을 다시 사는 것처럼 살았다고 한다. 남편과는 중매로 만나 사랑이 뭔지도 모르고 결혼했고, 그렇게 사는 건가 보다 생각하고 살았는데 왕비처럼 떠받들어 주니까 모든 걸 다 주어도 아깝지 않을 만큼 좋았단다. 점점 집에 들어가기가 싫어졌고 남편 목소리만 들어도 짜증이 났다고 한다. 게다가 애들 아버지가 남편과는 잠자리도 하지 말라고 해서 영문도 모르는 애들 앞에서 남편과 싸우는 일이 종종 있었단다. 당시 애들 아버지의 독점욕이 사랑인 줄 알았다고 한다. 결국, 애들의 동의하에 남편과 이혼을 했고, 그 후로 그 집 애들한테 내 남편이 아버지 노릇을 했단다. 그 집 자식들과는 사이가 참 좋다고 한다. 우리 애들은 생일이고 뭐고 챙기지도 않는 사람이 그 집 애들하고는 모든 행사에 같이 다녔다는 것이다. 그래서 자기는 늙어서도 이렇게 지낼 줄 알았다고 한다. 이렇게 젊은 여자한테 한순간에 밀릴 줄은 몰랐단다.

그 말을 듣고 나는 남편과 좋은 기억이 별로 없어서 남편이 그러거나 말거나 상관없지만 좋은 기억들이 많으니 그때를 생각해서 절대 나쁜 마음을 먹지 말라고 당부했다. 그러면서 그 남자가 다 잘못한 거니 나를 봐서라도 마음을 돌려 다 잊어버리고 살라고 했다. 그동안 경치 좋다고 소문난 곳, 맛집 등을 원 없이 다녀보았고 여자로서 행복감도 한껏 맛보았으니 원망은 없다고 했다.

그 여자는 내가 그 남자 아내라는 사실을 잊은 건가. 내 앞에서 자기 추억팔이를 했다. '그래 남자가 나쁜 놈이지. 여자가 뭔 죄여.'

그 후 우리는 수시로 전화 통화도 하고 쉬는 날에는 만나서 밥도 먹고 기분 전환도 하러 다녔다. 그때는 슈퍼마켓에서 일할 때라 6시에 퇴근을 하니까 함께 일하는 동생하고 셋이서 자주 어울려 다녔다.

그러면서 지금이라도 돈 많고 마음 착한 사람 만나서 늘그막에는 편히 살라고 달랬다. 애들 아버지는 자격지심 때문에 강한 척할 뿐, 모질지 못해서 싫증났다고 해서 상대한테 헤어지자고 못하고 엉거주춤 양다리를 걸치고 있었다.

어느 날, 큰마음 먹고 애들 아버지한테 제발 그 벌이 우리 애들에게 갈까 두려우니 헤어지더라도 여자들 마음에 한 맺히게 하지 말라고 했다.

"죽을 만큼 좋다고 할 때는 언제고 이제 와서 갑자기 안면몰수를 하느냐. 시간을 두고 자연스레 헤어질 수 있게 하라."고 충고했다.

그리곤 몇 해 동안 남편의 자동차 보험을 그녀의 친척 여동생 남편한테 들어주었다.

바람피우는 남편과 딸들의 항변

룸살롱 주방 아줌마를 통해 나는 내가 등신같이 살아왔음을 다시 한 번 깨닫게 되었다.

어느 일요일에 남편이 나보고 온천엘 가자고 해서 바람도 쐴 겸 따라나선 적이 있었다. 동학사를 구경하고 온천을 하고 왔는데 남편이 다른 여자들과 이렇게 놀러 다닌다는 것을 알 수 있었다. 들어보니 그날 그 여자의 집안에 결혼식이 있어서 내가 대타가 된 것이었다.

한번은 쌍개사 벚꽃 구경을 가자고 해서 영등포에서 관광버스를 타고 갔다. 가는 동안 나는 안중에도 없고 통로 저편에 앉아 있는 여자들과 농담을 하면서 갔다. 차에서 내려서도 혼자서 성큼성큼 걸어갔다. 키가 크고 다리가 길다 보니 뱁새가 황새 쫓아가는 모양새였다. 거의 뛰다시피 해서 쫓아가서 사진 한 방 찍고 하루 종일 그 짓을 반복했다. 숨 가쁘게 따라다니다 보니 제대로 구경도 할 수 없었다. 이런 데 왔으니 보조라도 좀 맞춰 주면 좋으련만 한눈팔다 조금만 늦게 가도 느려터지다고 소리를 지르며 화를 냈다. 밥도 따로 앉아서 먹고, 커피도 자판기에서 혼자 빼서 마셨다. 그럴 거면 도대체 왜 데려왔는지…. '내가 두 번 다시 이런 데 같이 오나 봐라. 그러면 내가 사람이 아니다.'라고 생각했다. 그다음 식사 때도 나한테 뭘 먹을 거냐고 물어보지도 않고 한 식당에 쑥 들어가더니 불고기 백반을 시켰다.

'여기까지 와서 불고기 백반이 뭐야?' 하면서도 또 역정을 낼까 봐 찍소리도 못하고 맛있게 먹는 척했다. 알고 보니 그날도 대타였던 것이다. 그래서 그렇게 막한 거였다.

나한테 같이 가자고도 잘 안 하지만 그 후로는 같이 가자고 해도 안 따라갔다.

애들 아버지하고 애를 데리고 셋이서 백화점엘 갔다. 그날도 쫓아가는 데 바빠 아무것도 구경하지 못했다. 자기 살 것만 사고는 빨리 오라고 재촉했다. 나는 딸애와 죽어라 쫓아가지만 순간 놓치기를 반복했다. 다행히 키가 커서 찾기는 쉬웠다. 애들과도 같이 다닌 적이 손으로 꼽을 만큼밖엔 없지만 딸한테 다시는 아빠랑 같이 다니지 말자고 했다.

딸들하고 우리 네 식구가 함께 어디를 가본 것은 열손가락으로 꼽을 정도다. 그래서 우리 가족한테는 추억거리가 별로 없다.

어느 날, 넌지시 여자가 생겼냐고 물어보았다. 룸살롱에 젊은 여자애가 들어왔다더니 그 애냐고 넘겨짚었다. 그런 게 아니고 집이 같은 방향이라 택시비 아끼라고 오는 길에 태워다 주는 거란다. 왜 당신이 매일 태워다 주냐고 했더니 집적대는 놈이 있어서 무섭다고 해서 데려다준다는 것이다. 그러다 정분나는 거라고 더 이상 상관하지 말라고 했다. 여자들은 잘해주면 자기를 좋아해서 그러는 줄 오해한다고.

그런데 묻지도 않은 말을 나한테 들려준다. '아니, 이게 제정신이야? 내가 지 엄마인 줄 아나?' 싶었다.

새로운 젊은 애가 전라도 순천에서 옷가게를 크게 해서 돈을 잘 벌었는데 남편이란 작자가 사장이랍시고 돈을 많이 쓰고 다니면서 뭘 어쨌는지 빚만 잔뜩 져서 그 일로 싸우다 고등학생인 딸 둘을 두고 도망 나와서 고종사촌 오빠네 집에 얹혀 있다고 한다. 한 푼이라도 아껴서 방을 얻어야 되니 딱해서 도와주는 거란다. 그러지 말란다고 들어먹을 사람도 아니고 자기 하고 싶은 대로 할 것을 알기에 더 이상 말을 하지 않고 그냥 넘어갔다.

하루는 전화를 받고 급하게 뛰어나가더니 며칠 동안 엄청 바쁘게 왔다 갔다 했다. 세탁을 하려고 주머니를 뒤져보았더니 보일러 수리비 영수증이 들어 있었다. 코앞에 영수증을 들이밀며 물어보니 아무것도 아니란다. 그때는 기분이 좋으니까 물어도 화를 안 냈다. 그 전에는 시간되면 들어와서 자더니 어느 때부턴 내가 출근할 때까지도 들어오지 않아서 얼굴을 마주할 수 없었다. 그래도 정확히 9시가 되면 전화를 걸어 내가 있는지 확인했다. 자기가 누굴 나무랄 입장도 못되면서 내가 조금 늦기만 해도 어디 갔다 늦게 왔냐고 소리를 지른다. 말 같지도 않아서 대꾸할 가치도 없는데 그 말에 일일이 변명 아닌 변명을 늘어놓는 내 자신이 한심할 때가 있다.

말하다 궁지에 몰리면 나를 의부증 있는 사람으로 몬다. 별로 한 말도 없는데 양심에 찔리는지 나보고 괜히 자기를 의심한다고 야단이다. 방귀 뀐 놈이 성낸다더니 딱 그 짝이다. 꼬리만 잡혀봐라. 이렇게 사느니 현장을 잡아서 차라리 이참에 이혼을 해야겠다고 마음먹고 동네 근방을 찾아다녔지만 허사였다.

그렇게 또 몇 달이 지났다. 예전에 우리 아래층에 살던 아줌마가 와서 하는 말이 아줌마 아들이 이 동네에서 지물포를 하고 있는데 며느리가 오더니 자기네가 도배를 해준 뒷골목에 사는 여자와 우리 애들 아버지가 가게 앞으로 지나가더란다. 하루는 지물포 앞에 차를 세워놓고 세차를 했다고 한다. 거의 매일 가게 앞을 지나가는데 분명 우리 애들 아비지가 맞는다면서 그 집이 어딘지 알려주더란다. 막상 그 집을 알았지만 망설여졌다.

최근 애들 아버지 옷차림이 달라졌다. 주방 아줌마와 사귈 때는 신사복에 정장 차림으로 바지도 줄을 빳빳하게 세워서 입고 다녔는데 상대가 젊은 사람으로 바뀌니까 청바지에 티셔츠와 점퍼 차림으로 모자까지 쓰고 다녔다. 원래 모자는 산에 갈 때만 썼었다. 그런데 이젠 평상시에도 모자를 쓰고 스카프도 두르고 완전히 스타일이 바뀌었다.

그날도 일이 늦게 끝난다며 집에 들어오지 않았다. 새벽에 지물포 집에서 알려준 그 여자 집으로 가서 벨을 눌렀다. 2층에서 나이 드신 아주머니가 누구냐고 묻기에 뒷방에 사는 색시 친구라고 말했더니 문을 열어주었고 뒷담 옆으로 돌아가니까 문 하나가 있어서 여니 문이 열렸다. 부엌이었다. 부엌에는 내가 홍보용으로 가져온 우리 집 고추장 샘플 단지가 몇 개 놓여 있었다. 집에 있는 걸 가져다 준 모양이었다. 방문을 여니 자고 있다가 둘이 깜짝 놀라서 일어났다. 방안을 휙 둘러보니 살림살이는 별로 없는데 우리 집에 있던 도자기가 구석에 떡하니 있었다. 애들 아버지가 나를 남편 의심하는 환자 취급하기에 그렇지 않다는 걸 확인시켜 주고 싶었는데 이렇게 현장에서 확인했으니 알아서들 살라고 했다. 그런 다음 집으로 와서 두 딸한테 지난 일들을 쭉 얘기하면서 언젠가는 그만두겠지 하고 살았는데 또 시작한 걸 보면 영영 끝이 안 날 것 같으니 이혼해야겠다고 말했다. 그러자 큰딸이 이제와 너무 무책임한 것 아니냐며 자기들 결혼할 때까지는 그냥 살란다. 그러고는 내 잘못도 있다는 것이다. 같이 일하고 같이 놀아야 하는데 아빠는 저녁에, 엄마는 낮에 일하니 아빠 혼자 놀러 다니다 바람이 난 거란다. 그러니 엄마한테도 책임이 있다고 한다. 만일 이혼하면 부모 없다 생각하고 자기가 돈 벌어서 동생 가르치고 다 할 테니 자기 둘 다 볼 생각을 하지 말란다. 작은딸은 아빠 그냥 내버려두고 지금처럼 이렇게 살자고 한다. 나는 애들이 보인 뜻밖의 반응에 놀랐다.

'그래, 애들한테 어른들의 세계를 이해하길 바라는 것이 무리지.'

어른들 잘못에 괜히 애들이 상처받은 것 같아서 마음이 무거웠다.

동병상련을 느끼며

　　　　　　일요일에 일하는 것이 마음 편해서 일요일에 일하고 평일에 쉬었다. 쉬는 날에는 가급적 외출을 삼가고 애들과 시간을 많이 보냈다.

　애들이 학교에서 돌아와 엄마가 있으니 꿈꾸는 것 같다며 좋아했기 때문이다. 친정엄마는 모처럼 사위 밥 시중에서 해방되어 아침 일찍 놀러 나가신다. 남편이 12시에 일어나서 밥을 먹고 나가면 나는 반찬거리에 간식과 막걸리를 사들고 시댁으로 간다. 한 푼이 아쉬운 힘겨운 시절인지라 간식이라 해봐야 겨울에는 붕어빵, 여름에는 아이스크림 정도지만 그 별것 아닌 것에도 시부모님은 무척 좋아하셨다. 그 모습을 보면 마음이 따스해지고 행복했다. 때로는 그 작은 행복을 위해 머리 커트하는 걸 미룬 적도 있었다. 돈이 모자라서. 적은 돈으로 살림을 하자니 나한테 투자하는 데는 인색했다. 하지만 가족들한테는 그 티를 내지 않으려 했다.

　1월 1일이었다. 그날도 애들 아버지는 집에 들어오지 않았다. 큰딸은 놀러 나가서 작은딸과 시댁으로 갔더니 시부모님 두

분만 계셨다. 시골에 사실 때는 1월 1일이면 신정이라고 작은시누이, 시동생이 다 와서 잔칫집 같았는데 이젠 서울에 사는 데도 아무도 안 와서 나, 작은딸, 시아버님, 시어머님 넷이서 저녁을 먹었다. 그런 때도 밤 9시, 10시가 되면 어김없이 집으로 전화해서 내가 있는지 확인한다. 그날도 들어오지는 않고 전화를 했기에 시댁에 다녀왔다고 하며 "명색이 설인데 아무도 안 와서 부모님이 쓸쓸해하시더라"고 했더니 웬 변덕으로 고생했다고 말한다.

우습고 이해 안 되는 상황이지만 나는 애들 아버지와 새로 사귀고 있는 젊은 애와 셋이서 미사리로 바람을 쐬러 갔다. 같이 있다 현장에서 들키는 바람에 나한테 좀 미안했는지 하도 졸라대서 따라가게 되었다. 유명 연예인들이 노래하는 곳에서 노래를 듣고 붕어찜을 먹고 왔다.

집 앞에서 나를 내려주더니 당신은 친정엄마도 있고 애들도 있으니 저녁은 그 여자와 먹겠단다. 그 여자는 미용실엘 가겠다고 먼저 내린 상황이었다. 그 여자 혼자 처량하게 밥 먹을 걸 생각하니 마음이 불편하다며 나를 내버려둔 채 그대로 가버렸다.

그렇게 가서 이틀 후 새벽에 들어와서 기껏 한다는 말이 일주일에 한 번만 집에 오면 안 되냐는 것이었다. 기가 막혔지만 나는 아무 간섭 안 할 테니 애들이나 친정엄마가 이상하게 생각하지 않도록 새벽에 잠깐 들렀다가 가라고 했다. 그게 정 소원이라면 한 번밖에 못사는 인생이니 후회 없이 해보라고 하는 수밖에. 집에 오기 싫으면 아예 거기서 눌러 살아도 된다고. 그래서 애들은 그런 상황을 몰랐다. 방을 얻어서 살림을 차렸다고 하기에 무슨 돈으로 방을 얻었나 했더니 작은시누이한테 돈을 빌린 것 같았다. 애들 아버지 통장을 보고 알게 되었다. 시누이한테 전화를 해서 오빠에게 돈 빌려주지 말라고 했다. 빌린 돈으로 지금 방얻어서 딴 살림을 차렸다고 했더니 자기는 오빠만 좋으면 상관없단다. 자기 돈 갖고 자기 마음대로 못하냐면서. 내 편을 들어달라는 말이 아니라 어쩜 같은 여자끼리 저러나 싶어 남보다 못하다는 생각이 들었다. 아무리 형제라도 시시비비는 가릴 수 있는 거 아닌가. 남편 복 없는 사람은 시누이 복도 없는 건가.

한번은 시댁에서 저녁을 먹고 있는데 걸려온 전화를 받더니 간다고 일어섰다. 가지 말라고 하면서 시아버님께 저 사람 여자 만나러 간다고 일렀다. 시아버님이 지금부터라도 다른 데 기웃거리지 말고 마음잡고 살라고 하셨다. 그 말이 떨어지기가 무섭게 마구 소리를 지르면서 자기가 알아서 할 테니 상관하지 말라고 핏대를 세웠다. 그러자 시어머님이 저렇게 소리를 질러대는데 뭐 하러 말을 섞느냐고 아무 말 하지 말고 내버려두라 하셨다. 그러는 사이에 남편은 문이 부서져라 세게 닫고는 휑하니 나가버렸다. 안하무인도 그런 안하무인이 없다. 나도 불쌍하지만 자식의 횡포에 속수무책이신 시부모님도 안쓰럽기 그지없다.

철부지 아버지와 심청이 큰딸

하루는 빵을 사갖고 갔더니 시아버님이 엄청 맛있게 잡수셨다. 그러고는 옆집 할머니 아들 얘기를 들려주셨다.

그 할머니 아들이 부산에 가서 일을 해서 아들 내외가 주말부부였단다. 서울에서는 며느리와 손주 그리고 할머니 셋이 살고 있었는데 아들이 부산에서 바람이 나니까 며느리가 시어머니인 할머니한테 나가라고 해서 방 한 칸 얻어서 나와 고생하며 살고 있다는 것이다. 그 할머니가 폐지를 모아 팔아서 생활하고 있기에 시아버님이 박스고 신문지고 모아서 가져다주신단다. 그렇다고 어떻게 시어머니를 내쫓을 수 있냐며 며느리가 나쁘다고 말씀하신다.

나는 그 할머니 며느리처럼 내 주장을 하며 사는 사람들의 용기가 참 부럽다. 똑똑한 사람들은 다들 그렇게 살겠지. 나 같은 바보나 이래도 참고 저래도 참고 산다고 생각한다. 큰딸 데려와 살기로 결심했을 때 이미 그때 나는 죽었다. 나를 죽이고 자식만 보며 살려고 했으니 죽는 날까지 그렇게 사는 수밖에.

애들 아버지한테 바라는 것은 딱 한 가지다. 남은 세월, 당신

멋대로 살되 제발 나한테 못되게 굴지 말라는 것이다. 간섭도 사양이다. 나는 시부모님, 친정엄마, 우리 두 딸을 책임지고 살아야 되니까 도와주진 않더라도 화내며 참견하지 말기를 바란다.

큰딸은 철이 일찍 든 것 같다. 애들 아버지가 월급을 받아서 집에 갖다 주지 않고 밖에서 쓰고 다니는 걸 알고 있는 모양이었다. 큰딸은 자기가 돈 벌어서 엄마한테 갖다 주지 않으면 우리 식구가 길바닥에 나앉게 될까 봐 걱정했다고 한다. 이사를 하도 다니다보니 지쳐서 일부는 친정엄마가 보태시고 일부는 대출을 받아 전세 살고 있던 빌라를 샀더니 대출 이자가 많이 나갔다. 그때는 이자가 비쌌다. 우연히 그 말을 들은 큰딸은 단돈 10원이라도 아껴서 나한테 주고 싶어 했다. 한번은 보너스를 탔는데 조바심을 치며 달려와 그 봉투를 나한테 건네주며 좋아했다. 당시는 월급이나 보너스를 겉면에 정산 내역을 기입한 봉투에 넣어서 지급했다. 어쨌거나 이혼을 두 번씩이나 만류했던 큰딸이지만 엄청 효녀다. 그래서 심청이의 '청'에다 '정'가 성을 붙여 '정청'이라 불렀다.

큰딸은 용돈이 생기거나 아르바이트를 해서 돈을 벌게 되면 무조건 다 나한테 주었다. 애 앞에서 돈 걱정을 한 것도 아니고 시킨 적도 없는데 돈만 생기면 매번 그랬다. 나는 큰딸 눈치를 많이 보았다. 내가 못 배운 한이 있어서 큰딸 초등학교 2학년 때까지는 애를 닦달하면서 공부를 시켰다. 화도 많이 냈다. 그러자 어느 순간부터 딸애가 입을 꾹 다물고 말문을 닫기 시작했다. 큰딸 초등학교 입학하던 해에 작은딸을 낳아서 엄청 예뻐했는데 그런 모습을 볼 때마다 화가 잔뜩 난 채 문 뒤에 오도카니 앉아 있었다. 차별한다고 느낀 모양이었다. 이러다 애와 사이가 영 틀어질 것 같아서 큰딸한테 좀 더 신경을 쓰며 더 이상 공부하라고 채근하지 못했다. 나 좋으라고 공부하는 것도 아닌데…. 동생만 예뻐하고 자기는 미워해서 혼내는 줄 아는 마음을 헤아리기로 했다. 마음에 응어리가 지면 안 되니까. 그리고 나는 훌륭한 딸보다 효녀인 딸이 더 좋다. 그러니 이 엄마하고 정답게 살자. 그렇게 다짐한 후로는 큰딸이 원하는 대로 해주려고 노력했다.

불효한 죄, 죽는 날까지 용서를 빌며

어제는 6,000원짜리 부추 때문에 싸웠다. 남편이 갑자기 소리를 높여가며 저번에 사다준 부추를 음식이 몇 접시나 나갔다고 벌써 다 쓰고 내일 시장 볼 건데 또 사오라 하냐고 화를 냈다.

자기한테 시킨 것도 아니고 필요하니까 사는 걸 갖고 야단이다. 절약할 줄 모른다고 화가 난 것이다. 자기 쓰는 것은 안 아깝고 재료비는 아까워서 안달이다. 욕을 안 할 수가 없다. 식당에서는 좋은 재료를 쓰는 것이 기본이다. 남편은 재료비, 전기세한 푼에 벌벌 떤다. 어떤 때는 에어컨을 꺼버리기도 한다. 아무리 식당 영업이 끝날 무렵이라 해도 아직 손님도 계시고 직원들도 있는데 말이다.

그렇게 50년을 살았다.

큰애 낳고 헤어졌다 다시 만나 산 이후 희망도 즐거움도 모르고 살았다. 돈이 없어서 연탄과 쌀 살 걱정을 하고 월세도 제대로 못 내며 정말 거지처럼 살았다. 결단을 내리지 못하고 한심하게 질질 끌려다니며 평생을 그리 산 죗값을 아직도 다 치르지 못한 듯하다. 회개하지 않아서.

'하나님, 용서해 주세요! 죽는 날까지 부모님 마음 아프게 한 죄 회개할게요. 그리고 딸들 가정과 손주들 위해 기도할 테니 용서해 주세요. 손주들이 잘 자라서 가정과 사회에 꼭 필요한 사람이 되게 해주시고, 애들 마음에 주님이 자리 잡게 해주세요.'라고 살아 역사하시는 예수님께 기도 드렸다.

하나님은 고난을 통해서 내게 깨달음을 주시는 것 같다. 친정엄마는 내가 애들 아버지 만나는 바람에 눈물을 한 동이는 쏟으셨다. 친정아버님은 큰딸을 임신하고 있는 상태였는데도 애 낳지 말고 헤어지라고 눈물로 호소하셨다. 그때 친정아버님은 애들 아버지한테서 뭘 보신 걸까? 왜 그렇게 살았는지 모르지만 그냥 같이 살아야 되는 줄 알았다. 남녀가 한 번 만나면 그냥 살아야 되는 줄 알고 살아온 것 같다. 처음에는 다정하고 참 좋았다. 얼마 지나지 않아 본색(?)을 드러내고 하도 무섭게 구니 감히 헤어질 생각을 못했다. 정말 바보였다. 내 마음도 내가 어쩌지 못할 만큼 홀딱 빠져서 어른들 눈에 보이는 것들을 외면했다. 듬직하게 느껴져서 평생을 믿고 의지해서 살 수 있을 것 같았다. 그러던 사람이 어느 순간부터 변하기 시작하더니 자기 하라는 대로 하지 않으면 하루도 집안이 조용할 날이 없다. 비위를 맞추며 살다보니 어느새 세월이 이렇게 많이 흘렀다.

남편이 화내는 거 보면 딱한 생각이 든다. 참 불쌍한 사람이다. 성에 차지 않는 사람과 사느라 얼마나 답답하면 소리를 지르고 화를 내겠는가. 서로가 지옥에 살고 있다. 남은 세월도 그렇게 살아야 되는지…. 분명 하나님께서 다른 삶을 주실 거라 믿는다. 마음 편히 살게 해주실 거라 믿고 또 믿는다.

"살아 계시며 죽은 자도 살리시는 하나님! 내 남은 인생 마음 편히 웃으며 살다가 주님 나라에 가게 해주세요. 살아 역사하시는 예수님 이름으로 기도 드립니다. 아멘."

오늘은 2월 마지막 일요일이다. 어제가 애들 아버지 만난 지 50년 되는 날이다. 세월이 참 빠르다. 50년을 기념하며 맛있는 거라도 먹으러 가자고 한다. 입맛도 없지만 솔직히 가고 싶은 마음도 없어서 내일 아파트 사모님들과 점심 먹기로 했으니 오늘은 그냥 가게를 지키는 것이 좋겠다고 말했다.

그분들은 부잣집 딸로 태어난데다 남편들을 잘 만나 며칠씩 같이 놀러 다닌다. 나한테도 언제 울릉도 한 번 함께 가자고 해서 못 간다고 했더니 그렇게 가게에서 일만 하다 죽을 거냐고 했다. 그래서 애들 아버지한테 그 말을 하니까 퉁명스럽게 가게 비워 놓고 어딜 가겠다는 거냐고 언성을 높였다. 나는 말없이 애꿎은 화분에 물을 주었다.

이제는 나를 돈 많은 과부쯤으로 생각하는지 자기 하고 싶은 대로 다 하고 산다. 서로 믿음도 신뢰도 사랑도 없이 왜 사는지 모르겠다. 차라리 있는 듯 없는 듯 쥐 죽은 듯이 살기만 해도 좋을 텐데 사사건건 참견을 하며 버럭버럭 화를 내니 정말 참아주기 힘들다. 하늘나라에서 친정 부모님이 막내딸 사는 모습을 보고 얼마나 마음 아프실까!

"부모님 눈에서 피눈물 빼고 불효한 죄, 죽는 날까지 용서를 빌겠습니다. 하나님 용서해 주세요. 살아 역사하시는 예수 그리스도 이름 받들어 기도 드립니다. 아멘."

나도 내 마음을 잘 모르겠다

　　　　　오늘은 부엌 타일이 불판을 탁탁 놔서 깨졌다고 화를 내고, 테이블 위에 물병이 두 개나 놓여 있다고 화를 냈다.
　한 이틀 잘 지낸다고 생각했는데 이틀 동안은 아마 시동생한테 2억을 해주라 하고 싶어서 화가 나도 참았던 것 같다. 그럴 수 없다고 이틀 동안 여섯 번은 말했다. 평소 나한테 너무 못되게 굴더니 돈 2억을 맡겨놓은 사람처럼 떼를 쓰며 시동생한테 해주라고 보챈다. 그러다가 내가 거절하니까 뭐라도 트집을 잡아서 막 화를 내서 나를 가슴 아프게 한다. 예전에 동생들한테 자기가 나와 살아야 그래도 너희들이 돈 몇 푼이라도 만져볼 수 있다고 했던 말이 자꾸 생각나서 화가 치밀어 올랐다. 그런 말은 잊어버리면 좋은데 새록새록 왜 자꾸 생각나는지 모르겠다. 나를 얼마나 만만하게 보았으면 그런 말을 아무렇지 않게 할 수 있는지…. 돈을 안 벌어다 주어도 살아주니까 자기가 뭐 대단해서 그러는 줄 착각한다.

　남편은 유명한 작곡가 선생님의 곡을 받아 정식으로 음반을 냈다. 나도 남편이 벌어다 주는 돈으로 살아보고 싶다. 괜한 기대로 마음이 한껏 부풀어 올랐다. 돌아보면 한때는 제대로 생활비도 갖다 주고 가족들한테도 잘하던 시절이 있었는데…. 지금은 나를 돈 많은 과부 취급을 하며 잘 보이려고 애쓴다. 어떤 때는 눈앞에서 없어져 버렸으면 좋겠다는 생각도 했었지만 한편으로는 인간적으로 참 불쌍하다는 생각도 들었다. 이랬다저랬다 하는 내 마음을 나도 잘 모르겠다.

"앞날 하나님께서 책임져 주세요. 남은 세월은 마음도 몸도 편히 살게 해주세요. 하나님만 믿어요. 모든 것을 살아 역사하시는 예수님 이름으로 기도 드립니다."

등신 중의 상등신

어느 날, 남편이 새로 만나는 여자한테서 전화가 왔다. 이혼을 안 하고 도망 나온 처지라 유부녀였다.

맞아 죽게 생겼으니 와서 애들 아버지를 데려가란다. 그래서 그 집엘 갔더니 술에 취해 세상모르고 자고 있었다.

'못된 놈 같으니라고. 그렇게 무섭게 해서 나도 꼼짝 못하게 하더니. 지 성질 지가 다스리지 못하고 왜 연약한 여자들을 괴롭히는 것인지.'

술 깰 때를 기다리며 밖에 나와서 둘이 잠시 얘기를 나누었다.

자기 남편이 벌어놓은 돈을 다 까먹고도 모자라 빚을 너무 많이 지니까 자꾸 언성을 높이게 되고 나중에는 서로 치고받고 때리면서 싸우게 되더란다. 고등학생인 애들 둘이 있는데 그 애들이 도망가라고 해서 나왔다고 한다. 지금은 애들도 엄마가 부인 있는 사람을 만나 같이 살고 있는 걸 알고 있고, 나중에라도 버림받아 엄마가 혼자 남겨질까 봐 걱정한단다. 순간 바보 같은 생각이 떠올랐다.

'내 남편과 죽을 때까지 같이 살라고 하고 2층집을 사주어서

세를 받아 생활할 수 있게 해줄까.'

아무래도 내가 제정신이 아닌 것 같다.

이런저런 얘기를 나누다 잠자고 있는 사람을 흔들어 깨웠다. 다음에 또 때리면 경찰에 신고하라고 일렀다. 그날 남편은 순순히 나와 함께 집으로 왔다.

그 여자와는 한 동네에 사니까 가끔 마주쳤는데 전처럼 미운 감정이 생기진 않았다. 집에는 어쩌다 들어왔고 명절에도 차례 지내고 시동생 식구가 가고 나면 음식까지 챙겨서 바로 그 여자한테 갔다.

나는 등신 중의 상등신이지 싶다. 바람난 남편 뭐가 예쁘다고 룸살롱 내에 매점 나오면 돈을 얻어줄 테니 한 번 해보라고 했다. 보증금이 5천 5백만 원이었는데 한 달에 나한테 150만 원을 가져다주었다. 몇 달을 그렇게 가져다주더니 룸살롱이 문을 닫아서 매점을 그만두게 되었다. 그럼 보증금을 나한테 돌려주어야 빚을 갚을 텐데 나와 상의도 없이 다시 장사할 때 쓰겠다고 은행에 넣어놓았다고 한다. 그러고는 나 몰라라 몇 달을 놀았다.

매점을 시작하고 다음 달 카드값이 나왔을 때 깜짝 놀랐다. 에어컨을 두 대나 샀던 것이다. 식당에도 시댁에서 쓰던 에어컨을 사용하고 있는데 한 대는 매점에, 또 한 대는 그 여자 집에 들여놓았다는 것이다. 그 집 에어컨을 왜 내 돈으로 사주냐고 하니까 자기가 더워서 샀다는 것이다. 그러더니 돈밖에 모르는 "무식한 년!"이라고 욕을 한다. 그래서 "돈밖에 모르는 사람이었으면 왜 돈 못 버는 당신이랑 살겠냐?"고 했더니 손찌검을 했다. 그 바람에 안경이 땅에 떨어져 안경다리가 부러졌다. 나는 남편한테는 그저 돈 많은 과부였다.

그 후 방송에 나가게 되면서 식당일이 엄청 바쁘게 돌아갔다. 일하는 사람은 적고 무척 힘들었다.

어느 날, 좀처럼 식당에 안 오던 남편이 저녁에 왔기에 웬일인가 했다. 몇 달 둘이 다 놀고먹더니 그 여자가 저녁에 돈 벌러 나갔던 것이다. 한두 달 그렇게 사는가 싶더니 장사를 또 하겠다고 하면서 이번에는 1억을 해달라고 해서 해주었다.

나는 속이 없는 사람 같다.

갑자기 시아버님의 다정함이 그립다.

애 학교 보내고 시댁에 가서 시어머님 재가복지센터에 차 태워서 보내드리고 들어오면 시아버님이 커피포트에 물을 끓여서 커피를 타주셨다. 커피 한 잔을 마시며 시아버님과 다정하게 얘기 나누던 시절이 꿈처럼 아득하다.

큰딸에게 직장을 그만두게 하다

남편이 예전에 사귀었던 여자가 식당에 왔다. 밥을 먹으러 왔단다.

그 여자의 이종사촌 동생 남편이 보험을 하는데 해마다 애들 아버지가 자동차 보험을 들어주고 있었다. 올해도 보험을 들어주었는데 그때마다 이종사촌이 밥을 사준단다. 그래서 먹으러 왔다는 것이다. 마음이 편해서 그런지 살이 좀 쪘다고 한다. 그동안 왜 그렇게 살았는지 모르겠다며 나한테 헤어지라고 한다.

'그럴 생각이면 진즉에 그랬지. 여태껏 이러고 살겠니?'

애들 아버지를 통해 그 여자가 시집갔다는 소식을 들었었다.

술 한 잔 하고 와서는 늙어서 고생할 텐데 돈도 많이 못 버는 놈한테 시집갔다고 푸념했다. 마누라가 죽고 없는 사람처럼 부부 행세하고 다니면서 한 세월 잘 놀고 지내더니 내심 서운했던 모양이다.

남편이 그 여자한테 푹 빠져서 지낼 때 시어머님 치매가 심해지셨다. 식당을 시작한 지 얼마 안 돼서 일하는 사람 둘만 데리고 꾸려가다 보니까 주방에서 요리하랴, 계산하랴, 전화받으랴,

손님들 시중들랴 몸이 서너 개라도 모자랄 시기였다. 시어머님이 치매가 심해지시니 돈을 가져갔다고 나를 '도둑년'으로까지 몰아가셨다. 애들 아버지까지 나를 의심했다. 그렇지 않아도 힘들어 죽겠는데 치매 환자는 그럴 수 있다고 해도 멀쩡한 사람까지 그런 의심을 하다니.

"새벽에 일어나서 작은딸 학교 보내야지, 조금 있다 어머니 재가복지센터에 보내드려야지, 잠도 제대로 못자고 식당 가서 일해야지. 나 너무 힘들다." 하소연했더니 딸애 학교는 혼자 알아서 가라고 하면 되지 다 큰애를 뭐 하러 챙기느라 고생하느냐며 왜 사서 고생하면서 자기한테 힘들다고 칭얼대느냐고 했다.

그날 밤에 너무 속이 상한 나머지 잠이 안 와서 술을 마시고 잤다. 자다가 화장실을 가려고 깼는데 머리가 몹시 아프고 토할 것 같고 일어나는데 몸이 말을 안 들었다. 화장실까지 간신히 기어가 변기를 끌어안고 하나님께 다시는 술 안 마실 테니 용서해달라고 싹싹 빌었다. 그 후로는 술 냄새도 맡기 싫었다.

어느 날, 애들 아버지가 전화로 내 주민등록번호를 묻기에 이유를 물었더니 집 팔아먹을까 봐 그러느냐고 화를 내며 전화를 끊었다. 그리고는 다음날 아침에 그 여자가 병원에 입원해서 집에 못 온다고 했다. 그 여자가 신용 불량자라서 의료보험도 없고 은행 통장도 개설할 수 없어서 의료보험을 내 걸로 쓰려고 했는데 안 가르쳐주어서 동서한테 부탁했단다. 그때는 시부모님 의료보험을 동서네로 올려놓아서 의료보험증이 우리 집에 있었다. 내가 항상 시부모님을 병원에 모시고 가기 때문이다.

어쩔 수 없으니까 동서 이름으로 그 여자를 병원에 입원시킨 것 같은데 애들 아버지의 배려 없음에 화가 났다. 그래서 시동생한테 전화를 걸어 "형이 잘못된 행동을 하면 거절을 하든가, 뭐라고 하든가 해야 되는 사람이 어떻게 그 일에 동조할 수 있느냐?"고 따졌다.

"사람이 죽게 생겼다는데 그럼 어떻게 해요. 우선 사람을 살리고 봐야지."

맞는 말이지만 그래도 속상했다.

동서 의료보험을 다른 사람이 쓴 것이 들통 나면 큰일 날 수 있어서 그 여자 동생한테 연락해서 병간호도 부탁하고 의료비도 해결했다고 한다. 그 후 남편은 그 여자 동생 식구들과 어울려 밥도 먹고 다녔다.

하루는 시아버님이 많이 편찮으셔서 병원에 모시고 갔더니 기력이 쇠해지셨다고 해서 영양주사를 맞혀드려야 했다. 마침 시어머님이 재가복지센터에서 오실 시간이라서 시동생한테 전화를 걸어 부탁했더니 보일러 고치러 온다고 해서 어머니를 모시러 못 간단다.

그래서 직장에 있는 큰딸한테 전화를 걸어 잠깐 외출해서 할머니 집에 좀 다녀오면 안 되겠냐고 했더니 못 간단다. 왜 직장에 있는 자기한테 가라고 하느냐고 따지기에 엄밀히 말해 나는 할머니와 남이지만 너는 그 핏줄이니까 아무 소리하지 말고 가라고 억지소리를 하며 큰딸한테 가라고 했다.

그런 일이 있고 며칠 후에 큰딸에게 직장을 그만두게 하고 할머니, 할아버지를 보살피게 했다. 시어머님이 집을 나가셨다가 못 찾아오시는 일이 빈번해졌기 때문이다. 큰딸은 억지로 직장을 그만두고 할머니, 할아버지를 보살피느라 고생했다. 할머니를 감시하느라 큰딸도 집안에서 징역살이를 했다. 먹고 싶은 것이 있으면 친구들한테 사다달라고 해서 먹었다. 치매가 무섭긴 정말 무섭다. 자기를 밖에 못 나가게 한다고 우리 큰딸을 때리기도 하고 머리채도 잡고 욕까지 하셨다.

의심이 많아지셔서 장롱이란 장롱은 다 자물통으로 잠그고, 서랍장의 서랍도 잠그고, 방문마다 자물통을 달아놓는 등 집안 전체가 자물통 세상이 되었다. 그리고 열쇠는 시어머님이 당신 속바지에다 넣고 계셨다. 한두 개도 아니고 열쇠 무게가 만만치 않을 텐데 속바지에 주머니를 만들어 달고 거기에 넣고 계셨다. 가끔 정신이 맑을 때는 근처 약국에 가서 먹고 죽는 약을 달라고 하신단다. 약사님이 얘기해 주어서 알았다. 다음부터는 오시면 영양제를 드리라고 부탁했다.

해준 것도 없는데 아파서 자식들 더 고생시키기 전에 죽어야 된다고 생각하신 듯하다. 마음이 짠하다. 부모 마음이 그런 것이겠지.

"하나님, 저희 시어머님께 자비를 베풀어주세요."

남의 떡이 더 커 보이나?

일요일 오후는 애들 아버지와 김포 센터에 계시는 시어머님께 가는 날이 되었다.

그전에도 같이 가긴 했는데 거리가 가까워서 차를 타면 금방 도착하는 바람에 별로 대화를 나눌 시간이 없었다. 하지만 김포로 다닐 때는 한참 차를 타고 가니까 얘기할 시간이 많았다.

딸애들이 장모님이 다 해주시니 정리정돈을 제대로 안 한다고 마음에 안 든다며 나보고 애들한테 잔소리를 하란다. 애들이 집에서 아무것도 안 하기는 했다. 두 딸 중에 특히 큰딸을 싫어했다. 태어났을 때 간호사가 갓난아기를 넘겨주는데 너무 징그러웠다는 것이다. 막 태어난 아기는 얼굴에 주름도 있고 솔직히 말해 예쁘지 않은 것이 사실이다. 내 배 아파 내 배 속에서 나왔으니 엄마는 귀하고 예뻐 보이지만 아빠 입장에선 그런 느낌을 가질 수도 있다 생각하고 이해했다. 그런데 그런 느낌에서 쉽사리 벗어나지 못하는지 큰딸한테 따스한 눈길 한 번 주지 않았다. 그래서 참 속상했다. 큰딸은 정말 혼도 많이 났다. 어린 것이 오죽 무서우면 아빠가 대문 여는 소리가 나면 마음이 답답하고, 아빠가 나가면 마음이 편하다고 했다.

 하긴 내 마음도 그랬다. 갑자기 소리를 지르면 정말 쿵하고 심장이 떨어지는 것 같을 때가 많았다. 큰딸이 직장에 다니고 있는데도 할머니한테도 자주 안 가고, 퇴근 후 식당에 와서 도와주지도 않고, 시간만 나면 친구들과 놀러 다니고, 물건을 아껴 쓸 줄 모른다고 불평했다. 누가 들으면 아무것도 안 하는 애인 것처럼 말을 했다. 큰딸은 아침 9시에 출근해서 저녁 6시까지 일하느라 힘들다. 직장 생활이 그렇게 쉬운 게 아니지만 애들 아버지가 그걸 어찌 이해할 수 있을까. 평생 아침에 출근해서 저녁에 퇴근하는 생활을 해본 적이 없으니…. 그런데도 자기 기준으로 애를 닦달하며 몰아세웠다. 참다못해 성실한 애를 왜 그렇게 나쁘게 말하느냐고 하면 텔레비전에 나오는 소녀 가장 얘기를 했다. 버젓이 엄마, 아빠가 이렇게 두 눈 뜨고 있는데 왜 그 애들과 비교를 하느냐면서 텔레비전에 나오는 애들은 특별하니까 나오는 거라고 했다. 그러면 또 나한테 제대로 가르칠 생각은 안 하고 역성든다고 화를 냈다.

 큰딸은 고등학교 3년 동안 시댁에서 자고 아침에 집에 와서 씻고 학교 가느라고 고생을 많이 했다. 어린 것이 할머니, 할아버지가 시골에서 올라오신 지 얼마 되지 않아 적적하실 거라면서 저녁에 가서 있다가 자고 아침에 집에 와서 씻고 학교를 다녔다. 가까운 거리였어도 애가 고등학교 3년 내내 그런 힘든 생활을 했는데 아빠가 되어 갖고 그런 것을 당연하게 여겼다.

김포 갈 때면 큰딸 흉보기에서부터 심지어 식당 앞 쓰레기 문제까지 시시콜콜 잔소리했다.

아무튼 큰딸을 하도 마음에 안 든다고 하기에 공주처럼 키울 거니까 내버려두라고 했다. 그래야 시집가도 공주 대접을 받는다면서.

자기 딸한테 그러는 인간이 바람난 여자의 딸 자랑을 나한테 늘어놓았다. 자기 딸은 나쁘게 말하면서 남의 딸 자랑을 나한테 하는 이유가 뭘까. 제정신인가 싶다.

'나쁜 놈아, 남의 딸 좋은 것은 보이고 정작 자기 딸 좋은 것은 하나도 안보이냐?'

남의 떡이니까 더 커 보이는 모양이다.

큰딸은 자기가 돈 안 벌어다 주면 우리가 길바닥에 나앉는 줄 알고 열심히 일해서 내게 갖다 주었다. 나는 지금도 그 생각만 하면 가슴이 아린데 부모가 돼서 기껏 한다는 말이 게으르고 지저분하다는 것이다. 그리고 그 일을 꼬투리 삼아 화가 풀릴 때까지 딸한테 막말을 했다. 그러다보니 점점 남편 얼굴도 보기 싫고 목소리조차 듣기 싫은 지경이 되었다. 다행히 평일에는 마주칠 시간이 없는데 일요일 2시쯤에는 거의 식당으로 온다.

한번은 밥을 먹는 중에 식당 앞에 나타난 남편을 보자 밥이 목에 걸려 안 넘어갔다. 마음도 싸해졌다. 어느 날엔 뭐라고 하든 말든 귀를 닫아버렸다. 정말 남보다 못한 사람 취급하며 살았다.

'주님은 제 마음 아시죠!'

인생을 바꿀 기회를 놓치다

일이 또 터졌다. 애들 아버지가 하던 매점이 호텔 룸살롱 내에 있는데 룸살롱이 부도가 나서 문을 닫았단다.

아무도 애들 아버지한테 그 얘기를 해주지 않아서 문 닫는 날에야 그 사실을 알았다고 한다. 그래서 보증금을 돌려달라고 하니 돈이 없다며 나중에 주겠다고 했단다. 그러고서는 몇 날 며칠 끙끙 앓기에 보다 못해 원래 내 돈이 아니라 없어진 것이니 속 끓이지 말라고 위로했다. 돈 때문에 건강을 잃는 것이 더 손해 아니냐며 잊어버리고 살라고 했다.

그때 남편이 정신을 좀 차릴 줄 알았다. 그 말을 듣기가 무섭게 몇 달을 또 그 여자와 놀러 다녔다. 며칠씩 집에 안 들어오기도 하고 저녁 늦게 들어오기도 했다. 그러더니 한번은 식당일을 도와준다고 식당에 왔다. 아마 그 여자가 일하러 나가는 모양이었다.

그날부터 저녁에 매일 식당에 나타났다. 처음에는 일을 잘했다. 장사가 잘 안 될 때라 직원 3명하고 나하고 일하고 있었는데 바쁜 날은 엄청 바쁘고 한가한 날은 너무 한가했다. 하루는 엄청 손님이 많았다. 소스 그릇 놓았던 데에 그릇 자국이 조금 있었다. 지저분하다고 화를 냈다.

그때는 방이 있었다. 여의도에 사는 작은언니가 놀러 와서 점심을 먹고 봐주고 있는 딸네 애를 방에 눕혀놓았다. 그랬더니 어느 식당에서 애기를 눕혀놓고 장사하느냐면서 화를 냈다. 오히려 애기 있다고 안아주는 손님도 계시다며 사람 사는 냄새가 나서 좋다고 하시더라 했더니 그걸 진심인 줄 안다고 별의별 욕을 다 퍼부었다.

한번은 옥수수를 먹다가 나중에 먹으려고 반 토막을 쟁반에다 놨더니 집어던지면서 식당은 청결이 우선이라고 화를 냈다.

그런데 웃기는 것은 처음에는 식당 직원들한테 매일 맛있는 저녁도 사주고 술도 같이 마시고 테이블도 잘 치워주고 잘 도와주니까 직원들이 엄청 좋아했다. 하지만 직원들 퇴근하고 나면 나한테 마음에 안 드는 것들을 지적하면서 직원들 잘 가르치라고 화를 냈다. 직원들 대하는 것처럼 나도 그렇게 대해 달라고 하니까 직원들은 우리한테 돈을 벌어주니까 잘해주는 거란다. 그러면 나도 종업원이라고 생각하고 잘해달라고 했다. 그 후 몇 달 동안은 퇴근해서 집에도 같이 가고 낮에 밥도 해놓고 나오곤 했다.

어느 날, 남편이 사귀고 있는 여자를 우리 식당에서 일하게 하라는 것이다. 싫다고 했더니 트집을 잡아서 폭군처럼 굴었다. 그 여자가 일하고 있는 식당 주인이 못됐다고 하면서 매일 그 여자 얘기를 하더니 그 여자가 식당을 그만두었단다.

　시아버님도 돌아가시고 우리가 헤어져도 애타할 사람 없으니 이젠 살지 말자고 했다. 마음에 안 드는 사람하고 사는 당신도 불쌍하고, 평생을 혼나고 사는 나도 불쌍하니 서로를 위해 그만 헤어지자고 했더니 엉큼하게 어떤 놈 하나 만들어 놓고 그놈하고 살려고 그런다고 막 난리를 쳤다. 진절머리가 났다.

　이번에는 굳게 마음먹고 집을 나가 어디로든 가야되겠다고 생각했다. 처녀 때 3명이 단짝 친구였는데 셋 중 한 친구가 미국으로 시집을 갔다.

　전화를 해보니 미국에 오면 미싱만 조금씩 해도 먹고 사는 걱정은 안 해도 된다고 했다. 그래서 미국 갈 준비를 했다. 그래도 시동생한테는 알려야겠기에 자초지종을 설명했다. 식당에 그 여자를 데려오자고 해서 안 된다고 하니까 매일 행패를 부리고 너무 무섭게 굴어서 도저히 살 수가 없으니 내가 떠나겠다고 말했다.

　그 말을 듣고 시동생이 하는 말이 형한테 그렇게 해서는 안 된다고 확실히 이를 테니 소문나지 않도록 조심하란다. 당시 시동생은 식당이 위치하고 있는 지역에서 정치를 하겠다고 열심히 노력 중이었다. 주변에서는 자기가 효자이고 형제들 간에 우애도 좋은 것으로 알고 있으니 그런 줄 알란다. 그 후 시동생이 남편을 어떻게 설득했는지 모르지만 그 얘기가 쏙 들어가고 유순해졌다.

미국엘 가려고 여권을 만들고, 친정엄마가 막내딸처럼 기른 조카한테 친정엄마를 부탁까지 해놓았었다. 고맙게도 잘 모실 테니 걱정 말라고 했다. 조카 엄마는 조카를 낳다가 돌아가셨다. 그래서 우리 집에서 컸는데 나중에 서울 오빠 집에 와서 살다가 천사 같은 남편 만나 잘 살고 있다. 조카는 친딸인 나보다 우리 엄마한테 더 잘했다.

시동생이 그 상황을 수습하는 바람에 미국으로 가려던 계획을 접게 되었다. 그때 미국으로 사라졌어야 했는데…. 그럼 호구로 사는 인생은 살지 않았을 텐데. 그렇게 내 인생을 바꿀 한 번의 기회가 허무하게 사라졌다.

들키지나 말지!

장사할 자리가 나왔다며 남편이 1억을 해달란다. 하나님께서 나한테 친정엄마, 애들과 좀 마음 편히 살라고 복을 주신다고 생각했다.

1억과 식구들이 한동안이라도 편히 살 수 있는 시간을 바꾸는 거니까 오히려 감사한 마음이 들었다. 몇 개월 더 있으면 만기가 되는 적금을 해약하고 나머지는 빌려서 1억을 마련해 주었다. 급한 마음에 아무 생각 없이 돈을 마련해 주긴 했는데 애 좀 태우다 해줄 걸 하는 후회가 뒤늦게 밀려왔다. 얼마 후에는 3천만 원을 더 요구했다. 단칼에 거절하며 알아서 하라고 했다.

그 무렵, 애들 아버지의 성화에 그 여자가 우리 동네로 이사를 왔다. 나중에 보니 우리 식당 바로 뒤 빌라였다. 나와는 상관없는 일인 줄 알았다. 그런데 상관이 있었다. 식당에서 일하는 직원 남편이 한 고급 호텔 뷔페에서 일을 했다. 남편 생일, 내 생일, 작은딸 생일이 모두 거의 1월 초에 있어서 직원 남편한테 식사권을 사달라고 부탁해서 1월 1일에 호텔 뷔페에서 온 가족이 밥을 먹었다. 그때 애들 아버지의 안면을 익혔다.

어느 날, 직원 남편이 남대문 시장에서 버스를 탔는데 애들 아버지가 있더란다. 인사를 하려고 했더니 옆에 앉은 여자와 너무 다정해서 인사를 하지 못했다고 한다. 버스에서 같이 내렸는데 느낌에 그 여자와 보통 사이가 아닌 것 같단다. 꼭 부부 같다고 했다는 것이다. 직원 말이 "언니, 아저씨가 바람났나 봐. 언니는 이렇게 고생하면서 일하고 있는데 아저씨가 그러면 안 되지." 했다.

망신살이 뻗쳤다. 남편이 처음 바람났을 때는 분하고 억울하고 배신감이 들어서 잠 못 자고 괴로워했지만 몇 번씩 몇 년을 그러고 살다보니 이젠 뭐 별 생각이 없지만 남들로부터 그런 얘기를 들을 때는 왠지 내가 쪼그라드는 기분이 들었다.

내 표정을 읽은 직원은 "근데 그 여자가 언니보다 예쁘지 않다고 하더라." 하며 나를 위로해 주었다.

또 한 번은 야채 파는 아저씨가 우리 직원 중 한 명한테 남자 사장님이 다른 여자와 다정하게 손잡고 다니는 것을 여러 차례 보았다고 말해주더란다. 처음에는 잘못 본 줄 알았는데 몇 달을 지켜보아도 남자 사장님이 맞더란다. 직원이 나를 불쌍한 눈으로 바라보며 그 얘기를 전해줄 때 나는 또 쪼그라드는 기분을 느꼈다. 겉으로는 태연한 척해도 속에서 천불이 올라왔다.

도대체 내가 뭐가 모자라서 이렇게 살고 있나. 그런 내가 나도 싫다. 내가 본래 싫으면 죽어도 싫고, 좋으면 죽어도 좋은 성격 탓에 끊고 맺는 것이 확실한 편인데 남편과의 문제에서는 늘

흐리멍덩하다. 내 마음은 더 이상 이 남자와는 살지 말아야지 하다가도 변명거리를 찾게 된다. 애들과 친정엄마 다 두고 혼자 떠나면 어디를 가든 마음 편히 살 수 없을 것 같았다.

'그냥 있자. 이래 속 썩나 저래 속 썩나 매한가지 아닌가.'

스스로에게 그런 말을 하며 나를 다독였다.

옆집 식당에서 일하는 애가 와서도 목격담을 얘기하고, 머리를 자르러 미장원에 갔더니 미장원 원장도 머리를 자르면서 조심스럽게 여러 차례 보았다는 말을 전한다. 말해야 하나 말아야 하나를 몇 달 고민했다는 것이다. 알려주어서 고맙다고 했다.

한번은 슈퍼에서 물건 배달하는 사람이 사모님 생각하니까 속상하다면서 말해주었다. 김치를 대주는 아주머니도 당신 딸애가 보았다고 전해주더란다. 아주머니는 핏대를 세우며 자기 일처럼 흥분했다. 어쩌겠나. 알려주어서 고맙다고 했다. 그렇게 말할 수밖에 없는 내가 싫다. 부끄러움은 왜 내 몫이 되었지. 차라리 들키지나 말지….

그런 중에도 일요일에는 시어머님 계신 김포에 같이 갔다. 돌아오는 길에 샤브샤브를 먹었다. 야채 먼저 먹고 국수는 나중에 넣어 먹는 건데 국수와 야채를 같이 넣는다고 타박한다. 이런 것 하나 제대로 먹을 줄 모른다고 하도 면박을 주기에 먹는 데 정해진 식이 어디 있냐며 자기 먹고 싶은 대로 맛있게 먹으면 그만 아니냐고 했다. 그 말 한마디 했다가 온갖 몹쓸 말을 다 들었다.

그게 그렇게 큰 잘못인가.

여자의 마음은 갈대라더니

어느 날, 남편이 짜증난 얼굴로 집에 들어왔다. 당시 남편은 룸살롱 내에서 매점을 하고 있었는데 룸살롱이 망해서 장사도 못하고 쫓겨나게 생겼다는 것이다.

보증금을 고스란히 날리게 되었다고 한숨을 쉬었다. 그 말을 믿어야 할지, 말아야 할지 알 수가 없었다. 보증금을 돌려받아 그 여자한테 준 건지, 진짜 한 푼도 돌려받지 못한 건지 가늠이 안 되었다. 나는 꿀 먹은 벙어리처럼 아무 말도 안 하고 듣기만 했다.

그 후 거의 한 달 정도 그 여자와 둘이서 일 안 하고 실컷 놀았다. 그러더니 노는 것이 시들해졌는지 어느 날 저녁에 식당에 나타났다. 한동안 식당에 출근하다시피 와서 팔을 걷어붙이고 도와주고 퇴근 시간에는 식당 문도 닫아 주었다. 식당에서 영업이 끝난 후 직원들과 대충 저녁을 먹으며 반주 한 잔씩 마시고 집에서 잤다. 우리 둘이 한 이불을 덮고 한 방에서 같이 잔 것이 거의 20년 만인 것 같다. 남편이 서로 밤낮이 바뀌는 생활을 하다 보니 대화도 별로 없고 남처럼 살았는데 같이 한 이불을 덮고 자니까 너무 좋다고 했다. 그런데 참 요상하다. 평소대로라면 속으로 면박을 주어야 하는데 그런 마음이 생기지 않았다. '여자의 마음은 갈대'라더니 그 말이 맞는 것 같다. 요 며칠 동안 처음 만났을 때처럼 성실하고 친절하게 대해주니까 그새 내 마음이 조금 달라져 있었다. 내 마음속에서 20년 넘게 열심히 노를 저어 배가 강 한가운데로 멀리 와 있으니 다시 돌아오려면 또 20년이 걸리겠지만 한 번 마음을 돌려볼까 하는 생각이 들었다. 애들 입장에서도 그러는 편이 낫지 않을까. 어차피 살 거 좋게 생각하며 살자고 하루하루 나한테 최면을 걸면서 지냈다.

한번은 내게 "사랑한다!"고 말했다.

"당신이 사랑이 뭔지는 알긴 알아요? 사랑이 울고 가겠네요. 해달라는 대로 다 해주고, 벌여놓은 일 뒤치다꺼리까지 알아서 해주는 데도 밖으로 나돌면서 내 속을 뒤집어 놓는 사람이 웬 사랑타령이냐?"고 했다.

그랬더니 또 화를 내면서 그냥 받아주면 안 되는 거냐고 큰소리를 쳤다. 사람이 좋을 때도 있고 싫을 때도 있는 거란다. 엉큼하게 꿍하고 있다고 나한테 한바탕 퍼부었다. 그럼에도 불구하고 한동안 그럭저럭 잘 지냈다.

그런데 놀고 있던 그 여자가 새로운 곳에 취업하는 것이 불안한지 자꾸만 우리 식당으로 데려오자고 졸랐다. 말도 안 되는 소리 하지 말라고 했더니 그때부터 화를 내기 시작했다. 남편은 뭐든지 화를 내서 해결하려고 한다. 매번 더 시끄러워지는 것이 싫어서 내가 져주고 맞춰 주고 하다 보니 이제는 아예 버릇이 되었다. 자기 청을 받아주지 않자 그 여자와 둘이서 장사를 하겠단다. 그러고는 식당 종업원들 교육 단단히 시키라고 고래고래 소리를 질렀다.

나는 또 이렇게 농락당했다.

"주님, 나 언제까지 이렇게 살아야 하나요? 애들 아버지가 철이 들 날이 올까요? 제발 애들 아버지 철 좀 들게 해주세요!"

부부 일은 부부밖에 모른다

남편은 목적이 있으면 식당에서 잔소리가 늘어난다. 아니나 다를까. 휴지통에 휴지가 조금이라도 들어 있으면 발로 걷어차기도 하고, 토요일이나 일요일처럼 온종일 손님이 많은 날은 휴지통을 못 비우기도 하는데 그런 날에는 미친 사람처럼 화를 냈다. 내가 자기를 무시하니까 딸들도 직원들도 자기 말을 안 듣는다는 것이다.

하루는 일수가 돈벌이가 괜찮다 했다고 자기도 해보게 1억을 해달란다. 당장 1억을 어디서 구하냐고 하면서 못해준다고 했더니 그 사람들 많은 데서 돈 좀 번다고 유세 떨고 있다고 다짜고짜 내게 욕을 해댔다.

그날 식당 문을 닫고 10시 30분에 집에 와서 밥상을 차려놓고 먹으라 하니 안 먹겠단다.

매일 식당에 와서 인상을 찌푸리고 조폭처럼 굴어도 모른 체했다. 어느 날, 일수를 하고 있다는 영등포 형님이 식당에 놀러 왔다. 형님 아내가 우리 식당에서 일하고 있어서 보러 온 것이었다. 한 석 달 전인가. 아주 일 잘하고 믿을 만한 사람이 있다고 데려온 사람이 영등포 형님 아내였다. 그동안 형님 부부, 남편, 그 여자가 자주 어울려 다니며 친하게 지냈다고 한다. 그날도 별일 아닌 것에 불같이 화를 내니까 형님조차 이해가 되지 않는지 도대체 왜 저러냐고 나한테 물었다. 그 여자를 식당에서 일하게 하지 않는다고 화를 내는 거라고 말해주었다. 형님 말이 나를 만나보기 전에는 나한테 무슨 큰 문제가 있는 줄 알았단다. 그런데 나를 직접 만나보고 식당에서 일하고 있는 자기 아내 말을 들어보니 그렇지 않더란다. 오히려 멀쩡한 집사람 두고 딴 짓하는 저놈이 미친 것 같다는 것이다.

"저놈이 진짜 제정신이 아니네." 하면서 내 편을 들어줬다.

하긴 부부 일은 부부밖에 모른다.

그렇게 매일 먹는 저녁 반찬 중 한 가지가 화내는 것이 되었다. 어느 날은 유리에 뭐가 묻었는데 안 닦는다고 화내고, 어느 날은 바닥에 떨어진 휴지 안 줍는다고 욕한다. 그런데 하루는 웬일로 저녁에 식당을 비우고 나갔다. 잘 됐다 했더니 8시쯤에 다시 들어왔다가 식당 문 닫고는 그 여자를 데리러 간다고 갔다. 알고 보니 그 여자가 룸살롱 직원들 밥해주러 다니게 돼서 저녁에 데려다주고 와서 식당에 있다가 퇴근할 때 데리러간다는 것이다.

"정성이 뻗쳤네요. 기름값 없애면서 왔다 갔다 하지 말고 아예 거기서 기다리다가 데리고 와요. 나도 돈 버느라 힘들어요. 나는 하늘에서 돈이 뚝 떨어지는 줄 아는 모양이죠."

그러면 "너는 돈밖에 모르냐!"고 화를 냈다.

무슨 계산법인지 알 수 없었다.

나도 미쳤지! 남자가 돈 없으면 어깨가 축 처진다고 하기에 주택청약을 해약해서 용돈 쓰라고 주고, 한번은 작은딸 모아놓은 돈까지 용돈으로 주었다. 물론, 남편이 나중에 돈 벌면 작은딸한테 갚는다는 조건으로. 또 마이너스 통장을 쓰면서 살 때도 저녁에 식당에 나와 있다고 65만 원을 주었다. 그때는 저녁에 아르바이트를 한 달 쓰면 아르바이트비가 65만 원 정도였다.

그랬는데 나보고 돈밖에 모른다고 하니까 정말 죽이고 싶도록 미웠다.

하루에도 몇 번씩 천국과 지옥을 오가며 지내는 중에 시어머님이 돌아가셨다.

닮아도 너무 닮았다

애들 아버지는 남편 노릇하는 것이 시아버지와 판박이다. 마치 복사해서 붙여 놓은 것 같이 닮아도 너무 닮았다.

사람에게는 두 종류가 있다고 생각한다. 어떤 것을 보고 닮는 사람이 있는가 하면, 그걸 타산지석 삼아서 다르게 살려고 노력하는 사람이 있다.

예를 들면 이런 것이다. 아버지가 엄마한테 소리 지르는 게 싫어서 절대 안 그러는 사람이 있고, 싫으면서도 아버지와 똑같이 행동하는 사람이 있다. 애들 아버지는 후자의 경우다.

이왕 아버지를 닮은 거면 몽땅 닮기나 하던지…. 시아버님은 자식들한테는 무조건이다. 내 자식이 최고인 줄 아시고, 자식들이 하자는 대로 하시고, 아들들이 소리를 질러도 말 한마디 못하고 울기만 하신다.

한번은 시아버님이 시누이한테 애들 아버지가 소리를 질러서 못 살겠다고 이사를 시켜달라고 하셨단다. 시동생과 시누이가 강남에 살고 있을 때였다. 그쪽으로 이사를 시켜달라고 하신다면서 누가 부모님한테 소리를 지르느냐고 시누이가 애들 아버지와 나를 앉혀 놓고 언성을 높였다. 그러더니 국회의원 누구 이름을 거론하면서 그분은 치매 걸리신 어머니를 지극정성으로 모셨다고 눈을 부라렸다. 그 말끝에 애들 아버지가 "네가 모셔다가 하루라도 살아보고 그런 얘기를 해라. 하루만 모셔보면 내 마음을 이해하게 될 거다. 어떤 때는 아버지, 어머니를 모시고 아무도 모르는 곳에 가서 살다가 어느 날 그냥 콱 죽어버리고 싶다는 생각도 든다."고 했다. 그렇게 말하는 걸 들으니 아무 생각 없는 줄 알았는데 딴에는 그동안 마음이 엄청 힘들었나 보다.

아침 일찍 애들 학교 보내고, 시어머님 복지센터 보내드리고, 식당에서 12시간 일하고, 짬짬이 시부모님 병원 모시고 다니고, 식사 시중까지 드는 나는 어떻겠는가. 오죽 힘들면 길을 걸어 다니면서 졸고 있겠나.

하나님을 믿는 사람이 절대 그런 마음을 먹으면 안 되지만 어떤 날은 자살 방법을 궁리해 본 적도 있다. 물론, 생각뿐으로 현실성은 없었지만 그래도 잠시잠깐 위안이 됐던 것은 사실이다. 가장 그럴 듯했던 방법은 옷을 많이 껴입고 그 속에 돌을 많이 넣은 다음 끈으로 꽁꽁 동여매고 소주에 수면제를 타서 먹고 강으로 들어가면 물속에 가라앉을 것 같았다. 그러면 쥐도 새도 모를 거라고 생각했다. 그런데 참 우스운 것은 죽을 방법을 궁리하면서도 내가 물을 싫어해서 수영을 못한다는 사실을 떠올렸다는 것이다. 실상 죽을 마음이 없었다는 것이 아닌가.

그때를 생각하니 나도 모르게 헛웃음이 나온다.

내 죄가 크다

그럭저럭 식당은 잘 굴러갔다. 직원들도 제 일처럼 열심히 일해서 여러모로 식당에 도움이 되었다.

손님 중에 증권회사 상무님이 계시는데 상무님이 회사 직원들한테 우리 식당에서 영업 방법을 배우라고 하셔서 직원 두 명이 퇴근 후에 자원해서 일하러 왔다. 그리고 단역배우인 큰시누이 손자도 저녁에 나와서 일했다. 돈은 몇 푼 못 받지만 혹시 좋은 기획사와 연결될 수도 있으니 와서 일해보라고 했던 것이다. 단골손님들 중에 기획 일을 하시는 분들이 많아서 가능성은 있어 보였다. 그랬더니 잘생기고 체격 좋고 일 잘하는 멋진 청년들 셋이 저녁에 나와서 도와주었다. 온갖 잡일을 다 해주니 한결 식당이 잘 돌아갔다.

일요일에는 영등포 형님네랑 경치 좋은 곳이나 맛집을 다니기도 했다. 어느 날 저녁에는 저녁 장사 끝내고 영등포 형님 아는 밴드가 있는 고급 나이트클럽에 가서 춤추고 노래하며 즐겁게 시간을 보냈다. 노래도 하고 춤도 추고 놀러도 다니는 생활을 몇 개월 잘 했다.

그때 차도 비싼 BMW로 바꾸고, 우리가 살던 빌라는 전세를 주고 크고 좋은 집으로 이사도 했다.

BMW를 사고 나서는 시승시켜 주겠다며 처음으로 새 차에 나를 태워주었다. 전에 타던 그랜저나 SM7은 아마 다른 여자들한테 시승을 시켜주었을 것이다. 마침 그날 친구 딸이 강남에서 결혼식을 한다고 해서 타고 갔다. 그 덕분에 모처럼 나는 기분이 업 되었다.

이 짧은 행복은 오래가지 않았다. 영등포 형수하고 그 여자가 식당에서 일어나는 일을 시시콜콜 일러바친 데서 발단이 되어 예전 분위기로 돌아갔다. 어딜 가든지 오래 일하고 있는 사람들의 말대로 해야 일이 제대로 돌아가니까 처음에는 다 그렇게 잔소리를 하는 거라고 했더니 그 사람들 편든다고 화를 냈다. 그 후 직원들 간에 패가 갈렸다. 애들 아버지는 오래된 직원들의 일거수일투족을 감시하며 흠 거리를 찾아 잔소리를 했다.

그런 날은 술을 잔뜩 마시고 밥 먹을 때 나한테 반드시 화풀이를 했다. 꼼꼼한 것은 좋은데 정말 큰일이 아니면 때로는 실수해도 넘어가 주지, 매번 야단하면 직원들이 주눅 들어서 어떻게 일을 하냐고 하면 직원들 단속 좀 잘 하라고 더 화를 냈다.

어느 날은 손님한테 고기를 가져다주고 그냥 두란다. 바쁜데 그 일까지 왜 신경 쓰냐며 손님들이 직접 고기를 구워 드시게 하라는 것이다. 그렇게 안 되는 것이 손님들이 얘기를 나누다 보면 고기가 다 타도 모르는 경우가 허다하다. 그러니 손님들로 하여

금 고기를 맛있게 드시게 하려면 자주 가 살피면서 드시라고 권해야 한다. 아무리 좋은 음식이라도 식으면 그만큼 맛이 떨어진다. 가끔 애들 아버지가 현실감이 떨어진다는 생각을 하게 된다. 서비스 업종에 종사하는 사람들의 '마인드'가 어때야 하는지 영 모르는 눈치다. 어쩌랴! 화내는 게 성가시고 무섭다고 그때그때 넘어가 준 내 죄가 크다.

원숭이도 나무에서 떨어질 때가 있다

내 판단 착오였다. 애당초 남편의 청을 들어주지 말았어야 했다.

더 이상 집안에서 큰소리가 나고 시끄러워지는 것이 싫어서 그 여자를 식당에 데려온 것이 후회된다. 큰딸 말대로 정말 약발이 몇 개월 못 갔다. 고급 차로 주말마다 놀러 다니는 것까진 괜찮은데 식당 직원들이나 애들은 물론, 나한테 잔소리가 늘었다. 특히 그 모든 잘못이 내가 교육을 잘못시켜서 그렇다고 억지를 부렸다. 정작 당사자들한테는 아무 말도 못하고 저녁 밥상머리에서 나한테 이르듯이 해댔다. 만일 내가 두둔이라도 할라치면 세상이 두 쪽이라도 난 듯이 난리 난리 그런 난리가 없다.

게다가 그 여자가 미주알고주알 이르는 모양이었다. '원숭이도 나무에서 떨어질 때가 있다.'는데 실수 안 하는 사람이 어디 있을까. 완벽한 인간은 없다. 하나님이 인간을 만드실 때 서로 돕고 살라고 조금씩 부족하게 만들어 놓으신 거라는 게 내 생각이다.

하루도 그냥 지나가는 날이 없었다. 그 여자가 어떻게든 싸움을 부추긴다는 느낌이 들었다. 그렇다고 불러다 경고를 할 수도 없고 입장이 난처했다. 일러바친다고 곧이곧대로 믿고 얘기하는 인간이 더 밉다. 그러면서 그 여자는 애들 아버지한테는 '착한 사람'인 척을 한다.

공식적인 퇴근 시간은 10시지만 손님이 많은 날은 치우다 보면 10시가 훌쩍 넘을 때도 있다. 그런 날은 주방에 들어가서 구석구석을 뒤지고 다닌다. 그러다 꼬투리라도 하나 잡으면 그걸로 무슨 큰일이 난 것처럼 거의 미친 사람이 된다. 알고 보면 그 여자가 또 뭔가를 이른 날이다.

그러던 어느 날, 또 일이 터졌다. 애들 아버지한테 다른 여자가 생긴 것이다. 시작은 영등포 형님이었는데 곁다리로 따라간 애들 아버지가 그 여자와 바람이 난 것이다. 화장품을 팔고 있다는데 예전에는 연희동에서 호프집을 했었다고 한다. 그런데 영등포 형님이 신길동 길에서 우연히 그 여자를 마주쳐서 인연이 이어졌다는 것이다. 영등포 형님을 따라갔다가 홍삼도 사고 화장품도 한 보따리 사갖고 왔다. 그때는 애들 아버지가 현찰 들어오는 것은 다 가져가고 가게 카드까지 쓸 때라서 돈을 마음대로 쓸 수 있었다. 그렇게 된 데는 이유가 있다. 툭하면 묻지도 따지지도 말고 돈을 달라고 해서 하루는 이유를 물었더니 자기가 그만한 돈도 못 쓰느냐면서 화를 냈다. 식구들한테는 돈 아깝다고 병원에서 검사도 못 받게 하는 위인이 밖에서는 돈으로 위세를 떨고 다니는 모양이었다. 그 뒤로는 싸우기 싫어서 현찰과 가게 카드를 쓰게 해주었다. 그랬더니 사고를 제대로 치고 다녔다.

가슴에 손을 얹고 생각해 볼 일이다

우리 장사하던 곳이 재개발 지역이 되면서 헐리게 되었다. 식당 자리를 알아보러 다녔다.

워낙 손님이 많으니까 작은 식당 자리는 볼 필요도 없고 해서 문득 월세 내고 권리금 주고 남의 건물에 세를 들어가느니 차라리 건물을 사볼까 하는 생각이 들었다. 수중에 갖고 있는 돈도 없으면서 어떻게 그런 생각을 했는지…. 부동산에 들렸더니 건물 나온 게 있다고 해서 대출을 알아보았다. 담보대출에다 신용대출까지 받아서 끌어 모으면 얼추 가능할 것 같았다. 모자라는 것은 사채를 쓰든, 미아역에 있는 집을 팔든 하면 어떻게든 되겠지 하는 생각으로 계약금을 찾아서 부동산에 계약을 하러 갔다. 만나기로 한 건물 주인은 아직 오지 않은 상황이었다.

부동산 사장님이 돈을 어떻게 마련하려고 무리하게 계약을 하느냐며 지금 사려고 하는 건물 옆에 있는 3층짜리 작은 건물을 권했다. 사채를 쓰든가, 아니면 미아역 쪽에 있는 집을 팔 생각이라고 했더니 부동산 경기가 안 좋아서 집이 안 팔릴 수도 있다며 크기는 작아도 3층 건물을 사서 전체를 다 식당으로 사용하면 그런대로 괜찮을 거란다. 그래서 계약을 안 하고 3층 건물을 보러 갔는데 건물이 네모나지 않다고 남편이 반대했다. 누구는 볼 줄 모르나. 돈이 없으니까 그렇지. 그런데 막상 사려고 했더니 가격을 올리는 바람에 포기했다.

한 6개월쯤 지났을까. 부동산 사장님이 찾아와서 먼젓번에 사려던 큰 건물 주인이 미아역에 있는 우리 집을 사고 싶다면서 자기 건물하고 우리 집하고 바꾸고 차액만 달라고 한단다. 절호의 기회였다. 그 집이 재개발 구역에 있어서 큰 건물 주인도 손해 보는 장사는 아니었다. 건물에 잡혀 있는 대출을 그대로 인수하고 추가로 신용대출을 받아서 현찰은 정말 조금 갖고 건물을 매입했다.

그렇게 집도 내가 사고 차도 내가 사주고 건물도 내 돈으로 산건데 입만 열면 사람들한테 자기가 특별한 재주라도 부려서 산 것처럼 자랑한다. 아무리 생각해 봐도 팔자는 상팔자다. 부모님이 떠받들어, 마누라가 떠받들고 사니 그만하면 상팔자 아닌가. 모두들 그렇게 말하는데 정작 본인은 머슴이란다.

그러면서 매일 하는 말이 내가 자기를 무시하니까 자식들도 종업원들도 자기를 무시한단다. 무시하는 것이 아니라 당신이 계속 잔소리를 하니까 피하는 거라고 설명해 주어도 '쇠귀에 경 읽기'다. 죽어라 일해도 마음에 안 든다고 야단만 하면 누가 좋아하겠나. 자식들한테도 매일 마음에 안 든다는 말만 하니 좋은 마음이 들 리가 없지. 가슴에 손을 얹고 생각해 볼 일이다.

남편은 나를 엄마로 생각한다

언제부턴가 남편이 어디서 전화가 오면 싱글벙글 웃으며 전화를 받기에 수상하다고 생각했다.

그 무렵에 화장품을 팔면서 보험을 한다는 젊은 여자가 직원들과 식사를 하러 이따금 식당에 드나들었다. 그래서 자동차 보험을 그 여자한테 들어주었다. 어느 날, 남편 핸드폰에서 문자를 훔쳐보고 사달이 난 것을 알게 되었다. 그 여자가 우리 식당에서 버젓이 일을 하고 있는데 다른 여자한테 관심을 갖는 게 상식적으로 이해되지 않았다.

사귀던 여자들을 둘씩이나 이혼시켰으면 됐지. 도대체 어쩌려고 그러느냐고 했더니 그 젊은 여자와는 아무 사이도 아니라며 다른 사람한테 문자를 보낸다는 것을 실수로 자기한테 보낸 것이라고 했다. 그러면서 남의 핸드폰을 왜 보냐고 화를 냈다.

단지, 자기가 그 젊은 여자와 그 친구들 4명의 멘토란다. 그래서 가끔 만나서 밥도 먹고 세상살이를 가르쳐준다면서 나한테 의심병이 도진 것 같다고 했다.

그러고 말았는데 한두 달 지났을 무렵, 식당에서 일하던 그 여자가 눈치를 채고 한바탕 소동이 벌어졌다. 당장 그만두겠다고 하는 걸 간신히 달래서 식당에 잡아두었다. 생각해 보면 그 인생도 참 불쌍하다. 어쩌자고 천하의 바람둥이한테 마음을 주어서 마음고생, 몸 고생하고 사는지….

나는 또 어떤가? 그 여자가 식당을 그만두거나 말거나 내버려두면 될 걸. 왜 굳이 옆에서 그 꼴을 보고 살려 할까. 친정엄마랑 애들이 알까 무서워 서둘러 마무리를 지으며 별별 생각이 다 들었다. 어쩌면 남편 말마따나 내가 모자라도 한참 모자란 지도 모를 일이다.

이런 일들이 있을 때마다 내 마음은 지옥이다. 나라고 이런 상황들이 아무렇지 않은 것은 아니다. 그런 척할 뿐이다.

그렇게 일단락이 된 줄 알았는데 그 여자가 식당을 그만두겠다고 해서 송별회를 하게 되었다. 직원들한테 카드를 주어서 먼저 보내놓고 식당 뒷정리를 한 다음 송별회하는 감자탕 집으로 갔다.

그날 저녁에 감자탕 집에서 나와 다시 식당으로 가서 혼자 술을 마시고 울고불고했다. 새벽에 애들 아버지가 집으로 데려간 모양인데 술이 취해서 아무것도 기억나지 않았다. 그런데 그 새벽에 아빠가 엄마를 데리러 가서 집에 안 오니 걱정이 돼서 큰딸, 작은딸이 식당으로 왔다가 내가 술김에 하는 얘기를 듣고 시동생을 불러오는 바람에 식구들이 그 사실을 전부 알게 되었다. 어렴풋한 기억에는 이렇게 사느니 차라리 죽는 게 낫다고 했던 것 같다. 그날은 큰딸과 시동생이 말리는 바람에 또 그렇게 무마되었다.

어차피 큰딸 데려오면서 나는 죽었다고 생각하고 살자고 마음먹었으니 그때 나는 죽었다 생각하자. 그렇게 마음을 달랬다. 그러고는 어느 날, 당신한테 나는 어떤 존재냐고 물었더니 대뜸 '엄마 같은 존재'란다. 그러면서 말썽꾼 큰아들 하나 데리고 산다고 생각하라 한다.

만일 아들이 있어서 이 사람처럼 산다고 상상해 보니 몸서리가 쳐졌다. 그 후 딸들은 어떻게 그런 여자한테 자기들이 이모라고 부르도록 내버려두었냐고 나를 두고두고 원망했다.

우리 애들은 식당 직원들을 이모라고 부르면서 마음으로나 물질로나 잘했다. 지척에서 아버지의 사생활을 안 딸들은 많이 속상해했다. 그런데 다른 사람들은 잘 모르는 사실이 하나 있다. 남편은 끊고 맺음이 분명하지 못하다. 평소 하는 행동을 봐서는 굉장히 단호할 것 같지만 실상은 마음이 여린 사람이다. 그래서 남편이 맹세한 말들을 나는 믿지 않는다. 애들이나 시동생은 내가 과잉 반응한다고 할지 모르지만 나는 내 남편을 안다. 아마 상대방이 먼저 싫다고 가버리기 전에는 그 끈을 놓지 않을 것이다. 나를 나쁘다고 해도 할 말이 없지만 남편은 그런 유형의 사람이다.

그 간극을 어쩌할꼬!

하루는 목이 하도 아파서 병원에 갔더니 성대 결절이란다. 수술을 해야 한다고 해서 세브란스에서 수술을 했다.

마취 깨고 나왔더니 애들 아버지가 밖에서 기다리고 있었다. 반색을 하더니 많이 걱정했다고 하는데 그 말이 귀에 거슬렸다. 위선처럼 느껴졌다. 일주일 동안은 말을 하면 안 된다고 해서 식당에 안 나가고 집에서 쉬었다. 그동안에 큰딸하고 시동생이 그 여자 아파트까지 찾아갔다고 한다. 그 사실을 애들 아버지가 말해서 알게 되었다. 큰딸이 아빠가 그 여자를 계속 만나러 다니는 것을 알고 시동생한테 전화해서 시누이까지 함께 갔던 모양이었다. 정확한 동, 호수를 몰라 큰딸이 그 여자한테 전화를 했다고 한다. 한때 큰딸이 이모라고 불렀으니 전화번호는 알고 있었던 것이다. 그랬더니 그 일로 그 여자가 애들 아버지한테 전화를 해서 난리를 쳤단다. 그 전화를 받고는 애들 아버지가 나보고 해결을 하라는 것이었다. 성대 결절 수술을 해서 당분간 말을 하면 안 되는 사람한테 뭘 어떻게 해결하라는 건지. 내가 술 먹고 주정하는 바람에 다 알게 돼서 지금 이 사달이 났다고 벽을 주먹으로 치면서 헐크처럼 화를 냈다.

그런 일을 겪으면서 자꾸 숨이 안 쉬어지고 해서 또 검사를 받았다. 그래서 약을 타다 먹고 지내면서 식당에는 저녁에만 나갔다. 애들 아버지가 11시쯤 밥을 먹고 나가니까 밥 해주고 대충 청소하고 하루 종일 잠만 잤다. 그때 평생 못 잔 잠을 다 잔 것 같다.

그러다 문득 그래 어차피 사는 거 미워만 하지 말고 마음을 한 번 바꿔 보자는 생각이 들었다. 작은딸하고 백화점 반찬 가게에 가서 반찬도 사고 옷도 가격 상관하지 않고 사 입고 예쁜 찻집에서 차도 한 잔 마시면서 돌아다녔다. 그러면서 애들 아버지와 외식도 하고 살갑게 대했다. 그런데 내가 평소와 다르게 다정하게 구니까 남편이 불편해했다. 내가 한 발 다가가니 남편은 한 발 뒤로 물러났다. 그 간극을 어찌할꼬!

남편이 화장품 팔고 보험도 하는 새파랗게 젊은 애와 한창 어울려 다닐 때여서 그런 건가. 어쨌든 한이나 안 남게 하겠다고 나름 노력을 하는데 안 먹히니 포기할 수밖에 없었다.

그래서 제안을 했다. 나한테 정이 손톱만큼이라도 남아 있다면 10억을 줄 테니 제발 이혼해 달라고. 우선 3억을 주고 나머지는 돈이 마련되는 대로 줄 테니 내 눈앞에서 사라지라고 했다. 다음날 아침에 함께 법원에 가기로 해놓고는 아침이 되자 급한 볼일이 있으니 기다리라며 서둘러 나갔다. 하루 종일 감감소식이더니 며칠 만에 새벽에 들어와서는 나갈 테니 도장하고 통장을 넘겨 달란다. 집을 나가겠다고 통장을 갖고 간 사람이 그날 이후에도 뻔뻔스럽게 평소와 다름없이 집을 드나들었다. 수상해서 통장을 조회해 보니 대출 이자가 나가고 있었다. 그동안 사람을 시켜 미행을 부탁했는데 그 사람이 아는 처지라 사실대로 말하지 못한 것 같다. 아무래도 나 모르게 대출을 받아서 화장품 파는 젊은 여자 애한테 방을 얻어준 것이 아닌가 하는 합리적인 의심이 들었다. 낮에 운동한다고 자전거 타고 나가면 저녁 장사 할 때나 식당에 들어왔다. 그러더니 어느 날, 쳇바퀴 도는 생활이 너무 답답하다며 한 달만 전국 일주 여행을 하고 와서 마음잡고 일하겠다고 한다. 마음이 콩밭에 가 있으니 그런 거 아니냐고 차라리 이참에 나가서 아예 들어오지 말라고 했다.

그랬더니 땅을 보러 다녔다. 며칠 후 사람을 사서 미행을 시켰다. 차에 위치 추적기도 부착했다. 그러다 내 말 실수로 그 사실이 들통 났다. 그 일로 남편은 나를 미친 사람 취급했지만 나는 아랑곳하지 않고 미행을 붙여 그 여자 화장품 대리점과 사는 곳까지 알아냈다. 미아동에 보증금 천만 원에 월세 80만 원짜리 방을 얻어주고 매일 자전거를 타고 들락거리고 있었다.

그러던 차에 시누이가 차를 산다고 3천만 원을 빌려달라고 하기에 빌려주었다. 시동생도 시골에서 국회의원 나간다고 후원하라고 해서 몇 번에 걸쳐서 도와주었다. 시누이는 큰딸 애기 때 길러준 공도 있고 해서 혹시라도 나중에 내가 굶어 죽게 생기면 그때나 갚으라고 했다. 그러면서 시누이와 시동생한테 오빠랑 이대로 살다가는 내가 미치거나 죽거나 할 것 같다고 말했다. 나를 의심병 환자로 몰면서 오히려 화를 내니 내가 더 이상 견딜 수가 없다고.

그 후 애들 아버지한테 따로 살자고 했다. 그랬더니 고향으로 안 가고 퇴촌으로 간단다. 집 보러 몇 번 갔다 오더니 나한테 가보자고 해서 갔다. 집도 예쁘고 텃밭도 딸려 있었다. 바로 계약을 하고 은행에서 대출을 받아서 그 집을 샀다. 그런데 퇴촌으로 간다던 사람이 갈 생각을 안 했다. 하루는 나보고 퇴촌에 같이 가서 식당을 하자고 한다. 지금도 같이 살 수 없어서 나가라는 건데 도무지 생각이 있는 건지 없는 건지. 그러고는 안 나가고 버텼다. 몇 달 후 퇴촌 집을 계약서도 안 쓰고 월세로 아는 사람한테 빌려주었단다. 믿을 만한 사람이라고 하더니 월세를 한 달도 안 내고 살았다.

퇴촌 집은 무용지물이 되었고 수리비용만 3천만 원이 들어갔다. 그렇게 2년을 갖고 있다 팔아버렸다. 월세도 안 내고 살던 사람은 돈이 없어서 이사를 못 간다며 2천만 원을 달라고 안 나가고 버텼다. 이제 와서 남편은 법만 아니면 때려죽이고 싶단다. 그래서 처음부터 계약서를 쓰라고 하지 않았냐! 믿을 만한 사람이라고 필요 없다고 하더니 이사 갈 때 생돈 주고 내보내게 생겼으니 알아서 하라고 했다. 남편이 그 사람을 겨우 달래서 천만 원으로 해결을 봤단다.

그 후 매일 술 마시고 화를 내서 강진으로 내려가라고 했다.

고향이 그리워서 늙어서 가 살겠다고 강진에 사 놓은 아파트가 있는데 전세를 주고 있었다. 강진으로 간다고 하기에 전세 살고 있는 사람한테 사정을 얘기하고 집을 비워달라고 했더니 식당까지 찾아와서 세를 올려 달라면 올려주고 팔 거면 자기네가 사고 싶다고 한다. 그래서 애들 아버지한테 의향을 물었더니 자기가 가서 살겠다고 해서 그 사람들을 내보내고 수리를 하기로 했다. 집수리 때문에 강진에 함께 내려갔는데 아파트에 들어서자마자 인테리어를 싸구려로 했다고 장식장을 발로 차면서 화를 냈다. 복에 겨운 생떼였다.

그 후 집수리를 위해 강진에 며칠 왔다 갔다 했다. 집수리가 다 끝났는데도 안 내려가고 버텼다. 11월이 되었기에 강진에 안 가서 살 거면 내려가서 보일러라도 틀어 놓고 오라고 했더니 다 알아서 한다고 화를 냈다. 도대체 그 머릿속에는 무엇이 들어 있는 걸까?

12월이 되어도 남편은 강진으로 내려갈 생각을 안 했다. 그러더니 어느 날, 시동생한테 강진 아파트를 3월까지 선거 사무실로 사용하라고 했다는 것이다. 그리고 자기는 3월에 내려가겠단다. 3월에 갈 거면 지금 가라면서 여기서 3개월 더 있다고 뭐가 달라지냐고 했더니 당장 나가겠다고 도장, 통장 다 내놓으라고 해서 주었다. 그리고 보따리를 싸가지고 나갔다.

적반하장도 유분수

　　애들 아버지 만나기 전에는 나를 좋다고 쫓아다니던 사람도 있었고, 중매를 통해 선을 본 사람도 있었다.
　하지만 우리 집안이 내세울 것 하나 없고 내가 초등학교만 나온 것을 알면 무시할 것 같아서 만남을 이어가지 못했다. 그래도 남편은 한 동네 사람이라서 내 형편을 잘 아는데다 나를 좋다고 하고, 시누이가 우리 엄마를 내가 모셔야 될 것 같다는 말을 해주니까 고맙고 편했다. 애들 아버지는 잘생기기도 했지만 중학교 졸업하고 동생들 가르치느라고 고생만하고 살았는데도 만나면서 보니 세상살이 하는 것은 대학 나온 사람 정도는 되었다. 그리고 나한테 잘하니 믿음직스러웠다. 내가 기대고 살아도 될 것 같았다. 세상에 태어나서 처음으로 의지할 사람들이 생긴 거였다. 시부모님과 온 가족이 똘똘 뭉쳐서 살고 있으니 그 속에 들어가면 나도 같이 똘똘 뭉쳐서 살게 될 줄 알았는데 착각이었다. 절대로 다섯 식구 외에는 그 틈을 비집고 들어갈 수 없었다. 대전 큰시누이조차 남이었다. 오히려 남보다 못한 대접을 받았다. 시부모님, 남편, 시동생, 시누이 이렇게 5명만이 그 집 식구였다. 그나마 다행인 것은 우리 딸애들 둘은 그래도 자기네 핏줄이라고 챙겼다. 나는 결혼한 이후 할 일을 충실히 하면서도 완전히 남이었다.

남편의 불만이 구체적으로 뭔지 잘 모르겠다. 그래서 그 불만을 해결할 수가 없다. 식당에서 일하는 사람, 우리 애들을 자기 마음에 들게 고쳐 놓으라는데 도대체 그게 무슨 말인지 도통 이해할 수 없다. 내가 아침에 일하러 나가고 나면 신나게 다른 여자를 만나 점심을 먹고 저녁 무렵에 식당으로 온다. 뻔뻔스러운 것은 식당에 오면 꼭 트집을 잡아서 화를 낸다는 것이다. 불만이 있어도 조용조용 지적하면 그래도 인간이 양심은 있나 보다고 생각하겠는데 적반하장도 유분수다. 솔직히 이 식당을 자기 것인 양하면 내 입장에서는 웃음만 난다.

남들이 어떻게 생각할지 모르지만 제사 지낼 때마다 조상님들께 다음번 제사 음식 드시려면 애들 아버지 성질머리를 고쳐 주시던가, 아니면 차라리 데려가시라고 했다. 그리고 하나님께도 똑같은 내용으로 기도 드렸다.

남편에게 노래를 권하다

남편이 한 집과 오래 거래를 하면 안 된다면서 식당을 시작할 때부터 지금까지 재료를 대주던 거래처를 하루아침에 싹 바꾸라고 억지를 부렸다.

단골은 바가지를 씌우고 물건도 나쁜 것만 가져다준다며 바꾸라는 것이다. 나는 그냥 오래 거래한 사람이 좋으니 정 바꾸고 싶으면 당신이 알아서 바꾸라고 했다.

세상에 믿을 사람이 없단다.

어느 날은 고기가 어느 것은 크고, 어느 것은 작다고 화를 냈다. 공장에서 기계로 찍어내는 것도 아니고 동물도 큰 것, 작은 것이 있는데 크기가 어떻게 다 똑같겠냐고 하면 또 화를 냈다.

어느 날은 시장에서 들깨 값을 알아보니까 우리 식당에서 쓰고 있는 들깨 값의 반이라면서 들깨 값이 비싸다고 화를 냈다. 그동안 얼마나 우리한테 바가지를 씌운 거냐고 화를 내기에 아무리 생각이 없기로서니 말도 안 되는 소리 하지도 말라고 윽박질렀다. 20년을 거래한 사람들이 우리한테 터무니없이 두 배를 받겠느냐며 우리는 말이 아니고 킬로그램으로 산다고 설명해

주었다. 그래도 미친 사람처럼 화를 냈다. 그러다 잘못하면 그날로 큰 거래처를 빼앗기게 되니 이상한 소리 좀 그만하라고 했다. 지금은 옛날처럼 바가지를 씌우는 짓을 못한다고. 신용과 정보가 바탕이 돼야지 장사도 할 수 있는 거라고 아무리 얘기를 해도 박박 우기면서 화가 풀릴 때까지 별말을 다 한다.

나보고 사장 자격도 없으면서 어쩌다 사장이 돼서는 목에 힘주고 있다고 했다. 곰곰이 생각해 보니 말로는 자기가 '머슴'이라고 하면서 식당에서 자기의 존재감이 없다고 생각하는 것 같았다. 그래서 자기 자리를 찾겠다고 나를 잡는 거라는 생각이 들었다.

남편은 노래를 잘한다. 그러니 노래를 부르면서 인생을 즐겁게 살면 마음이 달라질 수 있을 거라는 생각이 들어 식당은 신경 쓰지 말고 노래를 배우러 다니라고 했다. 작곡가 선생님한테도 미리 말을 넣어놓았다. 그래도 노래할 용기가 없어서 안 간다고 하는 걸 시동생이 식당에 왔기에 형님한테 식당에만 있지 말고 노래도 하고 친구도 사귀면서 재미있게 살라고 말해보라고 했다.

시동생이 "형님, 다른 사람들은 돈이 없어서 못하는데 형수가 밀어주니 오늘부터 당장 가세요." 했다.

이처럼 앞에서 끌고 뒤에서 밀고 해서 작곡가 선생님 사무실에 가서 노래 연습을 하기 시작했다. 아무래도 식당에 있는 시간이 적다 보니 식당 식구들이 조금 편해졌다. 식당에 꼭 붙어 있을 땐 언제 불벼락이 떨어질지 모르니까 다들 긴장했다. 나부터도 애들 아버지가 없으면 마음이 너무 편하다. 내가 그런 마음이 드는데 식당 식구들이나 작은딸과 작은사위도 똑같은 심정일 게다. 작은딸은 식당에서 일하면서 아버지랑 식당 이모들 사이에서 나만큼 힘들어 했다. 자기 아버지가 저런 사람인지 몰랐던 것이다. 남편은 다른 사람들이 실수하는 것을 용납하지 못한다. 모두 자기중심이다. 자기가 물건을 쓰다가 고장 나면 만든 사람이 잘못 만들었다 욕하고, 다른 사람이 물건을 쓰다 고장 나면 아끼지 않고 막 써서 그렇다고 나무란다. 식당에서 사용하는 빗자루조차 다 닳아서 쓸리지 않을 때까지 써야 할 지경이다.

그래서 집이고 식당이고 고장 난 것이 있으면 은밀히 버리고 몰래 사야 된다.

작은딸이 예전에 있었던 얘기를 들려주었다. 하루는 집 텔레비전 리모컨이 고장 났단다. 아빠한테 혼날까 봐 친구들하고 똑같은 리모컨을 사러 돌아다녔다고 한다. 친구들이 리모컨이 고장 났으면 엄마한테 말하면 될 텐데 왜 그걸 사러 다니느냐고 물어서 똑같은 것을 사다 놓고 아빠가 고장 난 걸 몰라야 된다고 말했다는 것이다. 우리는 그렇게 살아왔다.

식구들은 아파서도 안 되었다. 애들이 감기에라도 걸리면 지저분해서 감기 걸렸다고 야단치고, 배가 아프다고 하면 이상한 것들을 먹으니까 아픈 거라고 야단쳤다. 그래서 작은딸은 감기 걸렸을 때 아빠한테 혼날까 봐 기침을 참느라고 고생했다고 일

기장에 썼다. 아빠는 자기가 아프면 엄마한테 헐크처럼 화를 내니까 자기는 아파도 참는다는 일기를 보고 내가 얼마나 마음이 아팠는지….

애들 아버지는 나를 아주 유능한 해결사로 생각하는 것 같다. 살면서 조금만 불편해도 나한테 화를 내면 뭐든 다 해결된다고 생각한다.

애들 아버지가 식당에 없는 시간이 많으니 나를 비롯해서 식당 식구들 모두가 편하고, 애들 아버지는 노래로 기분을 푸니 서로가 좋았다. 그렇게 노래 연습을 2년 정도는 한 것 같다. 그러면서 우리 부부 사이도 조금씩 좋아졌다.

안 좋았던 기억들이 새록새록 떠오른다

내가 늙긴 늙었나보다. 나이가 들면 옛날 생각은 또렷해지고, 최근 것은 잘 잊어버린다고 하더니 내가 그렇다. 좋았던 기억들보다는 안 좋았던 기억들이 새록새록 떠오른다.

남편과 내가 만나기 시작했을 때 나는 20살쯤 되었고 애들 아버지는 나보다 7살 더 먹었으니까 나는 어리고 애들 아버지는 어른이었다. 한 동네에서 자라는 모습을 봐서 그런지 자주 놀리며 나를 더 애 취급했던 것 같다. 호감을 느끼고 지낼 때는 다정하고 친절했는데 어느 순간부턴 말도 잘 안 하고 무섭게 대했다. 처음과 달라진 것들이 너무 많았다. 처음에는 책 얘기며 영화 얘기도 잘 들어주었다. 그럴 때도 소설이나 영화는 현실이 아니기 때문에 사람을 다 버려놓는다고 너무 가까이하지 말라고 했다.

나는 통기타 가수 노래를 좋아하는데 그런 것도 노래냐며 옛날 가수들 노래만 좋다고 하니 더 이상 이런저런 얘기를 할 수가 없었다. 그래서 나도 말문을 닫기 시작했다.

서로 취향과 성격이 다를 수 있음을 받아들이지 않으니 소통을 할 수가 없었다.

처음 내가 남편한테 맞은 것은 시골 조카들이 나랑 헤어지라고 동산에서 때리고 난 직후였다.

"너희 집안이 뭐 그리 잘났다고 나한테 그러냐!"고 하면서 때렸다.

두 번째는 자기 만나기 전에 만나던 남자가 있었으면 고백을 하라면서 때렸다.

세 번째는 아주 친한 친구들과 놀다 안 들어왔다고 맞았다. 양장점에서 만난 친구들인데 처지와 성격이 비슷했다. 셋 다 초등학교 졸업에 뭐든 열심히 배우려고 해서 죽이 잘 맞았다. 한마디로 말이 잘 통해서 엄청 친하게 지냈다. 그러던 중 나한테 남자 친구가 생겼고, 그 바람에 그 애들과 도통 만날 시간을 내지 못했다. 안 되겠다 싶어 어느 날 셋이서 약속을 잡았다. 그래서 한 친구 집에서 모여 맥주를 마시면서 얘기꽃을 피우며 놀았다. 셋이 모이면 뭐가 그리 재미있는지 시간 가는 줄 몰랐다.

놀다 보니까 12시가 넘어서 집에를 못 왔다. 다음날 죽을 만큼 맞았다.

네 번째는 양장점 주인 언니네 이삿날 집들이를 갔다가 늦게 왔다고 맞았다. 버스가 한강으로 추락한 큰 사고가 났던 날이다. 사고 난 버스에 내가 타서 무슨 일이 생겼을까 봐 걱정을 많이 했다면서 흠씬 두들겨 팼다. 나는 부모님이 싸우시는 모습을 한 번도 본 적이 없고 누구한테 무섭게 혼나고 맞고 살지 않다가 그런 일을 당하니 아무 생각이 안 났다. 너무 무서워서 어디로 도망갈 생각도 못하고 질질 끌려 살았다. 그리고 이렇게 평생을 사느니 차라리 죽는 게 편할 것 같아서 약국에서 신경안정제를 사서 모았다.

다섯 번째는 같이 장사하는 사람이 나를 조심하라고 했다면서 그 사람이 뭔가를 봤으니까 그런 말을 하는 것 아니냐며 순순히 자백하라고 때렸다. 나는 너무 억울해서 삼자대면하자고 했다가 죽도록 맞았다. 그래서 그날 그동안 사서 모은 약을 먹었다. 약을 먹고 정신을 잃자 자기가 때려서 그런 줄 알고 놀라서 양장점 언니한테 전화를 했더란다. 언니가 앰뷸런스(ambulance)를 불러서 함께 타고 병원으로 가면서 보니 몸에 멍이 너무 많이 들어서 사람을 어떻게 이 지경으로 만드느냐고 소리를 질렀다고 한다. 그 일이 있고 나서는 그냥저냥 살았다.

그러고 보니 또 한 번 있었다. 또 때리면서 그냥 잘못한 것을 자백하란다. 왜 그러느냐고 물으니까 죄지은 사람이 더 잘 알 것 아니냐면서 때렸다. 그래서 그날은 이유도 모르고 맞았다.

어쨌든 자살 소동이 있고 나서는 때리지는 않았다. 대신 세간을 때려 부수었다.

우리 엄마가 배 아파서 낳은 딸은 작은언니랑 나 둘이다. 누가 한 배에서 나오지 않았다고 할까 봐 그랬는지 남편을 거의 똑같은 사람을 만났다. 게다가 둘 다 무서워서 꼼짝 못하고 살았다. 둘 다 애들 때문에 살았다는 말을 하지만 실상은 무서워서 감히 벗어날 생각을 못하고 산 것 같다. 말로는 혼자 사는 것이

제일 편하다고 했지만 당시 사회 분위기를 보면 혼자되는 것이 두려웠던 것 같다. 당시에는 이혼이 큰 흠이 되던 시절이었고, 이혼녀 소리를 듣고 싶지 않았던 것이 솔직한 심정이었다.

언니 말에 따르면 남편이 나하고 산 것은 오씨들한테 복수하기 위해서인 것 같단다. 그럴 수도 있겠다는 생각은 들지만 그 사람 마음을 나도 잘 모르겠다.

아는 사람 하나 없는 객지에 와서 나만 의지해 살다보니 내가 없으면 불안해서 화가 나거나 아니면 내가 어디로 가버릴까 봐 화를 내는 건 아닐까. 나는 쉽게 조종당하는 성품이라서 철저히 가스라이팅을 당하고 산 것 같다.

무서워서 감히 말대꾸 한마디 못하고 해달라는 대로 다 해주며 벌벌 떨면서 살아왔다. 애들 아버지가 소리를 지르면 가슴에서 쿵 소리가 났다. 하지만 내가 죽을 만큼 아픈 후에는 죽을 각오로 싸우며 살았다. 그러니까 속이 좀 후련했다.

생각이 달라도 너무 다르다

어떨 때 보면 시누이가 환자처럼 느껴진다. 이제는 세상 물정을 이해할 만한 나이가 되었는데도 도저히 이해하지 못할 말들을 할 때가 있다.

시동생이 내게 2억을 빌려달라고 할 때 돈 다 소용없고 건강이 제일인데 지금 돈 안 빌려주면 죽을 때 후회할 거라는 말을 하고, 자기가 대출을 받아서 나를 빌려주었다고 떠벌리고 다니고, 시아버지 전세 보증금을 내가 빌려 달라고 해서 빌려주었다고 하는 등 좀 이상하다.

시누이는 나를 엄청 무시한다. 그래서 나는 시누이한테 아쉬운 소리를 안 하고 살았다. 시누이는 말로만 하는 사람이다. 시부모님이 병원에 계실 때 병원비 한 푼 보탠 적이 없다. 그러면서 자기네는 돈이 없어서 못 주는 거란다. 시누이는 욕심이 엄청 많고, 사람들 눈을 많이 의식한다. 그래서 집도 매번 평수를 넓혀갔다. 그러니 돈이 없을 수밖에. 나한테는 돈이 전부가 아니라고 연설하면서 자기 행동은 반대로 가고 있다. 돈은 나중에 벌면 되지만 부모님은 기다려주지 않으시니 해드릴 수 있을 때 해드려야 된다. 그래야 후회가 적다.

  시누이와 남편은 성향이 비슷한 것 같다. 친정엄마 환갑 때 시골에서 잔치하시라고 돈을 드린다고 했더니 애들 아버지가 돈이 어디 있어서 드리느냐고 펄쩍 뛰었다. 어느 해 가을인가 시아버님이 가을에 쌀을 팔면 많이 싸다고 봄에 팔면 비싸게 팔 수 있으니까 그때 줄 테니 돈을 좀 융통해 달라고 하시기에 마침 곗돈 탄 것이 있어서 드린다고 했더니 무슨 돈을 드리느냐고 화를 냈다.

  시부모님을 서울로 모셔 와서 생활비를 드릴 때도 드리지 말라고 했다. 친정엄마가 식당에서 저녁에 일하시니 월급을 드렸더니 나를 미친 사람 취급을 했다. 자식이 그냥 용돈도 드리는데 건강하셔서 식당에 나와 일 도와주시니 얼마나 고마운 일이냐며 그래서 쓰시라고 드리는 거라고 했다. 생각이 달라도 너무 다르다. 생각해 보면 그 돈은 내 돈이다.

  '내가 벌어서 드리면서 내가 왜 보고를 하고 있지? 자기가 번 돈으로 드리면 얼마나 야단이 날까.'

  한편으로는 자기가 돈을 못 벌어다 주니까 미안해서 그러나 싶은 생각도 들었다. 우리 살기도 힘든데 부모님들까지 일일이 챙기느라 고생하는 것 같으니까.

말로 때리는 매

2장

동네 머슴으로 사신 시아버님

시아버님이 병원에 입원해 계실 때 낮에는 내가 병간호를 하고, 밤에는 큰딸애가 해드렸다. 그때 살아온 얘기를 많이 들려주셨다.

시아버님은 경기 민요를 잘 부르셨는데 무슨 수를 써서라도 계속 노래를 했으면 명창이 되었을 거라고 하셨다. 하지만 그때는 그럴 형편이 아니었단다. 아주 어릴 때 기억에 아버지는 어디로 가셨는지 어머니 혼자 자식들(아버님, 작은아버님)을 먹여 살리셨다고 한다. 농사지을 땅이 없으니 어머니가 술을 담가 팔거나 바느질을 해서 끼닛거리를 마련하셨다는 것이다. 살 집도 없어서 산지기 집에서 살며 산을 지키고 산제사를 지내셨단다. 산제사는 일 년에 한 번 구정 지나고 지내는데 산제사를 지내기 며칠 전부터는 부정한 것은 보지도 듣지도 않고 조심조심하고 있다가 당일 새벽에 목욕재계한 후 정성껏 만든 음식을 시아버님이 지게에 짊어지고 혼자 산에 올라가서 제사를 지내셨다고 한다. 무섭지 않으셨냐고 여쭈었더니 먹고살기 위해 어릴 때부터 해서 그런지 무서운 건 몰랐다고 하셨다. 짐작컨대 참 녹록치 않은 삶이었을 것 같다.

그래도 젊었을 때 낮에는 일하고 밤에는 아랫집에 노래도 잘 하시고 대금도 잘 부시는 분이 사셔서 그분에게 놀러가서 대금 도 배우고 장구 치는 것도 배우고 꽹과리도 배웠다고 하셨다.

친구분은 없으셨냐고 하니까 친구라고 할 수는 없고 그냥 말 동무하는 사람이 한 명 있었는데 시아버님이 열 몇 살 되던 해에 이사를 해서 자주는 못보고 그냥 어쩌다 보는 사이가 됐다고. 그 친구네는 오서방네 산지기를 하면서 논을 두 마지기 반인가 얻 어서 부쳐 먹고 살며 동네 심부름을 도맡아 했다고 한다. 그래서 동네 사람 시집, 장가가면 그 집 가서 일해주고 가마꾼에다 상여 꾼까지 하는 동네 머슴이었단다. 그러다보니 그 친구는 누구랑 친구가 될 수 없었고, 동네 머슴마저도 더 이상 할 수 없게 되자 이사를 갔다고 한다. 그래서 저녁이 되면 시아버님은 아랫집 아 저씨네 집에 가서 창도 배우고 장구도 배우는 재미로 사셨다는 것이다.

세월이 흘러 시아버님이 열여섯 살 되던 해에 시어머님이 색 싯감이라고 집에 왔는데 8살밖에 안 되었단다. 색시라고 하니 그런가 보다 하고 그냥 서로 일하며 살다 스물네 살 때쯤 혼인식 을 했다고 한다. 혼인식을 하고 소문에 아버지가 충주인지, 제천 인지 어디 산다고 해서 찾아가서 모시고 와서 사셨단다.

"동네에서는 애들도 나한테는 반말을 했어."

여담이지만 친정엄마는 내가 애들 아버지와 결혼하겠다고

했을 때 어릴 때부터 동네 사람들이 "순뎅아!" 하면 "예" 하고 대답하고, 동네 사람들을 "아씨, 마님"이라고 부르고 산 사람과 어떻게 사돈을 맺느냐고 하셨다. 심지어 어떤 동네 어르신은 내가 친딸이 맞느냐, 어디서 데려온 아이 아니냐고 물었다고도 한다.

동네에 일이 있으면 동산에 올라가서 징 치면서 모이라고 소리 지르고, 온 들녘을 누비면서 돌보고, 산지기까지 하니 동네 애들은 시아버님 이름을 부르며 반말을 했단다. 시동생은 자기 아버지가 그렇게 무시당하며 사는 걸 보면서 중학교 2학년 때 이미 국회의원이 되어 여봐란듯이 살겠다고 다짐했다고 한다. 당시 시동생은 가족사진 찍는 걸 엄두도 못 내던 시절에 국회의원이 와서 온 동네 사람들의 가족사진을 찍어주는 걸 보고 국회의원이 돈도 많이 벌고 훌륭한 사람이라고 생각했다는 것이다. 그래서 국회의원을 해보겠다고 지금 고향에 내려가 있는데 뜻대로 안 되고 있다.

마음에 폭탄을 품고 사는 사람들

　그 사람이 밖으로 나돌 때 나는 시누이에게 도움을 청했다. 오빠가 다른 여자를 만나고 있으니 도와달라고. 만삭인 내가 얼마나 황망했으면 그런 부탁을 했겠는가! 그런데 시누이는 나를 도와준 게 아니라 오빠를 도와서 그 여자를 만나고, 부모님도 그 여자에게 소개하고 여자의 언니랑 상견례도 하며 결혼 준비를 하고 다녔다. 그러면서 그 여자가 오빠를 혼인 빙자 간음죄로 고발한다고 하니 나보고 헤어지라고 했다.
　하지만 그 말은 시누이가 꾸며낸 거였다. 시누이는 의심이 많고 남을 좋게 얘기하는 법이 없다. 굉장히 부자인 척하는데다 자기네 형제들이 엄청 잘난 줄 알고 있다. 내게도 툭 하면 네가 뭘 아냐며 무시했고, 나는 평생 그들의 호구로 살았다. 요즘은 나이를 먹어서 그런지 험한 소리는 하지 않는다. 남들은 어찌되든 오빠만, 자기 식구만 좋으면 된다는 식이다. 시누이는 말도 안 되는 생각을 강요하기도 한다. 예를 들면 이런 식이다. 본인이 잘못 알고 숯이 희다고 해서 내가 "이게 어디 흰색이냐? 잘 봐라. 검정이지."라고 하면 설령 검정이 맞다 해도 자기 오빠는 더 화를 내면서 우기니까 그냥 두란다. 다시 말 안 해도 숯이 검정인지 아니까 다음에는 우기지 않는다는 것이다. 그러니 틀리게 말하더라도 가끔은 알면서 자존심 때문에 우기는 거니까 내버려두란다. 자기 오빠 성격이 그렇다고. 자기네 집이 조금만 잘 살았어도 다른 사람들 앞에서 큰소리치며 사는 건데 그렇지 못한 것을 아쉬워했다. 남들 보기엔 어쩐지 몰라도 내 눈에는 빈껍데기에다 마음에 폭탄을 품고 사는 사람들 같다. 조금 친해지면 남들을 종 부리듯이 막 시켜 먹는다. 상대방을 자존감이 없는 사람인 양 취급한다. 뭐든 트집 잡아 깎아내려야 속이 시원한지 오랜만에 친척들을 만나도 첫 마디가 지적질이다. 남 생각은 전혀 안 하고 자기들 좋을 대로다. 자기 식구들에게는 너그러운데 다른 사람들에게는 인색하다.

　이 집 식구들이 얼마나 대단한 성격인가를 말해주는 일화가 있다.

　시아버님은 없는 살림에도 자식들을 잘 입히시고 잘 먹이셨다. 그러면서 굶어도 남한테 얻어먹어서 흠 잡히지 말라고 하셨단다. 어느 날, 쌀이 떨어져서 밥을 지을 수 없게 되었는데 혹여 남들이 그 사실을 알까 봐 시누이가 솥에 물을 붓고 불을 때서 밥을 짓는 것처럼 굴뚝에 연기를 냈다고 한다. 시누이는 깔끔하기가 결벽증에 가깝고 강박증까지 있다. 뭐든 정돈을 잘하고 잘 안 쓰는 것은 다 버리라고 야단이다. 탈탈 털고 살고, 옷도 속옷까지 다려 입을 정도였다. 그러니 내가 어릴 때 시댁이 엄청 부잣집인 줄 알았던 것이다. 알고 보니 남의 집에서 땅 한 뙈기 없이 남의 땅을 부치고 살았는데 말이다. 당시 시골에 살면서 땅 없고 집 없는 집은 별로 없었다. 시골 사람들은 대부분 아끼고 아껴서 집 사고 땅 사고 하는데 시댁 식구들의 생각은 일반 사람들과 조금 달랐던 것 같다. 그래서인지 돈 쓰는 재미에 도끼 자루 썩는 줄 모른다.

남편은 명품 옷 사고 좋은 차 사고 좋은 음식 먹고 잘 놀러 다닌다. 그러면서 절약하며 사는 나를 비웃는다. 그럴 때 나는 속으로 '버는 놈 따로 있고, 쓰는 놈 따로 있군!' 한다. 그 돈은 어디서 나오는지 묻고 싶다. 돈은 안 벌고 쓰기만 하면 어떻게 하겠다는 건지. 돈을 벌면 집부터 사는 게 순서 아닌가. 남편은 '의식주'라고 입는 것이 첫째, 먹는 것이 둘째, 집이 셋째라고 한다. 나는 할 말이 없다.

자기 아버지가 무시당하고 사는 걸 보고 자라서 그런지 남편이 나한테 가장 많이 하는 말이 자기를 무시한다는 것이다. 애들도 자기를 무시하고, 종업원들도 자기를 무시한단다. 그래서 다른 여자들을 사귄다는 것이다. 그들은 자기 과거를 모르기 때문에 자기를 선입견 없이 대하고 조금만 잘해주어도 자기를 유식하고 멋있게 생각한단다. 웬 궤변인지는 모르겠지만 그래서 마음에 위안을 받는다는 것인가! 나는 속속들이 전부 다 알고 있으니까 오히려 나한테 무시당하지 않으려고 일부러 더 무섭게 구는 건가 보다. 그러는 남편이 측은하고 불쌍해 보일 때가 많다.

나는 하는 일마다 잘되는 것 같은데 자기는 하는 일마다 잘 안 되고 하니 자존심이 상할 거다. 남편의 가장 큰 문제는 인간관계에서 끊고 맺는 것이 잘 안 된다는 것이다. 돈을 빌려달라고 하면 없다고 하면 되는데 없다고 못한다. 항상 잘사는 척, 많이 배운 척하고 산다. 그러니 잘나지도 못한 사람이 잘난 척하고 살려니 얼마나 힘들겠는가. 그래서 만만한 나한테 모든 화풀이를 하는 것 같다.

마음을 독하게 먹고

사귈 때는 나한테 잘하니까 나를 엄청 좋아하는 줄 알았다.

내가 하자는 대로 하고, 뭐를 해주던 맛있게 먹었다. 옷도 골라주는 대로 입었고, 친구들 만나러 갈 때도 같이 갔다. 내가 가는 곳은 어디든 따라다니더니 어느 순간부터 못 가게 했다. 한번은 안 간다고 하기에 혼자 아는 언니 집에 갔다 왔는데 늦게 왔다고 손찌검을 했다. 그게 불행의 시작이었다. 아무 데도 못 가고 아무도 못 만나게 했다. 그러고는 자기는 하고 싶은 대로 하고 살았다.

나는 철이 없어도 한참 없었다. 세상을 너무 만만하게 본 것이다. 큰애를 가졌을 때만 해도 막연히 뭐라도 해서 먹여 살릴 줄 알았다. 이렇게 살길이 막막할 줄 몰랐다. 설상가상 다른 여자한테 빠져 날 새는 줄 모르고 있었다. 배는 부르지, 남편이란 사람은 집에 안 들어오지, 맨 정신으로는 살 수가 없었다. 도저히 잠을 잘 수가 없어서 한 집에 사는 사람한테 수면제를 사다 달라고 하니까 임산부라고 안 된단다. 마침 잣 술 담근 것이 있다고 아는 언니가 주기에 그것을 마시고 잤다. 그렇게 며칠을 살았다.

어느 날, 시아버님이 오셨다가 내 몰골을 보시고 깜짝 놀라셨다. 남편이 바람이 나서 집에 들어오지 않는다고 했더니 그놈을 혼내주겠다고 나가시더니 감감무소식이었다. 이틀 후에 시누이가 나타나더니 그 여자를 만났는데 혼인 빙자 간음죄로 오빠를 고발한다고 했단다. 그러니 나보고 헤어지라고 했다. 애는 낳아서 나보고 잘 기르란다.

'그래, 나도 다른 여자한테 마음이 가 있는 사람 발목 잡기 싫다.'

상황이 그렇게 되었으면 내 눈앞에 나타나지 말아야 하는데 뻔뻔하게도 남편은 하루걸러 집에 들어왔다. 차라리 집에나 들어오지 말지.

산달이 임박하자 남편이 애가 애를 낳아서 어쩌느냐고 한다. 그러더니 출산 당일에도 나를 병원에 혼자 버려두고 그 여자 집에 갔다. 혼자서 애를 낳고는 어차피 안 살기로 했으니 잘됐다 싶어 얼떨결에 갓난쟁이를 그 여자네 집에 두고 왔다. 나도 내가 그렇게 독한 줄 몰랐다.

나는 애 생각이 나지 않도록 바삐 살았다.

시골 시댁에서 애를 키우고 있다는 소식을 들었지만 애 때문에 나한테서 마음 떠난 사람과는 같이 살고 싶지 않았다. 차라리 애 아버지한테 애를 ○○아동복지회에 데려다주자고 했더니 자기 자식을 어딜 주냐고 안 된다고 했다. 한번은 애 없이 사는 아는 부자 언니한테 입양 보내자고 했더니 그 집 식모로 살게 되면 어쩌느냐고 안 된다고 했다.

 그렇게 해서 겨울에는 애가 시댁에 가 있고, 농사철에는 시누이가 데리고 있었다.

시누이 시집살이

나는 시집 와서 시어른들 시집살이 대신 시누이 시집살이를 하고 살았다.

큰딸이 다섯 살쯤 되었을 때다. 시누이한테 전화가 왔다. 어머님 생신에 시골에 내려가서 냉장고를 사드렸는데 왜 돈을 안 주냐고 한다. 오빠네랑 반씩 내기로 했다는 것이다. 친정 일이었으면 그러지 않았을 거라며 화를 냈다. 애 아버지가 그런 얘기를 조곤조곤 해주는 사람이 아니라서 나는 금시초문이었다. 나 또한 그런 말을 한 적이 없다. 영문을 몰라 어리둥절할 수밖에.

시어머님이 당신은 나이도 있고 몸도 하루하루가 다르다 하시며 조상님 제사를 모셔가라고 하시기에 단칸방에서 어떻게 제사를 지내냐고 여쭈니까 시어머님 말씀이 거지도 지게에다 짊어지고 다니면서 제사를 지냈다고 하신다. 그러자 옆에 있던 시누이가 어른이 하라면 해야지 무슨 말대꾸를 하냐면서 훈계를 했다. 나는 속으로 '허우대만 멀쩡하지 뭐 하나 잘난 것도 없는 오빠랑 살아주는 것만도 고마워해야 할 판에 저게 지금 무슨 소리야.' 하며 욕을 했다.

친정엄마가 땅 판 돈으로 전세 보증금을 해주셔서 한 집에서 모시고 살게 되었다. 시누이가 친정엄마와 같이 사는 것을 트집 잡으며 보증금을 친정엄마 돈으로 냈다고 해서 같이 산다는 것은 경우에 없는 일이라고 막무가내로 억지를 부렸다. 길을 막고 물어보란다. 금은보화를 갖고 왔어도 친정엄마랑 같이 산다고 하면 좋아할 시댁이 어디 있냐고.

오빠한테 다른 여자가 생겼다고 하니까 시누이가 대뜸 남자가 바람피우는 것은 여자한테도 책임이 크다고 말했다. 그러니 동네 창피하게 떠들고 다니지 말란다. 그 말을 들으니 은근히 부아가 치밀었다. 애를 데려와서 애 아버지와 다시 합쳐 살게 되었을 때 나는 선언을 했었다. 예전처럼 시댁 식구들에게 잘하진 못할 거라고. 하지만 막상 같이 살다보니 그런 말 한 건 다 잊어버리고 잘 대접하고 살았다. 그런데 내가 아무리 잘해도 시댁 식구들에게 나는 항상 남이다. 잘하는 걸 당연한 것으로 안다. 늘 당신 아들, 자기 오빠편이다. 심지어 시누이는 자기 오빠만 즐겁고 행복하면 된단다.

시누이는 어쩌다 한 번 친정집에 오면서 나한테 자기 부모는 아들, 며느리가 없는 분들 같다고 말한다. 예전에 사용하던 베개

와 이부자리는 요즘처럼 빨래하기가 쉽지 않다. 베갯잇과 이불을 뜯고 호청을 벗겨낸 다음 빨아 풀도 먹이고 다듬이질도 하고 복잡한 과정을 거쳐야 끝이 난다.

어느 날, 시어머님께 빨래를 해드리겠다고 하면서 "시누이가 어머님이 아들, 며느리도 없는 것 같다."고 하더라고 했더니 시어머님 하시는 말씀이 아직은 건강해서 빨래할 힘은 있으니 그냥 두라고 하셨다. 신경 쓰지 말고 나중에 당신이 더 늙으면 그때나 해달라고 하신다.

하루는 퇴근을 하고 오니까 친정엄마의 안색이 어두웠다. 어쩌면 좋으냐고 한숨을 쉬시며 시누이가 전화를 해서 안사돈이 편찮으시다면서 당신한테 시부모님을 모셔오라고 했단다. 비좁은 집에서 어떻게 사돈어른과 같이 살며, 까다로운 사위 밥해주는 것도 힘든데 시어른들 수발까지 당신이 들어야 하냐고 한탄하셨다. 맞는 말씀이다. 그 길로 시누이한테 전화를 걸어 "그런 말은 나한테 하던지 하지, 왜 우리 엄마한테 모셔오라 해서 걱정을 하시게 하느냐?"고 따졌다. 그러면서 코딱지만 한 집에서 어떻게 사돈끼리 같이 살 수 있느냐, 사돈이 얼마나 어려운 사이인데 며느리인 나도 아니고 친정엄마한테 그런 소리를 할 수 있느냐고 했더니 자기 같으면 할 수 있다는 것이다. 기가 막혔지만 화를 꾹 누르고 그렇게는 할 수 없다고 단호하게 말했더니 적반하장으로 게거품을 물었다. 당시는 남편이 다른 여자랑 바람을 피우고 있었다. 안 그래도 안 살고 싶어도 애들은 말리고 친정엄마도 네가 부모 형제 눈에서 피눈물 흘리게 하면서까지 우겨서 한 결혼이니 그냥 참고 살라고 해서 마지못해 살고 있을 때였다. 화가 얼마나 나던지 못 모시는 게 아니고 안 모신다고 버럭 소리를 쳤다. 이제부터 나는 안 할 거니까 너희 부모 네가 모시라고 했다. 그랬더니 내 서슬에 꼬리를 내리며 뭐 그렇게까지 말을 하느냐고 한다. 나는 이혼하면 남이니 너 때문에라도 이혼해야겠다고 말하고 전화를 끊었다.

그 후 10년 이상 거의 왕래를 하지 않고 살았다. 그동안 내가 어떻게 사는지 몰랐다가 잘 살고 있으니까 그때부터 자주 오고 있다. 친정 부모님 돌아기셨으니까 오빠네가 친정이라며.

애들 아버지가 여자애 하나를 식당 종업원으로 데려왔다. 이런저런 일들이 생기면서 이혼 말이 나오고 있었는데 큰딸이 이혼하지 말라고 해서 그냥 참고 살던 중이었다. 어느 날, 시누이가 문자로 나보고 말조심하란다. 자기 동창이 오빠 이혼했냐고 물어보더라고 하면서. 꼭 내가 말한 것처럼 나한테 말조심하라고 한다. 기가 막혔다. 누가 그런 말을 하더냐고 이름을 대라고 했다. 가만 안 있겠다고. 철이 좀 든 줄 알고 잘 지내려고 했더니 여전했다. 그래서 이젠 남처럼 연락하지 말고 살자고 했다. 누가 그런 말을 한 것이 아니고 아마 예방 차원에서 미리 나한테 그런 말로 선수를 쳤을 거다. 그런 사람이니까.

시아버님은 돌아가셨고, 시어머님은 치매에 걸리셨다. 시어머님을 돌볼 사람이 없어서 요양원에 모시기로 했다. 재가복지센터에 계실 때는 내는 돈이 60만 원이었다. 그래서 내가 혼자 부담하고 있었다. 그런데 요양원에 모시려면 기본이 150만 원이다. 나는 그때 빚이 엄청 많았다. 장사도 잘 되지 않고 해서 애들 아버지한테 통사정을 하며 3일을 졸랐다. 내가 시누이나 시동생한테 말할 수가 없으니 동생들한테 30만 원씩만 보태라고 하라고. 그랬더니 애들 아버지가 하는 말이 어떻게 그 말을 하냐고 했다. 아니, 언제는 동생들이 부모님을 다 책임져야 한다고 하더니 왜 말을 못한다는 거냐고 따졌다.

그리고 한 이틀 있다가 애들 아버지가 나한테 전화를 걸어 자기 엄마를 아무 데나 갔다 놓으라는 말만하고 전화를 똑 끊어버린다. 얼마나 속상하면 그런 말을 했을까 싶어 퇴근 후 물어보니 시누이 왈 오빠가 맏이니까 오빠가 책임지라고 하더란다. 그래서 화가 나서 그렇게 말했다고 한다. 시어머님이 두 분도 아니고 한 분이라 그나마 다행이라며 내가 다 할 테니 앞으로 동생들한테 아무 말도 하지 말라고 했다. 나는 시누이, 시동생이 말로만 그럴 줄 알았다. 요양원에 계시는 동안 정말 한 푼도 내지 않았다. 말로만 우애가 좋지, 우리 집이 살만하지 않았으면 아마 평생 안 보고 살았을지도 모른다.

시아버님의 담석 시술과 남편의 바람

남편이 취직을 하고는 한동안 참 재미있게 살았다. 오후 2시까지 출근하니까 12시쯤 일어나서 밥 먹고 버스 타고 출근하고, 저녁에는 앞집 친구 남편이 태워다 주었다. 통행금지가 있을 때라서 12시쯤 집에 오면 룸살롱에서 있었던 일들을 얘기하면서 재미있게 지냈다.

몇 개월 후에 시동생이 결혼을 했다. 시동생은 일주일간의 신혼여행에서 돌아와 시골 부모님 댁에 인사차 갔다가 시아버님을 모시고 올라왔다. 시아버님이 많이 편찮으셔서 모시고 온 것이다. 마침 동서네 언니가 강남 세브란스병원에 약사로 근무해서 그 병원으로 모시고 갔다. 병명은 담석이었다. 강남 세브란스병원에서 담석을 제거하지 않고 순천향병원에서 레이저로 시술한다고 해서 모시고 왔다. 가보니 응급환자라서 수술실이 아닌 병실에서 시술한다고 하기에 병실 밖에 앉아서 대기하고 있었다. 병실 밖에까지 시아버님이 시원하다고 말씀하시는 소리가 들렸다. 쓸개가 터지기 일보 직전이었단다. 담석도 엄청 크고 피고름도 한 대접이나 나왔다. 그러니 얼마나 시원하셨으면 그런 말씀을 하셨을까. 시술 후 입원을 하셨다. 밤에는 내가 간호하고, 낮에는 시누이가 간호했다. 옆구리에 구멍을 뚫어서 호스로 다 빼내야 해서 두 달가량 입원하신 것 같다. 남편과 얼굴 마주할 시간이 없었다. 남편은 저녁에 병실에 잠깐 들러 얼굴만 비치고 가곤 했다.

그 와중에 남편은 바람이 났다. 상대는 룸살롱 주방에 있던 아줌마였다. 그 아줌마가 만나다보니 예쁘고 깔끔하니 마음에 들어서 일요일에 산에도 다니고 했단다. 시작은 시아버님이 병원에 입원해 계실 때라고 한다. 밤마다 내가 병원에 있으니까 집에 들어가기가 싫어서 어울리다 그렇게 되었단다. 그런데 그 아줌마 말이 더 가관이다. 엄청 좋아했고 사랑했다는 것이다.

그때부터 남편은 또 나한테 못되게 굴기 시작했다. 하루는 새벽 2시에 전화가 왔다. 집에 오려는데 택시비가 없단다. 택시비를 갖고 부랴부랴 택시 내리는 곳으로 나갔다. 골목을 한참 나가서 아무리 기다려도 오지 않았다. 핸드폰이 없을 때라서 전화를 걸 수도 없고 애가 탔다. 조금만조금만 하다 두 시간은 더 있었던 것 같다. 그제야 천연덕스럽게 택시에서 내리면서 미련하게 왜 지금까지 기다리고 있냐고 면박을 주었다. 금방 온다던 사람이 왜 이렇게 늦게 오냐고 하니까 사람들이 노래방을 가자고 해서 따라갔다는 것이다.

전에는 일요일이면 시장에 함께 가서 장을 봐다 맛나게 밥해

먹고 애들과 산에도 가고 가족과 시간을 보냈는데 룸살롱에 취직하고부터는 그 사람들하고 인지, 그 아줌마하고 인지는 알 수 없지만 등산을 간다고 일요일마다 나갔다.

어쩌다 일요일에 집에라도 있게 되면 사소한 것에도 꼬투리를 잡아 화를 냈다. '도둑이 제 발 저리다.'고 미안하면 거꾸로 화를 내는 사람이라는 걸 알면서도 심사가 틀렸다. 시아버님은 퇴원하신 다음 며칠 우리 집에 계셨다. 그 며칠 동안에도 얼마나 화를 내는지…. 한번은 시아버님이 약을 드시다 옷에 흘리셨다. 생트집을 잡으며 내가 안 먹여 드려서 그렇다고 시동생도 와 있는데 얼마나 화를 내던지 쥐구멍에라도 기어들어가고 싶었다.

그래도 그 아줌미를 시귀면서는 집에 잘했다. 내가 아침 일찍 나가서 저녁 9시에 들어오니까 애들 도시락 반찬도 챙겨왔다. 그리고 나한테 조금은 관대해졌다. 처음에는 직장이고 뭐고 다 때려치우게 하려고도 했지만 그런다고 내 말을 들을 사람도 아니고 해서 내버려두었다. 남의 집 남자들은 바람을 피우다 들키면 살살 눈치를 보며 죽은 듯이 산다는데 이 남자는 오히려 더 기고만장이었다. 다시 합칠 때 또 바람을 피우면 그땐 정말 복수가 뭔지 제대로 보여주겠다고 결심했건만 말이 그렇지 애가 둘씩이나 딸린 엄마가 뭘 할 수 있겠는가. 나는 옛날 사람이라 그런지 내 인생보다 애들을 우선하게 된다.

둘째 공주가 태어나다

　　생계가 불안하니 애를 더 낳을 생각을 못했다. 우리 형편에 딸 하나 키우는 것도 벅찼다. 그래서 피임약을 먹었는데 구역질이 너무 심해서 생활을 할 수가 없었다. 그러다보니 임신을 할 때마다 낙태를 시켰다. 그때는 죄의식이고 뭐고 그런 생각이 끼어들 여지가 없었다.

　　하루는 시어머님이 혹여 아들이 있으면 애비가 마음을 잡을지도 모르니 애 생기면 낳으라고 하셨다. 혹시나 하는 마음이 들어서 애 낳을 결심을 했다. 당시에는 애를 많이 낳지 말자고 권장할 때라서 양수 검사를 해주었다. 양수 검사를 해서 딸이면 안 낳으려고 했더니 양수 검사는 임신 4개월째 해서 결과는 5개월째 나온단다. 5개월을 배 속에 품고 있던 애를 딸이라고 어떻게 죽이나 싶어 양수 검사를 포기하고 그냥 낳았다. 1월 1일 아침에 남편이 아니라 옆방에 사는 아주머니랑 애를 낳으러 갔다. 오전 8시 45분에 예쁜 공주님을 낳았다. 딸을 낳았다고 아무도 안 오더니 시누이가 병실에 잠깐 들렀다. 계집애 낳았는데 뭐 하러 가냐면서 시누이 남편하고 애 아버지하고 시동생 셋이서 우리 집에서 화투치며 놀고 있단다.

그날 보호자가 없으니 산모가 애 우유 먹이고 기저귀 갈아주고 애 뒤치다꺼리하느라 밤새 뜬 눈으로 지샜다. 이럴 바엔 차라리 퇴원해서 집에 가는 편이 나을 것 같았다. 급하면 옆방 아주머니에게 도움을 청할 수도 있으니까. 그래서 의사 선생님을 졸라 퇴원을 했다.

딸을 낳아서 시부모님께는 연락을 드리지 않았는데 시동생이 시골에 가서 시어머님을 모시고 왔다. 딸 낳은 것이 섭섭하셔서 시아버님은 오시지 않았다. 아무리 속상하셔도 그렇지 시어머님은 술이 잔뜩 취해서 오셨다.

"혹시 애가 바뀐 것 아니냐? 분명히 태몽이 사내 아이였는데…." 하신다.

시어머님은 큰딸 낳았을 때도 똑같이 말씀하셨다. 병원에서 아이가 바뀐 것 아니냐고.

그리고 산바라지도 못해주시고 오신 지 하루 만에 시골로 내려가셨다. "아들, 아들!" 노래를 부르시던 시아버님이 아들 손자를 못 보신 탓에 '화병(火病)'이 나서 드러누우셨기 때문이다.

그래서 시누이가 잠깐 들러서 밥해주고 애들 아버지가 연탄을 갈아주고 가물치를 사다 고아 주었다. 물론, 애 목욕은 내 담당이었다. 하지만 처음이자 마지막으로 호강을 해보았다.

그때 산후 조리도 못한 채 무릎을 꿇고 애 목욕을 시켜서 그런지 지금도 왼쪽 무릎이 시원찮다. 산후 조리를 제대로 못하면 늙어서 고생한다더니 그 말이 딱 맞는 것 같다.

그렇게 해서 아들 낳으려다 졸지에 딸 둘이 되었다. 돈도 없으면서 대책 없이 애만 둘인 채로 몇 년을 집에서 화장품도 떼다 팔고 실밥도 뜯고 꽃 만드는 일도 하고 옷도 꿰매고 머리핀 구슬도 붙이고 친구네 드레스 가게에서 드레스에 붙이는 꽃도 만들면서 여러 가지 부업을 해서 먹고 살았다. 그러다가 둘째 애가 세 살 때 친정엄마를 모셔와 함께 살았다. 그리고 얼마 안 있다가 시아버님이 담석으로 병원에 입원하셨고, 그 병간호는 내 차지가 되었다. 당시 나는 팔자려니 하고 순응했다.

시부모님의 손자 타령

어느 날, 남편이 늙으신 어머니가 시골에서 밥해 잡수시는 게 안 됐으니 부모님을 서울로 모셔오자고 한다. 그럴 수 없으면 나보고 애들 데리고 시골에 내려가서 부모님을 봉양하란다. 시골에 농사지을 땅 뙈기도 많지 않은데 당신은 서울에 있고 나만 애들 데리고 내려가서 밥하고 빨래하고 살면 밥이 저절로 입으로 들어 온대냐고 볼멘소리로 말했다. 더구나 시아버님이 노쇠하셔서 농사마저 못 지으시면 뭘 먹고 살며 애들 공부는 어떻게 할 거냐고 물었다. 시골에 살다가도 애들 공부 때문에 서울로 오는 사람들이 많다는데 왜 억지를 부리는지 모르겠다. 무슨 수를 써서라도 나는 서울에서 애들 키우면서 돈을 벌겠다고 큰소리를 쳤다.

나는 둘째를 낳고 나서 더 이상 애를 낳지 않으려고 복강경 수술을 했다. 시누이는 자기와 상의도 안 하고 수술을 했다고 야단이다. 그걸 왜 남편도 아니고 시누이와 상의를 해야 한다는 것인지…. 이 소식을 들으신 시어머님은 장손 집안 대가 끊기게 생겼다며 애 아버지한테 어디 가서 아들 하나 낳아 오라고 하셨다.

그 말씀이 섭섭하기는 해도 시어머님 마음이 영 이해되지 않는 것은 아니었다. 옛날 어른이시니까. 시아버님은 다른 의미에서 내가 아들을 낳길 바라셨다. 아들이 있어야 심적으로 든든하다는 거였다. 딸 낳은 것이 내 책임인 양 하시는 시어머님께 "어머니 아들이 아들을 못 만드는 거지 내 탓이 아니에요." 했더니 원래 밭이 세면 딸을 낳는다고 하더라 하신다. 내가 웃으면서 "그럼 아범한테 밖에서 아들 낳으라 하시고 어머님도 따라 나가세요." 했더니 당신은 절대로 나갈 수 없다 하신다.

손자 생각이 얼마나 절실하셨으면 시아버님은 입원해 계실 때조차 아들 있는 젊은 사람들을 부러워하시며 그 서운함을 드러내셨다. 시아버님은 아끼고 좋아하는 며느리한테서 손자를 보길 원하셨던 것 같다. 시아버님의 며느리 사랑은 특별했다. 물론, 처음부터 그랬던 것은 아니다. 살아가면서 서서히 귀하게 여기는 마음이 생기신 것 같다. 자기 앞가림도 못하는 괴팍한 아들을 대신해서 집안 대소사를 책임졌고, 낮에 손님들에게 시달리다 들어와서도 늙은 시부모 챙기랴, 애들 챙기랴 자기 몸을 돌볼 겨를이 없는 며느리가 딱하셨던 것이다. 당신 아들보다 더 믿고 의지하며 살다 가셨다.

시부모님의 서울 상경기

연로하신 시어른들이 시골에 계시다보니 편찮으셔도 당장 내려가 볼 수도 없고 해서 서울로 모셔오기로 했다.
부모님이 이사하실 집은 시동생이 전세로 마련하고, 장롱부터 온갖 세간을 모두 새로 구입해서 들여놓았다. 시골에서 쓰시던 것은 다 버리고 몸만 오시게 했다. 모시고 오니 시어머님이 엄청 좋아하셨다. 따뜻한 부엌에서 맨발로 돌아다니며 밥하고 끼니마다 꾀죄죄한 상 대신 폼 나게 식탁에 앉아서 밥을 먹으니 다른 세상에 살고 있는 것 같다고 하셨다. 빨래도 세탁기에 넣고 버튼만 누르면 세탁기 혼자 둘레둘레하면서 다 빨아주니 좋고, 코앞에 장이 있으니 찬거리 사러 가기도 좋다고 하셨다. 하지만 내 생활은 더 힘들어졌다. 반찬도 해다 드리고 일요일마다 가서 들여다보고 챙겨드렸다. 시누이가 오든 손님이 오든 시어머님은 무조건 나를 불러서 식사 준비를 하게 하셨다. 나는 너무 부담되었다. 솔직히 좋을 수가 없다. 남편이 나를 박대하는 마당에 시댁 식구들에게 잘하고 싶겠는가.
남편은 끊임없이 밖에다 여자들을 두고 살면서 나를 종처럼 생각했다. 시누이는 오빠에게 여자가 생겼다고 하면 내가 잘못해서 그런 거라는 둥, 원래부터 나를 사랑하지 않아서 그런 거라는 둥 자기 오빠를 뜯어말릴 생각은 하지 않고 밉상 소리만 읊어대서 어지간히 내 마음을 상하게 했다. 차라리 남이면 안 보면 되는데….

하루는 용기를 내서 남편한테 어머님께 시누이네 오면 제발 나 좀 부르지 마시고 시누이에게 밥해 먹고 가게 말씀드리라고 했다. 더 이상 그런 뒤치다꺼리하고 싶지 않다며 마음도 몸도 너무 힘들다고. 누구에게 그 말을 전했는지 몰라도 그 후에는 그런 일로 부르시지 않아 다행이었다.

시어머님은 병원엘 자주 모시고 다녀야 했다. 그때마다 한꺼번에 음식을 많이 안 드시니 물과 간식을 따로 챙겨 가야 했다. 애기랑 똑같았다. 그때만 해도 시부모님을 진심으로 대하지 않고 있었다. 순전히 의무 방어였다. 큰애 갖고 애 아버지 바람났을 때 다들 등을 돌리고 나를 외면했었다. 따뜻한 말 한마디 건네는 사람이 없었다.

'너는 남이고 아들은 내 자식이니까 내 자식이 좋다는데 우리가 어쩌겠어.'라고 방관하는 태도에 많이 서러웠다. 그 서러운 기억이 여전히 앙금으로 남아 있었다.

옛말에 자식이 애를 낳아 오면 부모는 내 자식 애니까 어디서 낳아 오든 상관없다고들 한다더니 그 말이 맞는 것 같다. 다들 나만 못된 사람으로 몰았으니까. 사실 속으로는 싫을 때도 많았다. 시어머님 모시고 병원에 가고 목욕탕 다니고 하다 보니 어느 순간 사람들이 딸이냐고들 많이 물었다. 나 또한 거의 매일 부딪히며 살다보니 어느새 미운 마음은 사라지고 그 자리에 측은함이 비집고 들었다. 늙고 병들어서 자식들 신세 지는 당신들 처지를 속상해하시는 모습을 보니 마음이 열리기 시작했던 것이다. 시부모님은 자식이라고 해준 것도 없이 고생만 시키고 늘그막엔 병수발까지 들게 한다고 미안해하셨다.

특히 시아버님은 허리가 많이 굽으셔서 지팡이를 짚고 걸으셨다. 젊어서 지게를 하도 많이 져서 그러신 것 같다. 시어머님은 무릎이 많이 아프셨는데 가마니를 무릎 꿇고 많이 쳐서 그러신 것 같다. 시아버님은 밥을 끼니에 반 공기 정도밖에 못 드신다. 그래서 항상 간식을 챙겨드려야 했다. 시어머님 말씀으로는 소싯적에 너무 곯아서 뱃구레가 작아진 것 같다고 하신다. 시어머님이 시집을 오셨는데 가난하다 보니 층층시하에 어른들 밥을 푸고 나면 밥이 조금밖에 남지 않아서 늘 배가 고팠다고 한다. 시아버님 어릴 때는 그나마 시할머님이 주막을 해서 술 찌꺼기라도 먹을 수 있었는데 시아버님이 크면서 자기 엄마가 주막 하는 것을 싫어해서 그만두고 산지기 집으로 이사를 갔단다. 그래서 술 찌꺼기조차 먹을 수 없는 상황이 되었다고 한다. 잘 먹지 못하니 모 심으러 논에 가면 논바닥이 노랗게 보였다고 하신다. 참 불쌍하게 사셨구나. 잘해드려야지 하는 마음이 들었다.

시어머님의 모진 세월

시어머님은 8살 무렵에 작은아버지인지 누군지의 손에 이끌려 걷다 업히다 해가면서 시할머님댁으로 오셨다고 한다.

너무 어릴 때라서 어디서 왔는지 모르신단다.

그날 이후 그 집에서 사셨는데 부모님이 밥이라도 굶지 말라고 데려다주신 게 아닐까 생각했다는 것이다. 그런데 시할머님 성정이 워낙 사나우셔서 매일 맞고 사셨다고 한다. 동네 바느질거리를 다 가져다주면서 하라는데 어린 것이 한두 번 가르쳐준다고 잘할 리가 없으니 매 맞지 않으려고 종이를 오려서 열심히 연습을 했단다. 엄청 머리가 좋으셨던 것 같다. 지금 시절에도 패턴을 만든 다음 옷감에다 대고 오려서 옷을 만드는데 시어머님은 그때부터 패턴을 만드신 거였다. "어머님, 정말 똑똑하셨네요." 하고 칭찬해 드리면 아주 좋아하셨다. 뒷집에 사는 이웃 아주머니가 시어머님이 못 얻어먹고 사는 것을 알아서 보리밥을 종이에 싸서 싸리 울타리에 놓아두면 변소(화장실)에 가서 몰래 드셨다고 한다. 먹다 들키면 사정없이 맞으니까. 예전에는 화장실이라고 해야 겨우 못 볼 것을 가려주는 역할만 할 뿐, 땅 파고 그 위 양쪽에 나무판자를 하나씩 올려놓고 판자 사이에다 대소변을 보는 형태라서 여름이 되면 파리와 구더기가 들끓었다. 배가 고프니 더러운 것도 모르고 그 환경에서도 보리밥이 꿀맛 같았다고 한다. 어떤 때는 술 찌꺼기를 먹고 술기운에 일하기도 하셨단다.

그래서 지금도 막걸리 한 그릇씩 마시셔야 기운이 난다고 하셨다. 그래서 막걸리를 안 떨어뜨리고 사다드렸다. 시할머님은 식성이 까다로우셔서 아무거나 잡수시지 않았고, 성질도 고약하셔서 한번은 국을 아홉 번이나 다시 끓인 적도 있었다고 하시기에 "그럼 굶으세요." 히시지 그랬냐니까 웃으시면서 "그러다 맞아 죽게!" 하셨다. 시아버님이 얼마나 못되셨는지 시할머니가 "저년 좀 때려라!" 하면 시어머님을 막 때리셨다고 한다. 시아버님은 도대체 어떤 마음으로 그러셨을까 궁금했다. 도망가고 싶어도 갈 데가 없어서 장독 뒤에 숨어서 졸다 깨다 하면서 밤을 보내신 적도 있고, 아궁이 앞에서 졸다 깨다 하면서 밤을 새우신 적도 있다고 하셨다. 시집살이 한 것을 글로 엮으면 책 몇 권은 될 거라고 하신다.

하루는 먼 동네로 일을 하러 가셨단다. 동네 땅을 몇 마지기 부치고 살던 시절이었지만 부지런히 남의 일을 하러 다니셨다고 한다. 동네에서 상을 당하거나 시집, 장가가는 집이 있으면 애를 업고 가서 음식을 만들어 주셨단다. 시어머님은 남에게 손가락질당하지 않도록 일하러 가기 전에 애를 뭐라도 배불리 먹여서 거기 가서는 절대로 먹을 것을 달라고 떼쓰면 안 된다고 가르치셨다고 한다. 어릴 적부터 굶어 죽게 생겨도 자존심을 세우도록 가르치시며 자식들을 부잣집 자식들 부럽지 않게 키우셨던 것 같다.

시어머님은 오서방네 흉을 엄청 보셨다. 오서방네 자식들이 인사도 제대로 안 하고 어른도 몰라보고 싸가지 없이 구는 걸 보고 자기 자식들은 그렇게 키우지 않으려고 어떻게든 공부를 가르치려고 하셨단다.

작은시누이는 선생님네 집에서 숙제를 했다고 한다. 그 시절에 시어머님은 없는 살림에도 고추장 돼지불고기를 해서 작은시누이를 시켜 담임선생님댁에 갔다 드리곤 했는데 선생님이 숙제 할 것 갖고 와서 하라고 해서 숙제를 하다가 모르는 것은 물으며 과외 공부를 한 셈이었다. 그래서인지 공부를 잘해서 초등학교 졸업 때 도지사 상을 탔다. 중학교는 대전으로 보냈는데 큰시누이가 시집가서 대전에서 살고 있어서 큰시누이네 집에서 학교를 다녔다고 한다. 그리고 2년 터울인 시동생도 대전으로 보냈다는 것이다. 애들이 집에 오면 반갑기도 하지만 돈 때문에 걱정이 많았다고 하시며 모아놓은 것은 없어도 애 둘은 가르쳤으니 후회는 없다고 하셨다.

속으로 '대신 큰아들이 동생 둘 가르친다고 세경도 못 받는 머슴 노릇 했잖아요.' 했다. 시어머님이 그 고생해서 가르치신

것만큼 자식들은 잘 큰 것 같지 않다. '빛 좋은 개살구'다. 한편
으론 시누이도 척하고 사느라 얼마나 힘들까 연민도 생긴다. 남
한테 무시당할까 봐 늘 남을 너무 의식하고 산다. 어릴 때 시누
이는 그 동네에서는 공부도 잘하고 최고로 옷 잘 입는 멋쟁이였
다. 대전에서 고등학교까지 다니고 했으니 선망의 대상이었다.
하지만 넓은 세상에서는 제일이 되기가 쉽지 않다. 그런데도 항
상 그 마음으로 포장만 근사하게 하고 사니 자신도 무척 고달플
것이다.

빈 수레가 소리가 요란하다

　　정말 가진 것이 많고 많이 배운 사람은 허세를 부리지 않는다. 빈 수레가 소리가 요란하다고 했던가.

　시누이 아들하고 우리 큰딸하고 1살 차이라서 유치원을 같이 다니게 되었다. 내가 화장품 장사를 할 때라서 개인적으로 유치원 애들 엄마를 만나서 화장품을 팔았다.

　하루는 시누이가 건이 엄마를 만나게 되면 자기네가 시골에 땅이 많다고 말하란다. 사정은 모르겠지만 어쩌다 그런 허풍을 떨어서 마음을 졸이는 것인지. 일단 속마음은 접어두고 시누이의 거짓말이 들통 나지 않도록 그러마고 약속했다. 생각보다 사람들은 남에게 관심이 없다. 사람들에게 무시당하지 않으려고 지레 부풀려서 자랑질을 해서 불안해할 필요가 없는 것이다.

　시누이, 시동생, 애 아버지 셋이서 자취를 할 때였다.
　그 집에 자주 놀러갔는데 처음에는 시누이가 착하고 부지런하고 예쁘다는 느낌을 받았다. 하루는 시누이가 연락도 없이 집에 안 들어갔으니 자기 오빠한테 말 좀 잘해 달라는 것이다. 친구네 집에서 잤단다. 그런가 보다 했는데 그 후 친구와 같이 살겠다며 짐을 싸서 나갔다.

시누이는 친구네로 가고 시동생은 군대 가고 자취방에는 애들 아버지 혼자 남게 되었다. 그래서 내가 들어가 살았다. 그러다 마루가 있고 방 두 개에 다락까지 있는 옆방에 살던 사람들이 이사를 간다고 하기에 시누이와 함께 살면 좋을 것 같아서 계약을 했다. 애 아버지가 시누이를 불러서 같이 살자고 했더니 웬 남자를 데리고 왔다. 그동안 여자 친구랑 산 게 아니고 그 남자랑 같이 산 거였다. 고졸에 대기업 중역의 운전기사였다. 어쨌든 같이 사는 데야 할 말이 없었다. 그때부터 휴일에 회사 중역의 고급 승용차인 그랜저를 타고 같이 놀러 다녔다. 1975년 무렵이니 당시 그랜저는 정말 부자만 탈 수 있는 고급 차였다. 군대에서 모시고 있던 장군님이 퇴역하신 후 대기업에 입사하시면서 데리고 가셨단다. 그래서 회사생활도 엄청 편하게 했다고 한다. 마침 시누이 남자 친구와 고향이 같아서 우리는 고향 갈 때 좋은 차를 같이 타고 갈 수 있어서 좋았다. 시누이는 나도 방 한 칸에 살고, 자기도 방 한 칸에 살면서 자기 남편이 돈을 잘 벌어다주니까 나를 무시할 때가 많았다.

하루는 유치원 학부모 회장이 할 일은 잘 못하면서 의사 마누라라고 잘난 척해서 싫다고 한다. 괜히 남편이 의사인 것이 샘이 나서 그런가 보다 이해했다.

그때는 비키니 옷장과 스펀지 요가 유행하던 시절이었다. 결혼식을 올리기 전에 동거부터 하는 경우엔 흔히들 장롱 대신 비키니 옷장, 비단 이부자리 대신 스펀지 요를 장만해 사용했다. 시누이도 같은 처지이면서 남들에게는 아닌 척하며 동거하는 것을 은근히 흉봤다. 자기네 세간은 집이 좁아서 오빠네 넓은 집에다 두고 왔다나 뭐라나. 심지어 내게 눈짓을 보내며 지원 사격까지 해달란다.

시누이는 애가 6살쯤 되었을 때 결혼식을 올렸다. 한집에 사는 사람에게조차 결혼식을 올렸다고 거짓말을 하고 살아서 결혼식을 알리지 않았는데 한집에 사는 사람이 결혼식장엘 왔다. 알고 보니 집주인아주머니가 알려준 거였다. 거짓말한 것이 탄로 나니까 자존심이 상했는지 왜 초대도 안 했는데 결혼식장에 왔냐며 욕을 바가지로 한다. 아무튼 성격도 참 이상하다.

시누이가 결혼하고 2년 후쯤에 부모님들 성화에 못 이겨 우리도 결혼식을 올렸다. 드레스를 입고 식장에서 하지 않고 전통 혼례로 했다. 없는 살림이지만 혼례 장면을 비디오로 찍었다.

시누이가 양가 축의금을 시동생 친구들한테 받으라고 맡기고 어찌어찌 하는 바람에 우리 친정 식구들은 축의금을 구경도 못했다.

결혼식 사진도 여러 장 찍었다 뭐라 하고, 비디오에다 폐백 드리는 사진까지 찍었다고 엄청 나를 나무랐다. 그것도 손아래 시누이가….

약자끼리 의리로 똘똘 뭉쳐서

이 집 아들들은 별 것도 아닌 일에 소리를 잘 지른다. 먼지 들어오게 문 열어 놓는다고 소리 지르고, 먹다가 옷에 흘린다고 버럭버럭 소리를 지른다. 참다못해 시동생과 애들 아버지한테 자기 부모한테 소리 지르는 사람은 세상 천지에 두 사람밖에 없을 거라며 말로 하지 왜 그렇게 소리를 지르느냐고 했다. 그래도 소용없다. 마음에 안 드는 것이 있으면 소리부터 지르고 본다. 그러니 옆에 있는 사람들은 항상 불안하다. 어쩌다 노는 날, 식구들이 모여 밥을 먹으면서도 불안해했다. 화낼 것을 찾는 사람 같이 뭐라도 찾아서 화를 내야 직성이 풀리나 보다.

우리 식구들(시아버님, 시어머님, 친정엄마, 나, 큰딸, 작은딸)은 불안과 초조 속에서 트집 잡히지 않기 위해 서로 감싸주고 똘똘 뭉쳐서 위하며 살았다. 시부모님은 나를 항상 불쌍해하시며 싹싹하고 착하고 대한민국에서 가장 예쁘다고 하셨다. 당신 며느리 같은 사람은 세상에 또 없을 거라고. 서로 믿고 의지하고 서로의 편이 되어 주었다. 한 사람이 폭군처럼 구니까 약자끼리 의리로 똘똘 뭉쳐서 사는 수밖에 도리가 없었다.

친정엄마는 나 때문에 평생 마음 졸이며 사셨다. 그 잘난 사위가 밖으로 나돌며 내 딸을 홀대하고 종 부리듯 해도 큰소리 한 번 못 치시고 눈치를 보느라 전전긍긍하셨다. 식구들이 혹여 감기라도 걸리면 내 탓을 하는 통에 우리 식구들은 아파도 말을 못 했다. 게다가 내가 조금만 아파도 친정엄마가 걱정을 많이 하시니까 나는 아파도 꾹 참았다.

시아버님은 노래를 잘 하시고 장구도 잘 치셨다. 그래서 시골에서 모내기 할 때나 밭 맬 때 시아버님은 노래하고 장구 치시는 걸로 품앗이를 하셨다고 한다.

동네 ○○은행 앞이 어르신들 놀이터인데 시아버님은 매일 거기에 가서 노셨다. 그 앞에서 아주머니 몇 분이 좌판을 펴고 야채, 생선 등을 팔았다. 시아버님은 종종 은행 자판기에서 커피를 빼다가 아주머니들한테 주셨다. 멋쟁이 시아버님은 항상 한복을 입으셨다. 특히 여름에는 모시 한복을 곱게 입으셨다. 손이 많이 가지만 친정엄마한테 부탁해서 풀 먹이고 다림질을 해서 챙겨드렸다. 나는 가끔 동정만 달아드렸다.

언제부턴가 시아버님은 음식도 한 가지씩 해놓고 자랑을 하셨다. 드시고 싶은 게 있으면 말씀을 하시라고 했더니 재미로 하신단다. 은행 앞에서 장사하는 아주머니들한테 만드는 방법을 배웠다고 하신다. 그리고 어느 날부턴 빨랫감을 안 내놓으셨다. 세탁소에 맡겼다고 신경 쓰지 말라고 하셨다. 온 동네 정보마당인 어르신들 놀이터에서 이런저런 얘기를 듣고 고생하는 며느리 생각해서 몸소 실천하시는 것 같았다. 옷을 샀다고 자랑도 하셨다. 용돈을 드리면서 사고 싶은 것 있으실 때 또 사시라고 말씀드렸더니 엄청 좋아하셨다. 시아버님 말씀이 경로당에서든 어디서든 당신이 대장이라신다. 어르신들 사이에서도 돈 못 쓰는 사람은 무시당하고 심부름만 해야 한다고 하시면서 돈이 있어야 어깨 펴고 산다고 하셨다. '주머니 속의 돈은 남자의 자존심이다.'라는 말이 맞는 것 같다.

알다가도 모를 일

시부모님은 자주 싸우셨다. 그럴 때마다 애들 아버지는 나한테 성질을 부리면서 가보라고 했다. 자기 부모가 싸우시니 속상해서 소리를 지르는 것은 이해하지만 그 화풀이를 나한테 한다. 만만한 게 나다. 마지못해 시댁으로 가면서도 나는 속으로 신세 한탄을 했다. 싸움 끝에 시어머님이 늘 하시는 말씀이 있다.

"내가 뭘 잘못했어. 아들을 못 낳았어? 딸을 못 낳았어? 밥해 주고 빨래해 주고 해달라는 거 다 해주며 살았는데 옛날이나 지금이나 무슨 말만하면 왜 소리부터 지르는지 몰라. 난 저 눈빛만 보면 이젠 소름이 끼쳐. 지긋지긋하던 시절이 떠올라서 참을 수가 없어."

잊고 사시지 뭐 하러 지난 시절을 곱씹으시며 시비를 거시냐고 여쭈어 보면 너무 한이 맺혀 말로라도 그 한을 풀고 죽으려고 그러신단다.

시아버님이 소싯적에 시어머님을 어지간히도 괴롭히신 모양이었다. 온갖 치다꺼리를 다하신 것 같다. 밖에서 안 좋은 일을 당해도 남들한테는 아무 소리 못하고 집에 와서 시어머님한테 그 화풀이를 하셨다고 한다. 이유도 모른 채 그 어린 나이에 낯선 집에 와 살면서 집안에서 구박받으며 사신 한이 골수에 맺히신 듯 나이가 드시니 과거에 설움당한 얘기를 들먹이시며 자주 시아버님을 자극하셨다.

그런 시어머님이 불쌍하기도 하고 한편으론 집안에 분란을 일으켜 나를 힘들게 만드시니 밉기도 했다. 어쨌든 두 분을 화해시키고 온다.

그런데 알다가도 모를 일이다. 싸울 때는 서로 악다구니를 치며 죽일 듯이 싸우시다가도 언제 그랬냐는 듯이 사이좋게 지내신다. 어떨 땐 세상에 그런 잉꼬부부가 없다. 시어머님이 편찮으셔서 입맛을 잃으시면 시아버님도 덩달아 굶으셨다.

"네 어멈, 배도 많이 곯고 매도 많이 맞고 고생 엄청 했다. 없는 살림에 애들 기죽지 않게 키우겠다고 허리 펼 날 없이 살았지. 그러니 잘 해라. 불쌍한 사람이다."

그러다가도 서로 못 잡아먹어서 안달이 난 듯 싸우신다.

시골에 사실 때도 금실 좋기로 소문이 자자했다.

겨울에는 새벽에 시아버님이 동네 우물에서 물을 길어다 솥에 붓고 군불을 때서 시어머님이 몸을 녹이도록 방을 따뜻하게 해주셨단다. 그래서 한겨울에도 따뜻한 물로 세수와 설거지를 할 수 있었다고 한다. 예전에 시골에서는 겨울에 잠잘 때 요강을 방 윗목에 놓고 사용했다. 시아버님은 아침에 요강도 비워서 닦아주시고, 비린내 난다고 생선도 손질해 주시고, 장날에는 시어머님 간식도 사다주곤 하셨단다. 온 동네에 자상한 분으로 소문이 나 있었다.

그래서 엄청 잘하시는 줄 알았는데 정작 인격적인 대접은 안 해주셨다. 시누이가 매점을 하고 있어서 과자를 많이 가져왔다. 내가 시댁엘 가면 시아버님은 봉투에 과자를 담아 주시며 남은 것은 시동생한테 주신다면서 다른 봉투에 꽁꽁 싸두셨다. 시어머님이 당신도 좀 먹어보게 남겨달라고 하면 막 소리를 지르셨다. 보다 못해 그냥 좀 남겨두시지, 과자 좀 잡수시겠다는 게 뭐 그리 큰일이라고 소리까지 지르시냐고 말씀드리면 가만히 계셨다. 나한테 시아버님은 세상에서 제일 좋은 분이신데, 시어머님한테는 세상에서 제일 못된 분이셨다. 그런 시아버님 성품을 그대로 닮아서인지 애들 아버지는 남편 노릇을 그렇게 하는 것인 줄 아는 것 같다. 외박을 하고도 속상한 일이 있어서 술을 먹다 보니 너무 취해서 집에 못 들어왔다고 설레발을 친다. 애들 아버지는 잘못을 하거나 미안한 일을 하면 솔직하게 말하지 않고 오히려 화를 내서 덮으려고 한다. 얼렁뚱땅 넘어가려 별의별 핑계를 다 댄다. 그 속을 뻔히 알면서도 나는 내 삶에서 애들 아버지를 떼어내지 못했다.

효행상 수상

구민에게 주는 '효행상'을 탔다. 친정엄마와 시아버님이 얼마나 좋아하시던지…. 친정엄마는 경로당 회장을 거의 30년 하셨으니 동네에 모르는 어르신들이 거의 없다. 온 동네를 다니면서 딸 자랑을 엄청 하셨다. 동네에서 나는 심청이다. 나 힘들까 봐 집에서는 아무 일도 못하게 하셨다. 우리 엄마는 나를 위해 사시는 분 같다. 친정엄마와 시아버님은 아프시면 나 고생시킨다고 건강관리에 엄청 신경을 쓰셨다. 시아버님은 시어머님 치매가 심해지자 못살겠다고 하시며 집을 나가서 여기저기 돌아다니다 죽어버리겠다고 하셨다.

내가 시어머님을 모시고 있을 테니 기분전환을 하실 겸 며칠 여행을 다녀오시라고 말씀드렸다.

"아버지 안 계시면 어머니 때문에 난 꼼짝 못해요. 그럼 식당 문도 닫아야 하는데 우리 뭐 먹고살아요. 아버지 도망가시기 전에 내가 먼저 도망갈래요. 아버지는 저 없어도 사실 수 있으세요?"

"나는 너 없으면 못살지."

"저도 아버지 없으면 못살아요."

그렇게 시아버님의 가출을 막을 수 있었다.

하루는 정말로 가출을 감행하셨다. 할 수 없이 밤에 시댁에 가서 시어머님과 같이 잤다. 새벽에 시어머님 말씀이 시아버지가 저쪽 방에 와 있을 거라고 하신다. 무슨 소리시냐고? 어머니가 들들 볶아서 아버지가 진짜 도망가셨다고 했더니 가서 확인해 보라고 하셨다. 속는 셈 치고 방문을 열어보니 정말 계셨다. 며느리가 딱해서 도로 오셨단다. 당신이 없으면 며느리가 더 고생할 걸 생각하니 도저히 발걸음이 떨어지지 않더라고 하셨다. 그날 둘이 붙들고 펑펑 울었다. 가장이 되어서 가족들이 이렇게 힘들게 지내고 있는데 아랑곳하지 않고 딴 살림 차려 들로 산으로 놀러 다니는 애들 아버지가 원망스러웠다.

시아버님이 많이 편찮으셔서 시댁에 가서 잔 적이 있었다. 그때 애들 아버지가 하는 말이 당신이 집에 없는데 집에 가면 뭐하느냐고 밖에서 자고 들어오겠다고 했다. 참 기가 막혀서. 남도 아니고 자기 아버지가 아프셔서 와 있는 아내한테 할 소리는 아니지 않나!

그래도 퇴근해서 시댁으로 왔다. 마음이 두 가지인 것 같다. 안쓰러운 마음 하나, 짜증나는 마음 하나. 아마 남편은 병든 엄마, 아버지 보는 것이 안쓰러워서 더 짜증을 내는 것 같다.

시어머님은 시아버님께 제대로 복수를 하고 사셨다. 젊어서 시아버님이 시어머님께 못되게 하신 것을 그대로 돌려드리는 것처럼 일부러 더 그러시는 것 아닌가 싶은 생각이 들 정도였다. 시아버님이 반찬을 해서 상을 차려드리면 반찬 투정까지 하셨다. 어떨 땐 보란 듯이 밥을 물에 말아서 드셨다. 시아버님은 화가 나서 죽겠다고 하소연하셨다. 그리고 가끔 시어머님이 시아버님을 꼬집고 때려서 팔과 다리에 시퍼렇게 멍이 들어 계셨다. 연세가 드시면 멍 자국이 엄청 오래간다.

어느 날에는 나보고 또 돈을 가져갔다고 화를 내셨다. 그러려니 하고 집에 와서 자고 아침에 갔더니 시어머님이 탈진 상태였다. 밤새 분하고 속상해서 한숨도 못 주무셨단다. 그래서 영양제 주사를 맞혀드리면서 주사 바늘을 뺄 때까지 옆에 있으면서 시어머님을 보자니 불쌍한 생각이 들었다. 세상에서 가장 예뻐하는 며느리가 돈을 훔쳐 갔으니 얼마나 배신감이 드셨을까.

자기 암시를 걸었다.

'어머님은 아프시다. 아파서 그러신 거다. 그러니 서운해하지 말자. 하나님, 제게 긍휼의 마음을 갖게 하소서!'

내 탓이오!

1998년도에 30만 원은 큰돈이다. 한번은 남편이 월급 봉투를 내밀며 30만 원을 가불했다고 한다. 사용처를 물어보니까 누굴 빌려주었다는 것이다. 그런 줄만 알고 있었는데 다음 달에도 30만 원을 빼고 가져 왔다. 물어보니까 자기가 번 돈인데 일일이 보고를 해야 하냐며 화를 냈다. 서슬에 눌려 찍소리 못하고 말았다.

며칠 뒤부턴 늙어서 청소부라도 하러 다니려면 사람들을 사귀어야 한다면서 늦게 들어오기 시작했다. 하필이면 왜 늘그막에 청소부를 하겠다고 하는 것인지. 그건 핑계고 여자를 사귀느라 그런 것이었다. 가불해서 그 여자와 쓰고 다녔다. 맨몸으로 집에서 도망쳐 나왔으니 가진 게 있을 리 없으니 애들 아버지가 돈을 쓰고 다녔던 것이다. 아마 내가 빈 말이라도 어디 가서 돈 벌어오라고 했으면 죽을 정도로 나를 때렸을 거다. 시누이와 다른 사람한테 돈을 빌려서 그 여자와 방을 얻어 살림을 차려놓고 거의 같이 살다시피 했다.

그때 내가 종업원으로 다니던 식당이 망해 폐업 위기에 있었다. 아무리 생각해도 망할 이유가 없었다. 잘만 하면 될 것 같은 생각이 들어 무작정 식당 사장님을 찾아가서 월세를 내고 식당을 하게 해달라고 했다. 그랬더니 인수를 하라는 것이었다. 우선 권리금만 내고, 가게 보증금은 이자를 내다가 원금은 1년 후에 벌어서 갚으라고 하셨다.

애들 아버지한테 용기를 내서 그 사실을 말했다. 다행히 반대하지 않았다. 얼마나 좋던지. 아마 내가 바람피우는 걸 눈감아주고 있어서 반대하지 않은 것 같다.

그 무렵, 시부모님이 매일 싸우시고 화난다고 식사도 안 하시고 해서 거의 매일 들여다보다시피 했다. 음식을 많이 못 드시니 영양제 주사를 수시로 맞혀드렸다. 그러면 금방 컨디션이 좋아지셨다.

시어머님은 시골에서 하인 노릇하면서 당했던 기억 때문인지 사람들과 잘 어울리지 않으셨고, 경로당에 가는 것도 거부하시며 하루 종일 집에 혼자 계셨다. 경로당에 나오시는 분들이 시어머님이 시골에서 어떤 삶을 사셨는지 아무도 모르는데도 사람 모이는 곳에 가시는 걸 극도로 싫어하셨다.

시아버님은 아침에 경로당에 가셨다가 저녁에나 오시니 시어머님 혼자 말동무 하나 없이 갇혀 사셨다.

처음에는 느끼지 못했지만 점점 시어머님의 행동이 이상해지기 시작하셨다. 수돗물을 틀어놓고 잠그는 걸 잊어버리시거나 가스불을 켜놓고 끄는 걸 잊어버리시곤 했다. 장롱에 있는 옷을 꺼내 보자기에 싸서 여기저기 두셨고 못 찾으시면 친정엄마가 훔쳐갔다고 난리를 치셨다. 어느 날은 시어머니이 친정엄마 바지를 가져다 입으시고는 우리 집 현관문을 열고 바지를 벗어서 휙 던지고 가셨다. 고추장을 퍼갔다고 억지를 부리기도 하셨다.

시어머님을 병원에 모시고 가서 치매 검사를 했다. 검사 결과, '우울성 치매'였다.

나는 시부모님을 서울로 모셔왔을 때부터 줄곧 반찬을 해드렸다. 친정엄마가 경로당 가시는 길에 들러서 드리고 갔다. 시어머님과 친정엄마는 한 동네에서 친구같이 잘 지내셨다. 친정엄마한테는 친아들이 하나 있었는데 월남전에서 돌아와 고엽제 후유증으로 40살에 죽었다. 시어머님은 그런 우리 엄마가 불쌍하다며 작은아들한테 용돈을 받으시면 우리 엄마한테 막걸리 사드시라고 만 원씩 주셨다. 그렇게 잘 지내시다가도 불같이 화를 내기도 하셨다. 애들 아버지가 장모한테만 잘한다고.

당시는 3중 바닥 스테인리스 냄비가 엄청 비쌌다. 친정엄마가 한 냄비 공장에 견학을 가셨다가 그 냄비를 사오셨다. 내게 혼날 일 했다면서 쭈뼛거리며 꺼내 놓으신 냄비를 속없이 시어머님께 드렸다. 시어머님은 양은냄비를 쓰고 계실 때였는데 가벼운 양은냄비는 가져가고 무거운 것을 갖다 놓았다고 화를 내셨다. 포크니 차 스푼도 다 훔쳐갔다고 야단하셨다. 한번은 친정엄마가 반찬을 갖고 가셨더니 냄비를 뚜껑만 남겨놓고 가져갔다면서 뚜껑도 가져가라고 던지시더란다.

하루는 아침 일찍 시어머님이 오셨다. 다짜고짜 친정엄마 멱살을 잡고 블라우스를 훔쳐간 도둑이라고 소리치셨다. 친정엄마가 경로당 가시기 전에 오시느라 일찍 오셨던 것이다. 그 블라우스는 오래전에 애들 아버지와 새벽시장에 가서 똑같은 것을 두 개 사서 시어머님하고 친정엄마한테 각기 하나씩 드렸던 거다.

그날 친정엄마는 "당신 아들네 잘 살라고 밥해주고 빨래해주고 애들 길러주고 있는 내가 뭔 죄가 있다고 그러냐?"고 한탄을 하셨다. 멱살 잡은 손을 떼어 내며 "내가 도망을 가든지 해야지. 어머니까지 이러시니 어떻게 사느냐?"고 하니까 "새끼 두고 도망가는 년이 제일 나빠." 하시고는 얼른 집으로 가셨다. 나는 친정엄마가 너무 불쌍해서 눈물이 났다. 아버지 만나서 고생도 많이 하고 아들이라고 하나 있었는데 일찍 죽었으니 그 심정이 오죽하랴.

'자식이 죽으면 가슴에 묻는다.'고 했던가. 친정엄마는 시골에 잘 안 가신다. 아들은 죽고 없는데 뭐가 좋아서 저렇게 씩씩하게 사느냐고 사람들이 쑤군댄다고.

그런 친정엄마가 시어머님한테 도둑년 소리까지 듣고 사셨다. 나 때문에 고생만 하시는데. 우리 엄마 은혜를 어떻게 다 갚나. 표현은 안 했지만 뭐니 뭐니 해도 가장 고마운 것은 입맛 까다로운 애들 아버지한테 끼니마다 밥을 챙겨주시는 거였다. 고맙다는 말은커녕 타박만 들으시면서도. 나는 친정엄마 덕분에 돈도 벌고 세상 구경도 하고 살았다.

아무 때나 눈물이 났다

시어머님이 치매에 걸리시고 나서는 매일 울고 살았다. 길을 가면서도 울고 밥을 먹으면서도 울고 사춘기 소녀처럼 아무 때나 눈물이 났다. 앞으로 얼마나 더 고생을 해야 될까. 어쩌다 남편한테 시부모님댁 청소 좀 해달라고 부탁하면 내가 할 일을 해주는 것처럼 생색을 내며 남자 새끼가 무릎 꿇고 청소한다고, 자기 무릎이 까매졌다고 투덜댔다.

남편이 놀러 나간 어느 일요일에 시동생이 시댁에 왔다. 마침 나도 거기 있었다. 형이 어디 갔냐고 묻기에 여자가 생겨서 놀러 갔다고 했더니 고생고생하다 조금 살만해지니까 딴 짓을 한다고 혀를 끌끌 찼다. 방 한 칸에 살다가 대출받아서 겨우 빌라 하나 장만했을 뿐인데 살만하다는 말을 한다. 남편한테 '거지'라는 말을 들을 정도로 정말 아끼고 아껴서 산 집이다. 속사정을 하나도 모르니까 살만하니 바람을 피운다고 한다. 속으로 '이번이 처음이 아니네요. 그것도 내가 시아버님 병간호할 때 그랬네요.' 했다.

다음날 시동생이 나한테 전화를 걸어 "형이 어머니, 아버지가 매일 싸우시니까 속상해서 탈출구가 필요해 머리 식히러 산에 다니는 거래요." 한다. 그래도 동생한테 창피한 줄은 아는 모양이지.

처음에는 이제 정신 차리고 우리 함께 잘살아보자고 사정도 해보았다. 도대체 내가 뭐가 모자라서 그러느냐고 물었다. 자기도 모른단다. 팔자인 거 같다나 뭐라나. 나 혼자만 참으면 여러 사람이 편하다고 착각했다. 큰 오산이었다. 그럴수록 남편은 안하무인이 되어 갔고 내 삶은 삭막해졌다.

심지어 자기들 놀러 간 것까지 자랑했다. 생각이 있는 건지, 없는 건지, 아니면 나를 놀리는 건지. 장단콩 축제에 가서 구경하고 밥 먹고 두부를 한 모 사왔다면서 시댁에 가져다 드리란다. 다른 여자와 놀러간 것도 속상한데 자기가 집에 오기 전에 몰래 드리고나 오지. 그걸 왜 나한테 갖다 드리라고 하는지 몹시 빈정이 상했다.

한번은 바람피우는 상대 여자의 딸 등록금을 나한테 빌려달라고 했다. 아무리 속이 없는 여자라도 빌려줄 사람이 어디 있을까. 더구나 빚으로 살고 있는 마당에.

빌라 사느라 빚지고, 식당 하느라 빚지고, 시아버님 병원비 내느라 빚지고, 시어머님 재가복지센터비 내느라 잔뜩 빚지고 산다. 시누이, 시동생이 호위호식하며 살 동안 나는 허리띠를 졸라매고 살았다. 나도 힘들고 우리 큰딸도 힘들었다. 나는 3,000원짜리 면티에, 몇 천 원 하는 몸뻬 바지를 입고 일만하는데 시누이는 외제차에, 명품 백에, 백화점에서 산 명품 옷들만 입고 다녔다. 시동생은 골프에, 명품에 운전사 딸린 차를 타고 다녔다. 그러면서도 시부모님 병원비 한 번을 내지 않았다. 어쩌다 애들 결혼식 때 시골 동창들을 만나면 시누이나 시동생이 잘살아서 나를 많이 도와주는 것으로 생각하고 말을 했다. 하지만 사실대로 말할 용기가 없어 얼버무리고 슬쩍 넘어갔다.

사람만 없을 뿐인데…

재가복지센터에서도 시어머님은 특별히 신경 써야 되는 분이셨다. 재가복지센터가 당신 집인 줄 착각하시고 당신 집에 왜 왔냐고 사람들을 잘 때리시고, 여자 선생님들이 식탁에 앉아 식사하고 있으면 뒤에서 머리채를 확 잡아채시며 왜 당신 집에서 밥을 먹느냐고 화를 내신단다. 그 와중에 남자들은 이려워하서서 남자 선생님들 말씀은 그나마 잘 들으신다고 한다. 시어머님께 안 맞은 사람이 별로 없다. 그런 시어머님 때문에 돈도 30만 원씩 더 내고 고기, 생선, 햄 등 찬거리들을 사서 배달시키고 선생님들한테 간간이 작지만 선물도 하면서 거의 매일 한 번씩은 들렀다. 다행히 집에서 가까운 거리에 있고 원장님과 친분이 있었다. 원장님은 우리 식당에 자주 오시고 나도 재가복지센터에 매일 가다보니까 특별히 친하게 지내서 시어머님을 많이 배려해 주셨다. 시동생도 일과처럼 매일 들여다보았다.

얼마 후 시아버님이 병원에 입원하셨다. 마침 애들 아버지가 일을 안 하고 있을 때라서 시동생과 둘이 간병을 했다. 시아버님은 한 달 조금 넘게 병원에 계시다 돌아가셨다. 잠드신 것처럼 고운 모습이셨다.

시아버님 장례를 마치고 나서도 한동안은 돌아가셨다는 게 믿어지지 않았다. 시아버님이 병원에 계신 동안 시어머님은 재가복지센터에서 종일 계셨다. 내 사정을 고려해서 원장님이 편의를 봐 주신 것이다. 정 안 되면 원장님이 자기 집에라도 모시고 갈 테니 걱정 말라고 하셨다. 얼마나 고마운지…. 센터 선생님들도 항상 웃는 얼굴로 친절하게 대해주셨다. 자식들도 그렇게 살뜰하게 보살피지 못할 것이다. 천사님들이다.

장례 후 시댁에서 자식들이 모였다. 제일 먼저 도착해서 시아버님 옷을 보니 그제야 돌아가셨다는 게 실감나며 눈물이 났다. 몸이 차갑긴 해도 입관할 때만 해도 살아 계신 것 같아서 실감나지 않았는데 살아 계실 때 입으셨던 옷을 보니 돌아가신 것이 실감났다.

그 중 어떤 옷은 새 것이나 다름없는 것도 있었다. 그 옷을 입고 자랑하시던 모습이 떠올라 마음이 아팠다. 그 옷은 내가 효행상을 받고 나서 드린 돈으로 직접 사 입으신 것이다. 마음에 쏙 드는 옷을 사셨다고 입어 보시며 자랑을 하셨다. 그리고 얼마 후 병원에 입원하셨다. 심란한 마음으로 옷정리를 하고 있는데 시동생과 시누이가 박스를 들고 들어왔다. 부의금 상자였다. 서로 자기가 아는 사람들 봉투를 찾아서 챙기느라 바빴다. 시동생이 장례비가 얼마 들었냐고 묻기에 우리가 다 낸다고 말했더니 시누이는 100만 원을 내놓고 시동생은 그날 말없이 가더니 며칠 후 나한테 검정 코트 한 벌 해주겠다고 사람을 보냈다. 내가 장례식 때 옷차림이 초라해서 한 벌 해준 것 같다. 아주 좋은 옷감으로 해주었다.

시아버님이 갑자기 돌아가시고 나니까 습관적으로 매일 가서 커피 한 잔 마시면서 담소를 나누던 곳이 없어져서 그런지 마음이 공허했다. 모든 게 그대로이고 사람만 없을 뿐인데 그렇게 허전할 수가 없었다. 말동무가 없어지니 시어머님 계신 재가복지센터에 잠깐이나마 매일 갔다. 내가 가면 활짝 웃으셨고, 손을 꼭 잡고 이마를 맞대면 참 행복해하셨다. 간다고 하면 아쉬워하셨지만 식당에 와서 장사를 해야 하니 오래는 못 있었다.

점점 시어머님의 상태가 안 좋아지셔서 걱정이 쌓여 갔다. 그런 나한테 원장님이 상암동에 350명 정도 수용할 수 있는 요양 시설을 짓고 있으니 그때까지만 견뎌 보자고 말씀해 주셔서 안심이 되었다.

그렇게 시아버님의 빈자리를 일상으로 채워나가며 하나님의 은총으로 안정을 찾아가고 있었다.

시어머님 재가복지센터를 세 번 옮기다

어느 날 갑자기 복지관 원장님이 나한테 시어머님을 모셔가라고 한다. 시동생이 와서 자기 어머니 손목에 멍이 들었다고 손을 묶어 놓았던 것 아니냐며 센터를 발칵 뒤집어 놓으며 신고하겠다고 난리를 피웠단다. 그런 것이 아니라 할머니가 다른 사람들을 때리려고 하셔서 손목을 잡았는데 막무가내로 버티셔서 한참 승강이를 하다 보니 손목에 멍이 들었다고 해도 못 믿겠다고 하더란다. 그래서 찍은 영상도 보여주며 지금까지 시어머님이 얼마나 난폭하게 구셨는지 말해주어도 믿지를 않는다는 것이다. 심지어 얼마 전엔 다른 할머니를 밀어서 많이 다치게 하셨고, 최근엔 주무시다 깨면 2층 계단에서 소변을 보신다며 그러다 떨어지시기라도 하면 복지관 문 닫아야 되니 시설 좋은 곳을 소개해 줄 테니 그쪽으로 모시란다. 지금 계신 곳은 60만 원이면 되는데 추천해 주는 곳은 기본 경비가 120만 원이고 기저귀나 기타 소모품 비용을 따로 내야 된다.

그때는 식당이 자리 잡기 이전이라 비용이 너무 부담스러웠다. 할 수 없이 애들 아버지한테 동생들에게 둘이 30만 원씩 부담하라 말하라고 했다. 다른 집에서는 이런 경우 자식들이 형편껏 나눠서 부담한다고 하니 우리도 좀 나눠 냈으면 좋겠다 말하라고 애들 아버지를 3일 동안 졸랐더니 동생들한테 말을 했다가 본전도 못 찾았다.

오빠가 맏이니까 알아서 해야지, 왜 우리한테 돈을 달라고 하느냐. 엄마를 시설에 모실 돈이 부담되면 오빠가 돈도 얼마 못 버니까 직장을 그만두고 엄마를 보살피라고 했단다.

애들 아버지는 자기 엄마를 골방에 처박아 두든지 말든지 마음대로 하라고 했다.

얼마나 화가 나면 저렇게 말할까 싶어 앞으론 죽이 되던 밥이 되던 내가 알아서 할 테니 동생들한테 아무 말도 하지 말라고 했다. 엄마는 자식들 입에 음식 들어가는 것만 봐도 배가 부르다고 하는데 여러 명의 자식이 한 명뿐인 엄마를 외면하는 듯한 현실이 서글펐다.

시어머님을 동네에서 가까운 다른 재가복지센터로 옮겼다. 한 달 비용이 60만 원이었다. 그때 마음은 당신 자식들도 신경 안 쓰는데… 그래 아무 데나 모시면 어때. 그래서 새로 가실 센터에 가보지도 않고 전화로 알아보고 결정했다. 시누이는 종종 들러 엄마를 보고 갔고, 시동생은 거의 매일 들르는 모양이었다. 재가복지센터 직원들의 말로는 시동생이 가끔 회식하라고 얼마인지 몰라도 돈을 준다고 했다. 새로 옮겨간 센터는 시설이 좋지 않았다. 아주 작은 공간에 10명 이상의 할머니들이 입소해 있었다. 쭉 앉아서 텔레비전을 보다가 식사 시간이 되면 밥 먹고 씻고 자고 했다. 너무 좁아서 마음이 안 좋았다. 그래도 그럭저럭 잘 계셨는데 한 달이나 지났을까. 새로 옮겨간 센터 원장님이 또 모셔가란다. 작은 아드님이 면회를 아무 때나 제멋대로 오고 있다는 것이다. 규정상 면회 시간은 오전 9시부터 오후 6시까지지만 낮에 가족들이 와서 하루 종일 있어도 뭐라고 말을 하지는 않는데 밤에는 사정이 다르다는 것이다. 밤 9시가 할머니들의 취침 시간인데 시동생은 밤 9시고 10시고 아무 때나 온단다. 그래서 너무 늦은 시간에는 오시지 말라고 하니까 자기 엄마 보러오는 데 무슨 시간을 맞춰서 오라 하느냐고 오히려 화를 낸다고 한다. 그리고 시어머님의 손목에 든 멍 자국은 오실 때부터 있었던 것인데 여기 와서 멍이 들었다고 떼를 쓰고, 하도 트집을 잡고 잔소리를 많이 해서 도저히 못 모시겠다는 것이다. 그렇게 못 믿으면서 어떻게 남한테 맡기겠냐고 당장 모셔가라고 했다.

민망한 일이지만 먼젓번 재가복지센터 원장님께 또 부탁을 드리는 수밖에.

이번에 소개받은 곳은 김포에 있다. 집에서 멀기는 해도 공기도 좋고 아름다운 동네였다. 원장님과 친한 사람이 운영하고 있는 곳인데 믿을 만한 사람이니 그곳에 모셔보라고 했다. 정말 동네가 그림 같고 집들도 예뻤다. 2층집인데 정원도 예쁘고 집안으로 들어가니까 전망이 탁 트인 곳이었다. 어린 아들이 있는 두 부부가 중국인 아주머니 한 명의 도움을 받아 5명을 모시고 있었다. 여자분도 있고 남자분도 있었는데 병원에서 퇴원한 후 집에서 보살피지 못해서 온 분들이라고 했다.

원장님과 남편분 모두 믿음이 갔다. 그래서 안심하고 그곳에 계시게 하니 마음이 편했다.

이번에는 이곳에 오래 계실 수 있게 해달라고 주님께 간절히 기도 드렸다.

자식은 죽으면 가슴에 묻는다

　　　　　명절날이 되었다. 우리 식당은 명절 전날과 명절 당일 그리고 그다음 날에 쉬었다.
　명절 전날은 음식 준비하고, 명절날은 차례 지내고 성묘 가고 하면 힘드니까 다음날 하루 더 쉬었다. 그런데 명절 전전날이 공휴일이라서 시어머님을 집으로 모셔 와야 된다. 어쩔 수 없이 시동생한테 하루만 시어머님을 모셔달라고 부탁했는데 정말 딱 하루 모시고 있다가 명절 전날 오전 11시쯤 시동생 혼자서 시어머님을 모시고 왔다. 그러고는 시동생은 바로 갔다. 다음날 시동생하고 시동생 아들하고 둘만 차례를 지내러 왔다. 시어머님을 모시고 간 일로 시동생 부부가 싸운 것이 분명했다. 그 하루 시어머님 모시고 있었다고 그러는 동서가 미웠다. 동서지간에도 우리는 대화가 없어서 서로를 잘 모른다.
　명절에 얽힌 잊을 수 없는 에피소드가 있다. 명절 전날, 나와 시어머님, 큰딸은 거실에서 자고 친정엄마와 작은딸은 방에서 잤다. 시어머님은 치매가 심해지시면서 밤에 잠을 잘 안 주무셨는데 누워 계시다 방에서 애기가 운다고 벌떡 일어나시더니 방문을 열려고 하셨다. 잠결에 일어나서 방문을 열어 보여드렸는데도 조금 있다가 또 애기가 운다며 밖으로 나가시려고 했다.

치매에 걸리면 최근 것부터 잊어버린다고 하더니 예전 일이 생각나신 모양이었다.

시어머님한테는 아픈 기억이 있다. 애들 아버지 위로 아들이 있었는데 아플 때 약을 잘못 써서 죽었다고 한다. 그 애가 방에서 우는 걸로 생각하시는 것 같았다. '자식은 죽으면 가슴에 묻는다.'고 하더니 정신이 오락가락하시는 중에도 잊지 못하시는 걸 보니 마음이 아팠다. 그러다가 깜빡 잠이 들었다. 서늘한 느낌에 일어나보니 시어머님이 오줌을 싸놓고 손으로 철퍽철퍽 만지고 계셨다. 걸레를 가져다가 닦고 바지를 갈아 입혀 드리기 위해 바지 벗는 걸 도와드리려고 엎드렸더니 내 머리를 팍 때리신다. 그리고 바지를 움켜쥐고 안 벗으려고 하시며 창피하게 왜 바지를 벗기려 하냐면서 역정을 내셨다. 오줌 싼 것을 모르시는 거였다. 할 수 없이 애들 아버지를 깨웠다. 다행히 시어머님은 남자들 말을 잘 들으셨다. 시아버님이 소싯적에 워낙 무섭게 하셔서 그런 것 같다. 시어머님은 좋은 기억보다 나쁜 기억이 더 많으셨다.

명절 차례를 지내고 시동생이 가자마자 애들 아버지는 그 여자 집으로 갔다. 자기 엄마가 집에 와 있든 말든 밤늦게 들어왔다. 명절 다음날에는 아침 먹고 나서 계속 화를 내더니 시어머님 짐을 챙겨서 혼자 모시고 나갔다. 그런 적이 한 번도 없었는데 자발적으로 모시고 갔다. 나와는 30분 이상 같이 있으면 서로 언성이 높아지니 차라리 잘 됐다. 마음이 한결 편안했다.

그다음 해 명절에는 사촌시누이네 아들들이 큰할머니 돌아가시기 전에 뵙는다고 왔다. 그날도 차례를 지내고 시동생은 처갓집에 간다고 가고 남편도 어김없이 명절 음식을 잔뜩 싸가지고 나갔다.

모처럼 조카들이 큰삼촌 보러 왔으니 함께 맛있는 것도 먹고 덕담도 해주면서 시간을 보내면 좋으련만 먹을 걸 싸들고 휑하니 나갔다. 조카들이 큰삼촌 어디 가시는 거냐고 물어보기에 혼자 사는 친구한테 명절 음식을 갖다 주러 가신다고 했다. 한참을 이런저런 얘기를 하다 가면서 큰할머니가 자기들도 몰라보신다고 속상해했다.

그리고 그날 밤에는 작년 명절보다 더 큰일이 벌어졌다. 한참 자다가 깨서 보니까 시어머님이 대야에 뭘 담아 갖고 목욕탕에서 계셨다. 똥 싼 팬티를 벗어서 대야에 담아 들고 계셨던 것이다. 손에는 똥이 잔뜩 묻어 있었다. 화장실 문의 손잡이, 식탁 의자, 애들 방 의자가 온통 똥 천지였다. 그래서 똥 묻은 데를 따라가 보니까 똥이 애들 방의 종이봉투 안에 한 덩어리, 침대 밑에도 한 덩어리가 있었다. 화장실은 급한데 화장실을 못 찾으니까 그냥 싸신 것 같다. 그러고는 창피하시니까 그냥 있을 수 없어서 꺼내서 여기저기 감추신 것이다. 평소 워낙 깔끔하셨던 분이라서 팬티를 벗어서 빨려고 했는데 어디서 빨아야 할지 몰라서 그러고 서 계셨던 것이다. 애들 아버지를 깨워서 엄마 좀 씻겨달라고 하고, 나는 똥을 치우고 똥 묻은 데를 닦았다. 목욕탕 안에서 가만히 있으라고 소리를 지르면서 등짝을 때리는 소리가 들렸다. 깜짝 놀라서 목욕탕 문을 열고 들여다보니 시어머님이 안 씻으려고 버둥대고 계셨다. 그렇다고 엄마를 때리는 자식이 어디 있냐고 했더니 눈을 흘긴다. 치매 걸려서 아들을 못 알아보지만 남자가 닦아주니까 창피해서 그러셨을 것이다. 치매에 걸리셨어도 정신이 온전하실 땐 자식들 귀찮게 안 하려고 혼자 애쓰셨다. 자식이라고 해준 것 없이 고생만 시켜서 미안해하셨다. 애들 아버지도 자기 엄마가 왜 불쌍하지 않겠는가. 마음과 다르게 속상한 마음을 화로 표출하고 있는지도 모르겠다. 그날따라 눈물이 나도록 마음이 아팠다. 내 마음도 이러거늘 자식 마음은 오죽할까.

"하나님, 불쌍한 시어머님의 치매가 더 이상 나빠지지 않게 도와주세요!"

시설에서 또 쫓겨나다

시어머님이 김포에서는 똥은 안 싸셨다고 했다. 대신 그 집 아들이 7살인데 그 애와 먹을 것 갖고도 싸우고 말동무하며 놀다가도 싸우고 하신단다. 특별한 이상 증상 없이 잘 계신다고 했다. 그곳에선 식구처럼 한 상에서 같이 밥 먹고 생활하니까 편안하신 것 같다. 함께 생활하고 계신 분 중 미국 살다 온 할머니가 운동도 열심히 하시고 아주 멋쟁이신데 그분과도 잘 지내신단다.

다녀오고 난 며칠 후에 원장님이 전화를 해서 시어머님을 모셔가란다. 시동생이 와서 맛있는 것 사드린다고 밖에 모시고 나가려고 하는데 시어머님 걸음걸이가 예전만 못해 보였다고 한다. 그러니까 시동생이 혼잣말로 밥을 제대로 안주니까 그런 거라고 하더라는 것이다. 연세가 드시면 하루하루 더 안 좋아지지 좋아지기는 힘든 법인데 이러다 병이라도 나시면 자기네 탓을 할 것 같다며 모셔가란다. 그래서 사정사정했다. 식당일도 바쁘고 운전도 할 줄 몰라서 시어머님을 돌보기가 어려우니 다시 생각해 달라고 했더니 단호하게 거절했다. 시동생 때문에 벌써 세 군데서 쫓겨났다. 이번이 네 번째다. 화가 치밀어 시동생한테 시어머님 계실 곳을 알아보라고 했다. 미아동에 있는 한 노인병원으로 모시게 되었다. 그곳은 병원이라서 기본이 120만 원이고 기저귀나 세면도구 등의 소모품은 보호자가 다 구매해야 했다. 매달 150~160만 원가량 들었다. 또 간병하는 분들한테 우리 어머님 잘 살펴달라고 수시로 얼마씩 드렸다. 한 병실에 3~4명이 같이 있었다.

어느 일요일에 갔더니 한쪽 발이 많이 부어 계셨다. 다른 쪽 발은 괜찮은데 한쪽만 많이 부었기에 이상하다고 하니까 애들 아버지는 휠체어에 오래 앉아 있어서 그럴 거라고 했다. 그러면 양쪽이 다 부어야 하는데 한쪽 발만 발등까지 부은 것이 이상해서 요양 보호사한테 물어보았다. 이제 시동생이 와서 보조의자에 앉혀 드리다 넘어지셨다는 것이다. 그런데 운동까지 시켜 드리고 갔단다. 그러면서 시동생 흉을 본다. 휠체어에 앉아 계실 때는 안전띠를 매놓는데 묶어 놓았다고 화를 내고, 보조의자에 앉으시게 한 후 매일 귀밑을 소독해 드리는데도 안 했다고 뭐라고 해서 이제는 소독 준비를 해놓고 있다가 시동생이 오면 직접 해드리라 한다고 한다. 어제 시동생이 전화받으러 간 사이에 시어머님이 보조의자에서 넘어지셨단다.

월요일에 정형외과에 모시고 가서 엑스레이를 찍어 보니 고관절이 부러지셨다. 동네 아주머니한테 식당일 좀 도와달라고 부탁하고 큰딸과 둘이 성모병원으로 모시고 갔다. 의사 선생님 말씀이 연세도 많으시고 위험 부담이 있어서 수술을 못한다고 그냥 모시고 가라고 했다. 시동생한테 계시던 요양 병원에 전화해서 다시 모시고 간다고 말하라고 했더니 그새 인원이 차서 안 된다고 다른 데를 알아보라고 했단다. 자기가 엄마 고관절을 부러지게 했으면 자기가 책임을 져야 하는데 노래자랑하고 있는 곳에서 사람들한테 명함을 돌려야 된다고 나보고 알아서 하란다. 당시 시동생은 딱히 하는 일 없이 정치를 하겠다고 명함을 뿌리며 돌아다닐 때였다. 하루 명함 못 돌린다고 큰일 나는 것도 아닌데 기가 막혔다. '결자해지'는 국을 끓여 먹었나. 그날 죽도록 고생했다. 죽으라는 법은 없어 용케 요양 병원을 찾아내어 성모병원에서 삼양동에 있는 병원으로 모시고 갔다. 그런데 병원 측에서 고관절이 부러지셔서 아무래도 외과 치료하는 곳으로 가시는 것이 좋을 것 같다면서 병원을 소개해 주었다.

  독산동에 있는 요양 병원인데 개원한 지 며칠 되지 않아서 환자도 별로 없고 시설도 좋았다. 병원에 의사도 있고 간호사도 있고 협력 병원도 있었다. 그곳에 입원시켜드리고 났더니 저녁 8시가 넘었다. 큰딸하고 나하고 아침 8시부터 그때까지 성모병원에서 먹은 우유 한 병이 식사의 전부였다. 우선 대충 밥을 먹고 식당에 왔더니 저녁 9시 30분이 다 되었다. 식당 직원이 용봉탕을 예약하신 손님이 용봉탕이 맛이 없다고 야단을 해서 진땀을 뺐다고 하소연했다. 이럴 때 애들 아버지가 식당에서 자리를 지키고 있으면 든든하련만, 그 시간에도 그 남자는 딴 짓을 하고 있었다. 늘그막에 두고 보자고 마음속으로 별렀다.

천사 같은 간병인

독산동 요양 병원에 모신 시어머님은 차츰 안정을 찾아가셨다. 다행히 간병인이 친절하고 착했다. 생김새도 나를 많이 닮았다. 시어머님이 그 간병인을 좋아해서 말을 잘 들어주고 한 침대에서 손을 꼭 잡고 잤다. 죽기 전에 큰 사랑을 받아보시라고 그런 사람을 만나게 해주신 모양이었다. 부모 사랑도 남편 사랑도 자식들 사랑도 제대로 못 받아보셨으니 인생 끝자락에 하나님께서 크나큰 은혜를 베풀어 주신 것 같다. 평생 구박만 받고 사셔서 그런지 시어머님의 치매는 폭력적이고 공격적이다. 그 사실이 늘 마음에 있어 안타까웠는데 따로 시어머님을 부탁할 필요가 없었다.

간병인은 엄마가 일찍 돌아가셔서 시어머님이 자기 엄마 같다며 친딸처럼 시어머님을 돌봐드렸다. 나도 갈 때마다 샴푸, 로션, 스킨, 옷가지 등을 내 것 살 때 같이 사서 가져다주고, 용돈도 한 달에 한 번씩 꼭 챙겨주었다. 그때부터 일주일에 한 번씩 시어머님을 만나고 오는 일이 즐거워졌다. 여전히 애들 아버지와 동행하는 일은 고역이었다. 자기 입장이 누구 훈계할 처지던

가. 그런데도 나만 보면 못 잡아먹어서 안달이었다. 그렇게 욕구 불만이 많으면 화부터 내지 말고 말을 해주던가. 그래야 나도 생각이라는 걸 해보지. 다짜고짜 나름 잘하고 있는 애들을 남의 자식과 비교하며 흠 잡을 생각만 하니 답답한 노릇이다.

애들이 아빠 아니면 엄마 닮지 누굴 닮을까. 애들 흉보는 것은 누워서 자기 얼굴에 침 뱉는 일임을 왜 모를까.

일 년 후에는 애들 아버지와 한 공간에 있으면서 싸우는 데 질려서 바쁘다고 핑계대고 시어머님 계신 요양 병원에는 가끔 갔다. 시동생은 간병인과 거의 남매처럼 지내면서 전화도 자주 하고 많이 의지했다. 나는 죽기 살기로 열심히 일하면서 애들 시집보낼 때까지만 참자고 주문을 외웠다.

이미 남편과는 남남처럼 산 지 오래되었다. 내 눈에 띄지 말고 차라리 나가서 살라고 종용해도 들은 척도 않고 자기 마음대로 드나들었다. 그러고는 마음에 안 든다고 툭하면 언어폭력으로 나를 학대했다. 종이에 이혼 도장만 안 찍었지 우리는 남이다. 내 식당에 내 돈으로 건 간판이 비싸든 말든 무슨 상관이 있다고 있는 대로 화를 내는지 알 수 없다. 몸이 힘든 것은 참겠는데 말로 모욕감을 주는 것은 죽고 싶을 만큼 참기 힘들다.

나 하나 죽어버리면 그만이다 생각했던 시절도 있었지만 친정엄마나 치매 걸린 시어머님, 애들을 두고 그럴 수는 없다. 또 내 목숨이긴 하지만 하나님의 것을 내 마음대로 해할 수는 없지 않는가. 그건 대죄를 짓는 일이다.

철이 없어서 한때는 내 생각만 하고 목숨 끊을 생각을 했다. 하지만 그 경험을 통해 사람은 생각처럼 쉽게 죽지 않는다는 사실을 알게 되었다. 남편은 내가 평생 짊어지고 가야 할 내 십자가다. 어차피 나를 죽이고 애들 보고 살자고 다짐했으니 친정엄마, 시어머님, 큰딸, 작은딸이 불행하게 살지 않도록 잘 살아내야겠다.

"주님, 제가 제 십자가를 지고 갈 수 있는 용기를 주세요!"

시어머님이 세례를 받으시다

시어머님 상태가 많이 안 좋아지셔서 요양 병원에서 성모병원으로 모시고 갔다. 요양 병원에서 시어머님을 간병했던 천사 간병인한테 간병을 부탁했더니 한걸음에 달려와 주었다.

시어머님은 복 있게 돌아가셨다.

병실에는 간병인이 있었지만 아들 둘이 직장 없이 놀 때라 둘이 매일 교대로 가 있었다. 임종은 아무나 보는 게 아니라 하더니 아들이 잠깐 병실을 비우고 간병인 혼자 있을 때 돌아가셨다. 임종 때 같이 있는 자식이 효자라고 했던가. 정작 하루 종일 어머니 곁을 지키고 있던 아들은 잠깐 사이에 임종을 보지 못하고, 천사 간병인이 시어머님의 임종을 지켜드린 효녀가 되었다. 시어머님 외롭지 않게 임종을 지켜준 천사 간병인한테 감사한 마음이다.

시어머님이 독산동 요양 병원에 계실 때는 우리 식당에 오시는 신부님이 독산동에 계셔서 시어머님 기도를 부탁드렸더니 자주 가셔서 기도해 주셨다.

시어머님은 독산동 요양 병원에서 돌아가실 위기를 한 번 넘기셨다.

시누이가 평소에는 못 오다가 추석 명절에 찹쌀 죽을 쑤어왔는데 죽이 너무 되었다. 그래서 죽이 식도에 달라붙어서 하마터면 큰일 날 뻔 했다. 그 후 식사를 잘 못하신다고 해서 영양제를 두 달 맞으시고 다시 기운을 차리셔서 몇 년 더 사셨다.

시누이는 일 년에 두 번, 명절에만 왔다. 한 금융 프라자 내에서 매점을 하는데 쉬는 날에는 팔 물건 떼러 다니고, 군대 가 있는 아들 면회 가고 해서 늘 바쁘다는 것이다.

큰시누이는 대전에 살고 있는데 형편이 어렵다. 시동생과 시누이, 애들 아버지는 창피하다고 큰시누이를 형제로 생각하지 않았다. 그래서 시아버님 돌아가셨을 때도 연락을 안 해서 장례식에도 못 왔다. 사람을 돈으로 평가하는 정말로 이상한 가족이었다. 장례식 때 문상 온 사람들한테 망신스럽다고 자식에게 연락을 안 하는 것이 흔한 일인가. 비록 가난하게 살긴 해도 우리 애들과 나는 인간성은 대전에 사는 큰시누이가 제일 좋다고 생각했다.

시어머님은 독산동에 계시다가 영등포에 있는 병원으로 옮기셨다. 천사 간병인이 독산동에서 영등포에 있는 병원으로 옮겼기 때문이다. 처음에는 천사 간병인 한 명이 할머님 여섯 분을 돌보는 3층에 입소하셨다. 그러다 어둡고 환경이 안 좋다고 8층으로 옮겨드렸다. 시동생은 매일 드나들었다. 8층은 간병인 한 명이 할머니 네 분을 모셨다. 환경도 좋고 창밖으로 밤섬이 보여서 좋은데 간병인이 낯설어서 시어머님이 불안해하시며 만지지도 못하게 때리셨다. 그래서 시동생이 간병인을 바꿔달라고 요구했다. 그랬더니 다른 할머니들이 간병인을 바꾸는 것을 거부해서 할 수 없이 천사 간병인이 시어머님만 전담하게 되었다. 병원 측에서도 난감해졌다. 결국, 천사 간병인은 다른 간병인들로부터 몇 달 동안 미움을 받다가 못 견디고 미아리로 옮겨갔다.

그래도 새로 배치된 간병인이 예배 보러갈 때 시어머님을 모시고 다닌 덕분에 세례까지 받으셨다. 엄청 고마운 간병인이었다. 그 덕분에 시어머님은 천국에 가셨을 거다.

시어머님 장례를 치르고

　　시어머님 장례를 치렀다. 아침에 식당에 가서 고기 손질을 해놓고 바로 장례식장으로 가서 상주 노릇을 하다 저녁에 다시 식당으로 와서 일을 했다. '선장이 없으면 배가 산으로 가니' 자리를 지키고 있어야 했다. 저녁에 손님이 워낙 많아서 자리 안내를 하지 않으면 식당이 제대로 돌아가지 않았다. 저녁 장사를 마치고 또 병원으로 달려갔다. 시동생과 시누이는 집에 자러 가고 나하고 사촌시누이 아들들과 큰딸이 밤새 빈소를 지켰다. 사촌들은 참 착하다. 온 가족이 와서 빈소를 지켜주며 이런저런 일들을 처리할 수 있도록 도와주었다. 시아버님 장례 때도 나 혼자 상주 노릇을 하고 정작 시댁 식구들은 손님처럼 왔다가 바로 갔다. 시어머님 때도 손님처럼 왔다가 갔다. 작은집 식구들은 장례식은 물론, 장지까지 동행했다. 시댁 식구들은 자기들밖에 모르면서 허구한 날 남들 욕은 잘한다.

　　장례를 마치고 우리 집으로 부의금 상자를 갖고 와서는 서로 자기들 앞으로 들어온 봉투를 챙기느라 바빴다. 원래 부의금은 장례비를 치르고 남은 것 중 일부는 멀리서 온 사람들 차비로 주고, 일부는 고생한 사람들 수고비로 주고, 그래도 남으면 식구들이 나누어 가지면 되는데 서로 자기 봉투를 찾느라고 야단법석이다.

발인할 때 운구차까지 관을 들 사람이 없어서 큰딸 친구들이 와서 관을 들었고, 장지까지 따라가서 고생을 했으니 수고비를 좀 주자고 했더니 들은 척도 안 했다. 큰딸 보기가 민망했다. 그때 수고비는 어떻게 처리했는지 기억이 나지 않는다.

장례를 치른 후 시누이가 한 10년 만에 우리 식당에 나타났다. 큰 건물도 샀다고 좋아하면서 여기가 친정이니까 자주 오겠다고 하더니 자주 드나들었다.

어느 날, 애들 아버지가 그 여자가 다니던 식당을 그만두었다고 우리 식당으로 데려오자고 또 졸랐다. 더 이상 시달리고 싶지 않아서 허락했다. 다음날부터 바로 출근했다. 거의 10년 만에 보는데 살도 많이 찌고 사모님 티가 났다. 나는 피죽 한 그릇도 못 얻어먹은 사람처럼 삐쩍 말랐는데 그동안 편히 살았나보다.

남들이 알면 나보고 미쳤다고 할 것이다. 속도 좋다고….

독립운동가의 후손임을 입증하지 못한 아쉬움

2024년 12월 어느 날, 퇴근해 보니 남편이 족보를 들여다보며 뭔가를 찾고 있었다. 족보 옆에는 서류 하나가 놓여 있었다. 궁금해서 물어보니 시골에 있는 동생이 보내온 것인데 할아버님이 독립운동을 하신 것 같단다. 동생 말에 따르면 어떤 어르신이 찾아와 동생한테 서류 봉투를 주며 당신 아버님이 일제 때 독립운동을 하다가 옥살이를 하셨는데 강진 목리의 정씨 성을 가진 사람과 10개월을 함께 옥살이를 하셨다고 했다는 것이다. 봉투 안에 든 서류에는 정덕수 씨가 보안법 위반으로 46세 때 징역을 산 내용이 적혀 있다고 한다.

할아버님은 함자가 세 개나 되시는데 족보 이름 다르고, 호적 이름 다르고, 평소 부르는 이름이 달랐다고 한다. 평소 부르던 이름은 '정덕석'이고, 족보에는 그 이름이 '정덕수'로 되어 있다. 한문이 다른 정씨로 되어 있는데다 나이도 틀리게 되어 있다고 한다. 6.25 전쟁 때 족보가 불타서 다시 만들게 되었는데 시아버님이 글을 몰라서 다른 사람한테 부탁했더니 할아버님 형제분들의 나이도 틀리고 생일도 안 맞는다고 하셨단다. 그래서 독립운동 때 옥살이하신 분이 할아버님임을 증명할 수 있는 것은 목리라는 곳에 정씨 성을 가진 집안이 한 집밖에 없었다는 것과 평소 이름인 정덕석을 족보에 정덕수라고 기록한 것뿐이란다. 그래서 할아버님이 '정덕수'임을 확인할 수 없었다. 지금 정덕수 할아버님의 훈장은 자손을 찾지 못해 보훈처에 보관되어 있다고 한다. 안타까운 일이다.

식솔들은 돌보지 않고 객지를 떠도시던 할아버님은 생사를 알 수 없으므로 날을 받아서 7월에 제사를 지내고 있다. 제삿날이 되면 시어머님은 가끔 푸념조로 쌀 한 톨, 물 한 모금 얻어먹은 적도 없는데 왜 제사를 지내야 하느냐고 말씀하셨다. 어쩌다 가끔 들르시면 골방에 틀어박혀 몇 날 며칠을 계시다가 또 어느 날 홀연히 집을 나가버리셨다고 한다. 한번은 아궁이에다 몰래 뭘 태우기도 하셨다고 하기에 나는 혼자 생각에 할아버님이 비밀이 많으신 자유로운 생활을 하신 분이거나 시아버님이 노래도 잘 하시고 장구도 잘 치시고 끼가 넘치시는 것을 보고 할아버님이 사당패이셨나 하면서 까마득히 잊고 살았다. 그런데 할아버님이 독립운동을 하셨을지도 모른다는 소식을 접하니 딱 맞아 떨어지는 것 같다. 그런데 이제 와서 독립운동가 자손이라고 해서 뭐 그리 달라질 것도 없고 굳이 증명하려고 노력해서 뭐하겠나 싶기도 한데 시동생은 반드시 그 증거를 찾아야 한다며 열심히 노력 중이다.

시아버님이 살아생전에 너무 고생만 하시다 돌아가셔서 그런지 나는 독립운동하다 옥살이를 하셨을지도 모른다는 시할아버지를 나쁘게 말했다.

"처자식은 나 몰라라 하고 나라 구하겠다고 돌아다니셨다는 것은 말도 안 된다. 나라 걱정한다고 알아주는 사람 하나 없는데 그냥 처자식만 잘 건사하고 사셨으면 자손들이 고생이나 덜 했을 것 아닌가."

하지만 독립운동한 선조들과 그 가족들의 그 같은 희생이 있었기에 오늘 우리가 내 나라에서 풍요를 누리며 편안하게 살고 있는 것일 게다. 참 감사하고 또 감사한 일이다.

너희 몸이 그리스도의 지체인 줄을 알지 못하느냐
내가 그리스도의 지체를 가지고 창녀의 지체를 만들겠느냐
결코 그럴 수 없느니라 창녀와 합하는 자는 그와 한 몸인 줄을 알지 못하느냐
일렀으되 둘이 한 육체가 된다 하셨나니 주와 합하는 자는 한 영이니라
음행을 피하라 사람이 범하는 죄마다 몸 밖에 있거니와
음행하는 자는 자기 몸에 죄를 범하느니라
너희 몸은 너희가 하나님께로부터 받은 바
너희 가운데 계신 성령의 전인 줄을 알지 못하느냐
너희는 너희 자신의 것이 아니라 값으로 산 것이 되었으니
그런즉 너희 몸으로 하나님께 영광을 돌리라

고린도전서 6:15~20

고난을 통해서 깨달음을 주시는 주님

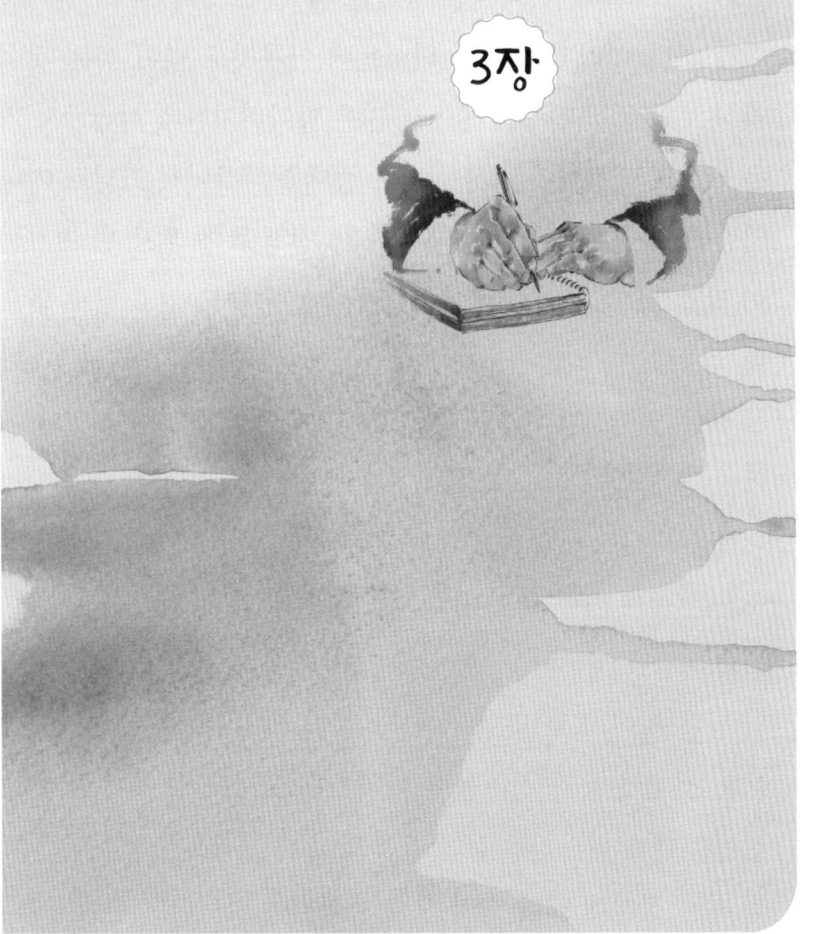

3장

고아 아닌 고아처럼 살다

우리 아버지는 장가를 세 번 드셨다. 우리 엄마는 아들 하나 데리고 혼자가 되셨는데 아무것도 없이 사는 것이 딱해 보인 동네 아주머니가 돈 많은 할아버지한테 시집가서 먹을 거라도 걱정하지 말고 살라고 중매를 해주어서 그날로 아버지한테 와서 사셨단다. 그때는 6.25 전쟁 통에 혼자 된 여자들이 많았으므로 애 데리고 어디 가서 일할 데도 없고 땅도 없으니 먹고살 수가 없어서 아버지한테 왔다고 한다. 와서 보니 아들 둘은 엄마보다 더 나이가 많고 셋째가 한 살인가 적었단다. 아들 둘은 장가가서 그 동네에서 살고, 셋째 아들은 공주사범대학을 다니고 있었다고 한다. 부자라고 해서 시집 와 보니 방앗간은 셋째 아들 대학 등록금을 내느라 팔고, 장가간 큰아들, 둘째 아들을 집 사서 살림 내고 부쳐 먹을 땅까지 떼어 주고 나니 남은 것이 별로 없었단다. '빛 좋은 개살구'였던 것이다. 그때는 셋째 오빠가 장가들어 아버지를 모시고 살고 있어서 그 집에서 셋째 며느리랑 같이 밥해 먹고 베를 짰는데 5일에 한 개씩 짜서 장날에 내다 팔아 오빠 등록금에 보탰다고 한다. 그리고 미나리도 길러서 팔았단다. 그래서 매일 미나리에다 밥 비벼서 셋째 며느리랑 같이 먹었다고 한다. 그래도 서로 배려하며 며느리와 아주 사이좋게 잘 지내셨단다. 그렇게 살다가 아버지가 산지기 집을 빌려서 산골짜기에다 엄마랑 따로 살림을 내셨다고 한다. 산골짜기에 집 한 채 덩그러니 있는 그 집에서 나랑 작은언니를 낳으셨다. 그래서 그 산골짜기 집이 내 고향집이다.

나는 작은언니랑 세 살 차이로 한겨울인 12월 10일에 태어났다. 아버지는 돌아다니시는 것을 좋아하셔서 그날도 아침에 나가서서 집에 안 계셨다고 한다. 엄청 추웠고 눈도 엄청 많이 왔는데 먹을 게 없어서 산모인 엄마가 씨나락을 절구에 빻아서 밥을 해먹고 혼자서 저녁 무렵에 나를 낳으셨단다. 딸이라서 나를 포대기에 둘둘 말아 윗목에다 놓고 어기적거리며 마당에 내린 눈을 쓸고 있는데 아버지가 오셨다고 한다. 그 모습을 본 아버지가 깜짝 놀라시며 애 낳은 사람이 무슨 눈을 쓸고 있느냐고 하시면서 엄마한테 독한 사람이라고 화를 내셨단다. 다음날 셋째 며느리하고 큰오빠네 둘째 아들하고 쌀 한 말 하고 미역을 사갖고 왔다고 한다. 큰오빠네 둘째 아들은 나보다 7살 더 먹었다.

그때는 아버지가 시키면 자식들이 뭐든 다 하던 시절이었다. 우리 아버지는 나한테 나라에 충성하고 부모한테 효도하고 동기간에 우애 있게 지내라고 가르치셨다. 우리 엄마 말씀이 "너는 아버지가 가르친 대로 살고 있다."고 흐뭇해하셨다. 아버지가 62세에 나를 낳으셨으니 당시 엄청 할아버지셨다. 어린 마음에 내가 돈을 벌어서 엄마, 아버지 호강시켜 드려야지 그런 마음으로 살았다. 오빠라는 분들은 나이가 너무 많으시니 항상 어렵기만 했다. 오빠라고 한 번도 불러본 적이 없었다. 엄마가 데리고 온 오빠는 나하고 9살 차이고 같이 살아서 그런지 그 오빠만 내 오빠 같았다. 어릴 때 제일 속상했던 것은 오빠네 애들은 다 중학교에 가는데 나는 못 간 거였다. 내가 커서 애들 아버지 만난다는 것을 아시고 오빠가 나를 호적에서 파버린다 하시며 화를 내시는 것을 보고 속으로 언제부터 나한테 관심이 있었다고 그러시냐고 원망했다.

    그런 환경에서 자랐으니 누굴 의지하고 산다는 것은 생각도 못하고 내가 가족들한테 잘할 생각만 하고 살았다. 그렇게 나는 어릴 때부터 고아 아닌 고아처럼 의지할 사람 없이 살아왔기에 어떤 남자를 좋아할 엄두도 내지 못했다. 나는 농담 삼아 우리 집안을 콩가루 집안이라고 얘기했다.

무소식이 희소식(?)

　　친정엄마는 당신 배 아파서 낳은 자식들이 마음고생, 몸 고생을 하며 사는 것이 당신의 죄인 양 미안해하셨다. 전생에 당신이 얼마나 죄를 많이 지었기에 딸들이 이 고생을 하며 사는지 모르겠다고 하셨다. 그도 그럴 것이 작은언니는 나보다 더 기막힌 삶을 살았다. 어떤 사람들은 어디로 도망이라도 가지, 왜 그렇게 당하고 사느냐고 하는데 남 얘기라서 그렇지, 막상 그런 상황이 되면 도망가기가 어렵다. 혹시 친정이 잘 살거나 든든한 오빠들이라도 있었으면 모르겠는데 아버지는 연로하시지 뒷배는 없지 어떻게든 우리 힘으로 해결해 보겠다고 했지만 역부족이었다. 하필 그 많고 많은 사람 중에 좋다고 만난 남자가 둘 다 까칠했다. 우리 자매한테 문제가 있는 건지 어쩐지….

　　우리 자랄 때는 못 배우고 못 먹고 못 입고 산 애들이 많았다. 특히 시골은 더욱 그랬다. 사는 정도도 비슷하고 초등학교 졸업하면 으레 공장이나 식모살이, 버스 차장 등을 하러 객지로 떠나는 여자애들이 많았다. 심지어 잘못 풀리면 술집에서 일하기도 하고 몸 파는 애들로 전락하기도 했다. 그래도 남자애들은 여자애들보다는 열심히 일하기만 하며 목돈을 손에 쥘 수 있는 기회가 많았다.

형부는 거의 평생을 놀면서 살았다. 작은언니가 형부와 만나기 시작할 때부터 나는 반대했다.

작은언니는 어릴 때부터 워낙 착하고 조용했다. 나까지 덩달아 효녀 소리를 들을 정도로 효심도 깊었다. 반면에 나는 애들 사이에서 '돌깍쟁이'로 소문이 났다. 나는 하고 싶은 대로 하고 살았다. 그런데 어떻게 남편은 거의 같은 유형을 만났는지 알 수가 없다. 혹여 우리가 다른 사람을 만났어도 살다 보면 그런 인간이 됐을까? 형부나 내 남편이나 두 사람 다 군림하면서 원하는 것을 얻어낸다. 우리 두 자매는 화내는 게 무서워서 다 해결해 주고 살아왔다.

작은언니도 나도 애들 때문에 살았다. 하지만 냉정히 생각해 보면 그 사람한테서 벗어날 용기가 없어서 그냥 산 것 같다. 어디로 도망을 가더라도 지구 끝까지 쫓아와서 보복을 할 것 같았다.

애들 아버지는 밖에서도 위에 있고 싶어 한다. 밖에서 사람들과 어울리다 보면 식사를 하게 되는데 연장자니까 매번 밥을 사야 한다고 생각한다. 밥값을 내는 날도 있고 얻어먹는 날도 있는 것 아니냐고 하면 나이 먹은 사람이 어떻게 얻어먹느냐고 한다. 그래서 밖에 잘 나가지 않는다. 그러니 친한 사람이 별로 없다. 나한테는 뜯어만 가면서 다른 사람들한테는 사주면서 윗사람 대접받고 싶은 마음이 있는 것이다.

　작은언니가 22살 때인데 사귀는 사람이 있다고 나보고 만나러 가자고 해서 제기동 어느 다방으로 갔다. 목 폴라 티셔츠에 콤비 상의를 입고 있었는데 엄청 멋있어 보였다. 그때 듣기로는 돌을 깎아서 뭘 만드는 사람이라고 해서 예술가라고 생각했다.

　그날 만나고 몇 달 후였다. 그때는 언니가 가발 공장 기숙사에 있을 때라서 일요일이면 가끔 내가 기숙사로 놀러 가거나 언니가 우리 집에 놀러 와서 잘 지냈다. 그날은 웬 아이 사진을 한 장 보여주었다. 언니가 사귀는 남자의 아이란다. 전에 사귀던 여자와의 사이에서 낳았다고 한다. 헤어진 후 여자 혼자 애를 낳아서는 돌이 되었다고 사진을 보내왔다며 그 남자기 언니한테 미안하다고 했나는 것이다. 나는 언니한테 다시는 그 남자 만나지 말라고 했다. 애가 있는 걸 알면서 계속 만나게 할 수는 없는 노릇이었다. 언니 눈에서 피눈물 흘리는 걸 절대로 보고 싶지 않으니 제발 헤어지라고 신신당부했다.

　그러고는 작은언니와 연락이 끊어졌다. 명절 때도 집에 안 오고 전화가 없으니 서로 연락하기가 어려웠다. 명절에 시골에 내려갈 때마다 아버지는 소식 없는 언니 걱정이 늘어지셨다. '무소식이 희소식'이라며 무슨 일이 있으면 집으로 연락이 올 테니 걱정하지 마시라고 말씀드렸다. 어디서 잘 살고 있으니 집에도 안 오는 거라면서. 그러다 나는 나대로 애들 아버지 만나서 이리저리 치이고 사느라 어느 해 명절부터는 부모님을 뵈러 가지 못했다. 부모님이 반대하시는 남자랑 살고 있으니 나도 염치가 있지 어떻게 집엘 갈 수 있었겠는가. 더구나 호적에서 파버리신다고 집에 얼씬도 하지 말라고 불호령을 내리셨으니 갈 수 없었다. 그리고 몇 년 후 나는 큰딸을 애들 아버지한테 데려다주고 혼자 살게 되었다.

작은언니와 연락이 되다

큰딸을 애 아버지한테 데려다주고 추석에 그리운 부모님을 만나러 고향 집에 갔다. 부모님께 그간의 사정을 말씀드리며 헤어졌다고 했더니 부모님도, 서울까지 쫓아와서 살지 말라고 만류하셨던 둘째 오빠도 엄청 좋아하셨다. 위암으로 고생하시던 둘째 오빠는 그해 추석 다음날에 돌아가셨다. 오빠는 그동안 내 걱정을 많이 하셨단다. 하지만 여태껏 나는 중학교도 못 가는데 오빠 딸은 중학교를 보내는 걸 보면서 어린 마음에 너무 서운해서 오빠를 괜히 미워했었다. 그나마 돌아가시기 전에 내가 헤어진 걸 아셔서 다행이었다. 돌아가시고 나서야 정신이 번쩍 들었다. 그동안 오빠한테 못된 마음을 품었던 것이 후회되어 용서를 빌었다. 사람은 그렇게 철이 드는 것 같다.

그 후 양장점에 다니면서 낮에는 일하고, 밤에는 책을 읽고, 가끔 친구와 맥주도 마시고, 나이트클럽에도 놀러 다니며 그날그날 바쁘게 살았다.

그때 제일 나를 걱정해 주고 곁에서 챙겨주었던 사람이 조카였다. 조카는 조카인 동시에 친구였다. 거의 매일 퇴근하면 말동무를 해주러 와서 통행금지 전까지 같이 있다 갔다. 불면증에 시달리고 있던 때라 조카는 소주도 많이 사다 날랐다. 아무 희망도 없는 사람처럼 그냥 하루하루 살았다.

그다음 해 봄쯤, 큰언니한테서 연락이 왔다. 작은언니와 연락이 닿았는데 딸이 돌이란다. 나보고 같이 가자고 했다. 가서 보니 전에 다방에서 만났던 애 딸린 사람이랑 살고 있었다. 먼젓번 애기 엄마는 어쩌고 언니랑 사느냐고 하니까 그쪽하고는 깨끗이 정리했단다. 그 후 일요일이 되면 작은언니 집에 가서 놀다 오곤 했다. 장롱을 만들어 팔고 있는데 직원이 10명이 넘는다고 했다. 그동안 연락을 못한 것은 친정 식구들한테 염치가 없어서 그랬다는 것이다. 둘째 형부는 평소에는 잘하다가도 술만 먹으면 이상한 사람이 되었다. 주사가 아주 심했다.

한번은 무엇으로 때렸는지 작은언니 머리에서 피가 철철 나더란다. 그대로 있다가는 맞아 죽을 것 같아서 조카네 집으로 도망쳐 왔다고 한다. 그 모습을 본 조카가 속이 상해서 경찰서에 신고했다. 그랬더니 언니한테 달려와서 통사정을 하며 자기가 전과가 있어서 그러니 제발 합의를 해달라고 해서 헤어지는 조건으로 합의를 해주었다. 형부와 헤어지고 나서 작은언니는 시골 부모님한테 가서 잠깐 있다가 성남의 한 가발 공장에 취직을 했다. 당시 큰언니는 큰조카를 낳은 상태였는데 어느 일요일에 작은언니가 큰언니 집에 놀러 와서 미역국을 끓여 놓고는 헤어졌다던 형부를 만나러 간다고 가더니 그 길로 연락을 끊고 한동안 왕래가 없었다. 그 후 다시 왕래하며 살게 됐을 때도 큰언니는 가타부타 말 한마디 안 하고 작은언니한테 잘했다.

몇 달 후에 내가 다니던 양장점이 문을 닫았다. 다른 데 취직을 해보려고 해도 잘 안 돼서 작은언니 집에서 몇 달을 지냈다. 둘째 형부 공장도 잘 안 돼서 공장 규모를 줄여서 이사를 했다. 이사한 집은 입구에 미닫이문을 달아 공장을 겸하고 있었는데 방은 안쪽에 있지만 밖이 훤히 내다보였다.

하루는 어떤 여자가 애를 데리고 지나가니까 둘째 형부가 허겁지겁 나갔다. 그 모습을 보고 작은언니한테 수상하다고, 아무래도 형부가 아는 여자 같다고 했더니 아니란다. 언니 말을 믿고 더 이상 말을 하지 않았다. 언니네 형편도 그리 좋지 않은데 하루 이틀도 아니고 계속 언니 집에서 신세를 질 수 없어서 다시 조카 집으로 왔다.

며칠 후 작은언니가 조카네 집으로 나를 찾아왔다. 사실은 먼젓번 여자랑 헤어진 게 아니고 그 여자한테 방을 얻어주고 생활비까지 대주고 있었단다. 최근에 공장 운영이 잘 안 돼서 생활비를 못 주니까 그 여자가 애를 데리고 친정으로 갔다는 것이다. 그 여자 아버지가 언니를 만나자고 하는데 자기는 혼자 못 가니까 나보고 같이 가달란다.

그래서 다방에서 만나게 되었다. 그 여자 아버지, 엄마, 삼촌, 이모, 동생이 떼거지로 몰려 나왔다. 형부는 그 여자와 혼인 신고도 하고 애기 출생 신고까지 한 사이란다. 그 여자는 형부랑

한 동네에서 어릴 때부터 친하게 지내던 사이라 서울에 와서 가끔 만났다고 한다. 그 여자 아버지 말씀이 혼인도 안 한 사이에 서로 좋아서 애를 만들고 나서는 애를 어쩌지 못하고 친정으로 와서 낳았단다. 애 아버지가 외국에 갔다고 하기에 그 말을 철썩같이 믿었다는 것이다. 그러니 책임지란다. 그러고는 일어서서 가버리셨다. 얼떨결에 작은언니의 사정을 알게 된 나는 쥐구멍이라도 있으면 들어가고 싶을 정도로 창피했다. 졸지에 언니는 남의 남자를 가로채서 사는 나쁜 사람이 되었다. 작은언니는 형부네 호적에도 못 오른 미혼 상태였던 것이다. 그 길로 작은언니는 딸을 떼어놓고 나와 조카네 집으로 왔다. 조카는 조카사위가 외국에 가 있어서 혼자 있으므로 마음이 가장 편했다.

　조카 집에서 하룻밤을 자고 작은언니는 그 동네 산부인과를 갔다. 임신 중절을 하기 위해서였다. 병원에서 수속을 마친 후 언니는 진료를 받으러 들어가고 나는 밖에서 기다리고 있는데 그 여자가 나타나서 깜짝 놀랐다. 언니 애가 밤새 엄마를 찾고 울어대서 물어물어 찾아왔다는 것이다. 어린 애들은 잘 대해주면 금방 엄마를 잊어버리고 잘 지내게 될 테니 지금 이 고비만 잘 넘기라고 했더니 마음이 너무 아파서 도저히 안 되겠단다. 자기도 애를 기르는 입장이라 애가 엄마를 찾고 우는 모습을 참고 볼 수가 없다며 꼭 언니를 데리고 가야겠다고 했다. 언니와 둘이 병원에서 나오니 그 여자가 밖에서 기다리고 있었다. 언니한테 딸이 울기만 하고 밥도 안 먹는다고 하니까 언니도 따라갈 기세

엿다. 어쩜 두 여자가 이리 똑같으냐고 언니를 가지 못하게 잡아끌었더니 조금 있는 돈이라도 주고 오겠다면서 따라갔다.

작은언니는 방에서 형부와 얘기를 나누고, 나는 방 밖에서 그런 언니한테 그만 가자고 사정했다. 형부한테도 나는 우리 엄마가 작은할머니였던 것이 너무 싫었다면서 애한테 그런 충격은 주지 말라고 했다. 지금은 애가 어려서 엄마를 찾지 시간이 조금 지나면 다 잊어버리고 잘 지내게 될 거라고 둘이 애들 잘 기르며 살라고 부탁했다. 언니한테 빨리 가자고 졸라댔더니 일주일만 시간을 달라고 했다. 저녁나절까지 같이 가자고 조르다가 포기하고 나 혼자 조카 집으로 왔다.

그때부터 작은언니는 또 그 사람하고 살았다.

친정아버지가 돌아가시다

나는 조카 집에서 지내다가 취직이 안 돼서 시골 부모님한테 갔다. 부모님이 엄청 좋아하셨다.

아버지가 많이 아프셨다. 오줌소태로 소변을 보실 때마다 고통스러워하셨다. 속만 상할 뿐이지 현실적으로 해드릴 수 있는 것이 없었다.

마침 큰형부가 중동에 돈 벌러 갔기 때문에 큰언니가 서울에서 월세를 빼고 애들 둘을 데리고 내려와 있으면서 부모님을 챙겼다. 맛있는 반찬도 많이 해드리고 아버지 대신 산에 가서 나무도 해왔다. 조카들은 주로 내가 돌보았다.

아버지는 작은언니를 찾으러 다녀오신 후 병이 깊어지셨다. 돌아가시려고 그랬는지 작은언니를 찾아야겠다며 둘째 형부 고향인 광주로 가셨다. 작은언니가 두고 간 물건 중에 수첩이 있었는데 그 수첩에서 고향 주소를 보고 찾아 나서신 것이었다. 광주에서 서울 주소를 알아낸 후 열차를 타고 서울에 도착하니 새벽 4시였다고 한다. 어찌어찌 주소지 근처에 가니 마침 문을 연 식당이 있어서 주소를 보여주면서 물어보니 언니네 공장에서 일하는 사람들이 밥을 대먹는 곳이었단다. 집으로 들어서시는 아버지를 보자 작은언니는 우느라 정신이 없었고, 겨우 형부가 아버지를 방으로 모셨다고 한다. 이른 아침이라 미처 밥이 준비되지 않아서 일찍 문을 여는 근처 중국집에서 짜장면을 한 그릇 시켜드렸단다. 짜장면 한 그릇을 비우시고는 내 딸 살아 있는 것 보았으니 됐다며 일어나 나오셨다고 한다.

아버지가 목리역에 내려서 택시를 잡으려고 하니 하나같이 승차 거부를 하더란다. 아버지 몰골이 송장 치우게 생겼으니까 아무도 안 태워준 것 같다. 그래서 돈 많이 줄 테니 태워달라고 사정해서 겨우 집까지 올 수 있었다고 한다. 결국, 그날 아버지는 택시 기사 등에 업혀 집으로 들어오셨다. 그때부터 거의 여섯 달 넘게 심하게 앓다가 돌아가셨다. 병원 한 번 못 가시고 엄청 고생하셨다.

아버지가 돌아가시자 큰언니가 작은언니랑 형부한테 연락을 했다. 작은언니는 대성통곡을 했다. 아버지가 돌아가셔서 슬프긴 했지만 나는 눈물이 나지 않았다. 오히려 펑펑 우는 언니들이 이상해 보였다. 나도 나를 이해할 수 없었다. 나는 감정이 없는 사람처럼 멍하니 있었다.

지성이면 감천

작은언니가 출산할 날이 가까워져서 엄마가 산바라지를 해주러 오셨다. 언니 집에 가서 보니까 먹을 것이 아무것도 없어서 엄마가 쌀과 미역을 사다 놓으셨단다. 형부가 저녁마다 술을 잔뜩 마시고 들어와서 이를 빠득빠득 갈면서 자는 바람에 잠을 잘 수가 없다고 엄마가 우리 집으로 오셨다. 그때는 큰딸을 데려와서 애들 아버지와 방을 얻어 살고 있을 때였다.

일주일이 지나도 애기가 나올 기미가 안 보여서 엄마는 시골로 내려가셨다. 하필 그날 바로 애를 낳았다는 연락이 왔다. 할 수 없이 큰언니가 출근하다시피 해서 산바라지를 했다.

형부는 공장이 망하고 나서 취직을 했는데 번번이 두 달도 못 다니고 그만두는 바람에 작은언니가 일을 하러 다녔다. 언니 아는 사람이 단란주점을 하는데 안주 만드는 방법을 알려줄 테니 저녁에 와서 주방일을 하라고 했단다. 그곳에서 거의 10년을 일했다. 형부는 술에 취하면 초등학생 아들한테도 손찌검을 했다고 한다. 주로 입을 다물게 하고 뺨을 주먹으로 때려서 언니가 말리면 언니를 사정없이 두들겨 팼단다. 그러면 언니는 애들하고 도망 나와 있다가 형부가 잠들면 들어가서 자곤 했다는 것이다. 둘째 언니 딸애는 공부도 1등만 하고 그림도 잘 그리고 글짓기도 잘했다. 학교에서 상이란 상은 다 받아왔다. 오죽하면 학원에서 경쟁적으로 공짜로 해줄 테니 자기네 학원으로 오라고 했을까. 언니 딸은 정말 똑똑하다. 언니가 밤에 일하러 가고 집에서 공부하고 있을 때 아빠가 계집애가 공부는 해서 뭐 하느냐고 공장에 가서 돈이나 벌라고 하면 불 끄고 자는 척하다가 아빠가 잠들면 조용히 일어나서 공부를 했단다.

어느 날 새벽에 전화가 와서 택시를 타고 달려가 보니 작은언니 머리가 찢어져서 피가 흘렀다. 날이 밝기 무섭게 병원으로 달려가 봉합했다. 돈이 궁해서 형부가 더 폭력적이 되는 것 같다며 엄마가 돈을 조금 해주셨나.

한번은 엄마와 함께 언니 사는 곳에 가봤더니 산꼭대기에 창문도 없는 집에서 살고 있었다.

다녀오신 후 엄마는 걱정이 태산이셨다. 나도 겨울이 되면 마음이 몹시 쓰였다. 그러던 중에 그 집 있는 곳으로 길이 난다는 걱정스러운 소식이 들렸다. 엎친 데 덮친 격으로 언니랑 형부가 번갈아 아프기까지 했다. 형부가 다리 수술을 해야 한다고 해서 언니한테 내 한 달치 월급을 몽땅 주었다. 그때는 엄마가 집 살림을 맡아서 해주실 때라 우리 집 돈 관리를 엄마가 하고 계셨다. 그래서 엄마에게 작은언니한테 월급을 다 주었다고 했더니 엄마가 눈시울을 붉히며 착하다고 말씀해 주셨다.

걱정하던 일이 현실이 되었다. 당장 이사를 해야 하는데 보증금이 하나도 안 남았단다. 그동안 월세를 못 내서 보증금에서 제하다보니 그렇게 되었다는 것이다. 장애인이니 동사무소(현 행정복지센터)에 찾아가서 임대 아파트에 들어갈 수 있도록 통사정을 해보라고 하니까 어려울 것 같다고 했단다. 그래서 언니가 편지를 써 갖고 가서 사정을 했다고 한다. 간절하면 이루어진다고 임대 아파트를 계약하라는 연락이 왔단다. 마침 우리 큰딸이 월급 타다 준 것이 있어서 계약금을 보내주었다. 그리고 엄마한테 "엄마가 언니 집 사준다고 생각하시고 통장에 있는 돈 좀 주세요." 했더니 "그게 네 돈이지 내 거냐?" 하시며 통장을 주셔서 나머지 돈을 보내주었다. 그렇게 해서 작은언니는 임대 아파트에 살 수 있게 되었다.

그 후 둘째 형부는 술도 적게 마시고 차를 구입해서 새벽에 퇴근하는 언니를 데리러 온다고 한다.

언니 말로는 겨울만 되면 형부의 폭행이 더 심해진단다. 언니 큰딸이 중학생일 때 애들 두고 도망가겠다는 말을 하기에 "언니, 엄마는 마음대로 죽을 자유도 없어. 무슨 일이 있어도 책임지고 살아야 돼. 애들이 무슨 죄야? 누가 낳아달라고 했어?"라고 했다. 그리고 언니가 돈 걱정을 하면 큰돈은 아니지만 말없이 해주었다.

형부는 일 년에 몇 차례씩 술 먹고 행패를 부렸다. 술 취하면 습관적으로 아들하고 언니를 때렸다. 술 취했을 때 형부 눈을 보면 꼭 미친 사람 같다. 눈이 얼마나 무서운지 보기만 해도 오금이 저렸다.

큰오빠 돌아가신 날, 작은언니와 형부가 조문을 왔는데 느닷없이 고모부 행세를 하니까 조카들이 시큰둥하게 대했던 모양이다. 그랬더니 자기를 무시했다고 집에 와서 언니한테 화를 내며 때려죽인다고 해서 도망을 나왔다고 한다. 희한하게도 술이 깨면 아무것도 기억을 못한단다. 형부는 언니보다 두 살 어린데다 동안이다. 그러니 연식이 있는 조카들 눈에는 고모부 행세하는 것이 보기 싫었을 수도 있다.

한번은 작은언니가 우리 집으로 도망을 왔다. 하루가 지나자 형부가 애들을 앞세우고 나타났다. 언니는 아들이 같이 가자고 잡아끄니까 따라나섰다. 차를 타면서 큰소리가 났지만 내다보지 않았다. 뭐라고 참견이라도 하면 집에 가서 언니한테 또 화풀이를 할 테니….

작은언니와 나는 애들만큼은 우리처럼 살지 않게 잘 키우자고 맹세하면서 살았다.

'지성이면 감천'이라고 다행히 애들은 잘 자라주었다. 언니 애들과 우리 애들 모두 모범생이다. 우리 큰딸은 고등학교 다닐 때 담임선생님이 보기 드물게 착한 아이라고 말씀하셨다. 뒤돌아보면 마음이 아프다. 큰딸은 어릴 때부터 갖고 싶은 것이 있어도 사달라고 조른 적이 한 번도 없었다. 둘 다 공부는 특별히 잘하지 못했어도 딱히 큰소리 칠 일은 없었다. 그리고 지금은 둘

다 직업 전선에서 열심히 뛰고 있다. 작은언니네 애들은 공부를 잘했다. 둘 다 좋은 회사에 취직해서 잘 살고 있다. 언니한테 '장한 엄마'라고 칭찬해 준다.

언니는 항상 애들 때문에 살았다고 하고, 나도 그렇게 말하지만 솔직히 말하면 나는 잘 모르겠다. 숙명이 아니었을까! 용기가 없어서 받아들이고 그냥 산 것을 보면….

영원한 내 편인 엄마가 천국에 가시다

이 바닥은 참 좁다. 어느 날, 우리 식당에 재료를 납품하던 분이 만나자고 하기에 나갔더니 알고 계셔야 할 것 같다며 남편의 여자들에 대해 알고 있는 얘기들을 전해준다. 울어야 할지 웃어야 할지…. 알려주어서 고맙다고 하면서 도망치듯 일어나서 나오는데 창피함에 뒤도 돌아보지 못했다.

강진의 아파트는 시동생이 관리비만 내고 3월 이후에도 쭉 사용했다. 이제는 애들까지 저러다 작은아버지가 눌러앉아 살면 어떻게 하냐고 걱정할 지경이 되었다. 남편도 슬슬 걱정이 되는지 애먼 사람들한테 화풀이를 했다.

마음도 몸도 지칠 대로 지쳤다. 더 이상 속에다 쌓아 놓고 살지 않기로 결심했다. 그리고 애들한테도 선전 포고를 했다. 이젠 더 이상 엄마가 참고 살지 않겠다고. 예전에는 누가 알까 봐 쉬쉬했는데 이제는 그러기 싫다고. 그런 다음부터는 시시비비를 가리며 죽기 살기로 싸웠다. 그 모습을 보고 우리 엄마는 속이 다 후련하다고 하셨다. 앞으로도 쭉 그렇게 하고 살라고 응원해 주셨다. 엄마는 영원한 내 편이다. 내 딸 덕분에 떵떵거리고 살면서 내 딸을 무시하는 듯한 사위가 밉다고 하셨다.

98세인 우리 엄마가 병원에 입원하셨다. 낮에는 경로당 총무님이 간병을 해주시고, 밤에는 내가 병실을 지켰다. 엄마는 일 년 전에 자궁암 진단을 받으셨다. 수술을 해도 1년에서 3년을 사시고, 수술을 안 해도 1년에서 3년은 사신다고 해서 수술을 안 받으셨다. 통증은 없으셨지만 하혈도 하시고 식사도 잘 못하시고 기운도 없으셔서 입원하시게 되었다. 영양제 주사를 맞혀드렸는데 다리가 부으셔서 전체 사진을 찍어보고 소변 줄을 끼우는 수술을 했다. 배가 많이 부은 탓에 배가 터질 것 같다고 아무것도 안 드시더니 어느 날 아침에 입을 오물거리시며 뭘 맛있게 드셨다.

틀니도 빼놨는데 뭘 그렇게 맛있게 드시냐고 여쭈어 보았더니 하나님이 소고기를 주셔서 맛있게 먹고 있다고 하셨다. 소고기도 있고 양고기도 있고 고기 종류가 아주 많다고 하셨다. 당신 앞에는 흰옷을 입은 멋쟁이 남자들이 일곱 명 있고, 뒤에는 스물 몇 명쯤 있다고도 하셨다.

그날은 하루 종일 기운이 나서 얘기도 잘하시고 나보고 애들 아버지 밥 차려주고 오라고도 하셨다. 다음날에는 검은 옷 입은 사람이 있었는데 어디 갔냐고 물으시기도 하고, 흰옷 입은 아줌마가 흰옷 입은 어린애 손을 잡고 침대 옆에 있었는데 어디 갔냐고 물으시기도 했다. 혹시 돌아가실 때가 돼서 그러시나 싶어서 보고 싶은 사람 있으시냐고 했더니 없다고 하시면서 너만 있으면 된다고 하셨다. 소망은 빨리 천국에 가시는 거란다. 그때부터는 하나님께 꽃가마 만들어서 천군 천사 호위 속에 우리 엄마 천국 가시게 해달라고 기도를 했다.

이틀 후 꽃가마 만들어서 우리 엄마 태우고 가시라고 기도하는 중에 가마가 완성돼서 이제 뚜껑만 열리면 된다는 소리를 들은 듯했다. 그리고 며칠 후에 엄청 고운 모습으로 천국에 가셨다. 평소 엄마는 건강하게 살다가 어느 날 자다가 죽게 해달라고 기도하셨지만 고생을 많이 하다 돌아가셨다. 내가 마음 아파할까 봐 마음 놓고 아프다 내색도 못하시고 얼마나 고통을 참으셨을까. 자식은 부모가 돼서도 그 마음을 다 헤아리지 못한다.

살아생전에 불효한 딸내미가 할 수 있는 것은 간절한 마음으로 우리 엄마 천국 가시게 해달라고 기도하는 일이었다. 혹시 엄마가 천국에 못 가실 죄가 있다면 그 죄에 대한 벌을 내가 대신 받게 하시고 우리 엄마 꼭 천국에 가시게 해달라고 간절히 기도하고 찬송했다. 수의 곱게 입으시고 선산까지 목사님과 교회 식구들이 함께해 주셔서 엄마는 행복하셨을 거다. 조카가 산소까지 와서 참석한 분들한테 식사를 대접할 수 있게 해주어서 무사히 장례를 마칠 수 있었다.

둘째 형부와 내 남편의 공통점

형부는 내 남편과 공통점이 많다. 첫 번째는, 자라온 환경이 정말 안 좋다는 것이다. 형부 아버지는 첫 장가를 가서 아들을 하나 낳고, 이혼 후 형부 엄마를 만나서 살았는데 돈을 안 버니 형부 엄마가 일을 해서 근근이 먹고살다가 애들을 초등학교만 졸업시켜 공장으로 보냈단다. 형부의 배다른 큰형님은 초등학교마저 졸업하지 못했다고 한다. 형부는 입버릇처럼 아버지라고 연필 한 자루 사준 적이 없다고 원망했다. 형제들이 싸움을 잘해서 근동에서는 건드리는 사람이 없었단다. 남동생 하나는 사귀던 여자와 다툼 끝에 잡혀 들어가 옥살이를 하고 있다고 한다.

남자들은 입만 열면 허세를 부리는 것 같다. 애들 아버지도 어릴 때 친구들과 몰려다니며 다른 동네 애들과 패싸움을 한 것을 무용담이나 되는 듯 엄청 자랑했다. 그리고 자기를 좋아했던 여자들이 그렇게 많았다나 뭐라나.

두 번째는, 사람들과의 관계에서 문제가 있다는 것이다. 자기 생각만 옳고 다른 사람의 생각은 무시한다. 어디서 그런 자신감이 나오는지는 몰라도 도무지 타협이라는 걸 할 줄 모른다.

　세 번째는, 자기 자신을 가꾸는 데 엄청 공을 들인다는 것이다. 외모와 입성에 신경을 쓰고 깔끔을 떤다. 그래서 남들로부터 멋쟁이라는 말을 듣고 산다.

　네 번째는, 허세가 심하고 자기가 함부로 할 수 없는 사람들은 잘 안 만나려 한다는 것이다. 특히 여자들한테는 마음도 돈도 아낌없이 준다. 그래서 여자들이 잘해주니까 대장 노릇하려고 한다. 그렇게 여자들한테 떠받들리다 보니 남 밑에서 일하는 걸 못 견뎌한다.

　다섯 번째는, 친하지 않은 사람한테는 불만이 있어도 그 앞에서 말을 못하고 집에 와서 아내한테 화풀이를 한다는 것이다. 언니와 내가 맞고 사는 가장 큰 이유 중 하나다. 밖에서 화나는 일이 있어서 얘기할 때 내가 자기편을 안 들어준다고 화가 난단다. 애들도 아니고 어떻게 매번 내 남편이라고 무작정 편을 들어달라는 것인지….

　언니와 나는 어른들이 아무것도 아닌 것을 갖고 불만을 갖느냐면서 서로 생각이 다른 것이지 틀렸다고 할 수는 없다고 하는 경우가 많았다. 그러면 애들 가르치듯이 말한다고 핏대를 올리며 소리를 쳤다.

　지금도 남편은 내가 식당에 조금 늦게 나가면 기다렸다는 듯이 화난 목소리로 직원들의 잘못을 일러바친다. 마치 내 탓이라는 듯이. 어느 날은 참을 만한데 나도 기분이 좋지 않을 때는 그게 뭐 그리 큰일이라고 아침부터 화를 내느냐고 큰소리를 치며 싸우게 된다.

이 나이쯤 살아보니 사람은 잘 바뀌지 않는 것 같다. 해결책은 둘 중 하나다. 상대방에게 맞추든가, 아니면 헤어지든가다. 특히 타고난 성품은 달라지지 않는다.

하나님이 작은언니와 나를 세상에 보내신 것은 평생 이렇게 살다 오라고 그러신 것 같다.

지금은 마음이 조금 편해졌다. 짬짬이 놀러 다니기도 하고, 예쁜 옷으로 모양도 내고, 먼 곳은 아니어도 가까운 곳에 여행도 가고, 유명 맛집에서 음식도 사 먹고, 뷰 맛집에서 근사하게 차 한 잔도 마신다. 하지만 무엇보다 나는 식당에서 일할 때가 제일 즐겁다. 사람들이 맛있게 음식을 먹고 있는 모습을 보는 것 이상의 행복은 없는 것 같다. 공짜로 주는 것도 아닌데 활짝 웃으면서 고맙다고 말하는 손님들을 보면 기분이 더할 나위 없이 행복하다.

이런 행복은 돈 주고도 못 사는 것인데 나는 돈을 받으면서 행복을 만끽한다.

결혼이 대수냐?

작은언니는 참 고생을 많이 했다. 작은언니나 나나 누가 더 고생을 많이 했다고 가늠할 수는 없지만 평생 '두 번째 여자'라는 타이틀을 꼬리표처럼 달고 산 언니의 그 세월과 어찌 비교할 수 있겠는가!

밤에는 단란주점 주방에서 일하고 낮에는 가발을 가져다가 만들면서 혼자 벌어 남편 뒤치다꺼리에 애들 학비까지 감당하고, 명절에는 시댁까지 챙겨야 하니 그 삶이 어떠했을지 짐작만 할 뿐이다.

작은언니는 형부 호적에도 못 올라가고 서류상 미혼인 채로 애 둘을 낳고 살았다. 형부는 경제적인 능력도 없는 사람이 두 집 살림을 했는데 가끔 본가에 가고 싶으면 술 먹고 행패를 부린단다. 차라리 언니가 그쪽에 가서 살라고 하면 난리가 난다고 한다.

언니 말에 따르면 그 집에는 그 여자 친정아버지가 계셔서 무서우니까 잠깐씩만 다녀오는 거란다. 사람 사는 방법도 가지가지다.

누가 자매 아니랄까 봐 인생 여정도 어찌 그리 닮은꼴인지.

언니 딸이 공부를 잘해서 대학을 간다는데 등록금이 없어서 쩔쩔맸다. 그래서 처음으로 조카딸한테 전화를 해서 나중에 돈 벌어서 대학을 가면 안 되겠냐고 물었더니 대답을 안 했다. 언니가 은행에서 학자금 대출을 받겠다고 보증을 서 달라고 부탁하기에 보증을 서 주었다.

조카딸은 대학에 진학한 후 우리 작은딸 친구들한테 과외를 했다. 기특하게도 작은딸이 자기 친구들을 5명이나 끌어 모아 준 것이다. 조카딸은 무사히 대학을 졸업하고 취직을 했다. 언니 말에 따르면 과외하랴, 공부하랴 바쁜 중에도 남자 친구까지 사귀었더란다.

얼마 후 작은언니가 다니던 직장이 문을 닫아서 우리 식당에 와서 일을 하게 되었다. 하루는 얼굴에 수심이 가득해서 물어보았더니 카드빚이 엄청 많단다. 이리 돌려막고 저리 돌려막느라 잠이 안 올 정도라고 한다. 나도 마이너스 통장을 쓸 정도로 돈이 없을 때였다. 그래도 대출을 받아서 갚아주고 조카딸한테 전화를 했다.

"카드빚을 대출을 받아서 갚았으니 네 월급에서 50만 원씩 떼어서 나랑 둘이 대출을 갚자."고 했더니 묵묵부답이어서 나 혼자 빚을 갚아 나갔다.

언니한테 무슨 빚을 그렇게 많이 졌느냐고 물었더니 필요할 때마다 카드로 돌려막으며 쓰다 보니 이자에 이자가 붙어서 그렇단다. 형부까지 돈 내놓으라고 행패를 부린다는 것이다.

내 남편이나 형부 같은 사람들은 자기보다 센 사람한테는 꼼짝 못하면서 만만한 게 아내다. 언니는 조카딸이 결혼하면서 딸과 같이 살고 있다. 애를 키우며 살림을 도맡아 해주고 있는데 딸이 주는 돈이 너무 적어서 생활비가 턱없이 모자란다고 했다. 그렇다고 부모가 돼서 딸한테 더 달라고 손을 벌릴 수도 없고 죽을 지경이란다. 그러면서 하는 말이 나보고 존경스럽다고 한다.

"애들 둘 다 잘 키워서 제 밥벌이하고 살면 됐지 뭘 더 바라. 돈 없으면 아들딸한테 달라고 해도 되잖아." 했더니 애들 잘 되는 것하고 자기하고는 아무 상관이 없더라고 한다. 한번은 딸이 엄마도 홀로 살 생각을 하라고 하더란다. 그 말을 듣고 딸내미가 엄마를 식모 취급하는 것 같아 속상했다고 한다.

조카사위는 결혼할 당시에는 대기업에 다녔고, 결혼하고 바로 외국에 나가서 몇 년인가 있었다. 언니는 첫 애 낳고 나서 딸하고 함께 살았다. 조카사위는 귀국한 후 월급쟁이를 때려치우고 자기 아버지네 회사로 옮겨갔다. 몇 년인가 있다가 대학원을 졸업한 조카딸과 사무실을 차려서 독립했다.

얼마 전에 작은언니가 사색이 되어 나타났다. 딸이 바람이 나서 집을 나갔단다. 언니 손녀는 중학교 2학년이고, 손자는 초등학교 4학년이다. 일단 애들한테는 엄마가 박사학위 공부하느라 학교 기숙사에 들어가 있다고 둘러댔단다. 솔직히 사위 볼 면목이 없다고 했다.

언니가 딸을 만나서 애들 생각은 안 하냐고 했더니 "지들 팔자지 뭐." 하더란다. 너무 어처구니가 없어서 말문이 막히더라고 했다.

설날에 사위가 애들 때문에라도 잘 해보려고 했는데 애들 엄마가 이혼을 요구한다며 자기 아버지한테 받은 유산이라도 돌려받을 수 있게 도와달라고 하더란다. 조카딸이 있는 돈을 몽땅 빼갔다는 것이다.

하루는 언니 딸이 집에 왔더니 손녀가 엄마가 오니까 집안 분위기가 다르다면서 엄청 좋아했단다. 그 모습을 보고 사위가 마음이 약해져 어떻게든 가정을 유지해 보려고 소송도 미루었다고 한다.

그 후 몇 달이 지나도 아무 말이 없기에 어떻게 돼 가고 있냐고 물었더니 시큰둥하게 얼버무렸다. 나한테 말한 것을 후회하는 눈치다.

세상이 변하긴 정말 변했다. 젊은 애들은 나와 생각이 좀 다른 것 같다.

"결혼이 대수냐? 좋은 사람이 생길 수도 있지 뭐." 한다. 우리 큰딸조차도 대수롭지 않게 그렇게 말을 해서 깜짝 놀랐다.

외모가 밥 먹여주나!

큰언니는 잘생긴 외모만 보고 큰형부와 결혼을 했다. 큰언니, 작은언니, 나 딸 셋이 다 그랬다. 큰형부는 서울 사람으로 집 짓는 데서 벽돌 쌓는 일을 했다. 겨울에 일이 없을 때는 모여서 내기 화투를 치거나 술을 마셨다. 사람은 참 좋은데 화투만 잡으면 다른 사람이 되었다. 그래서 큰언니가 애들 어릴 때부터 밤에 청소를 하러 나녔나. 형부가 밤에 있으니 안심하고 일하러 다녔는데 하루는 형부가 노름에 정신이 팔려서 외박하는 바람에 어린 것들 둘이 잠을 잤단다. 새벽에 와서 문을 아무리 두드려도 문을 안 열어주어서 외박한 것이 들통 났다고 한다. 애들은 잠들면 누가 업어 가도 모를 정도로 깊이 잠이 드니까. 그런 날은 부부가 대판 싸우는데 승자는 늘 큰언니란다. 형부가 무조건 잘못했다고 싹싹 비는 선에서 마무리된다고 한다.

엄마 말씀이 큰형부는 언니한테 매일 혼나고 산단다. 큰언니가 돈 안 벌어 온다고 얼마나 구박을 하는지 형부가 쩔쩔매는 모습을 보면 짠하다고 하셨다. 큰형부는 일거리가 있어서 돈이 생기면 얼른 언니한테 가져다준다고 한다. 성격도 싹싹해서 손수 라면도 끓여서 엄마랑 같이 먹고 설거지까지 말끔하게 해놓는 다고 칭찬하셨다.

큰언니는 첫째가 아들이고, 둘째가 딸이다. 애들 어릴 때 언 니네 집에 갔더니 언니 아들이 책상 앞에다 "공부 열심히 해서 돈 많이 벌어 엄마, 아버지 호강시켜 드린다."고 크게 써 붙여 놓 은 걸 보고 속으로 감동했었다. 그 아들이 지금은 대기업에 다니 며 잘 살고 있다. 그런데 지독한 구두쇠다. 단돈 10원도 허투루 쓰지 않는다. 장가가기 전에는 엄마한테 그렇게 아껴 쓰라고 잔 소리를 하더니 장가가서도 돈을 착실히 모아서 내 집도 장만하 고 아들딸 낳고 평범한 가장으로 잘 살고 있다.

언니 딸은 상업고등학교를 나왔다. 고등학교 때 공부를 잘하 니까 담임선생님이 대학을 보내라고 했지만 아들 대학 공부시 키느라고 못 보내고 취업을 했다. 공부를 잘해서 서울여상을 들 어갔는데 반항심에 말썽을 피워서 전학을 가야 했다. 고등학교 다닐 때 큰언니 속을 많이 썩였다고 한다. 졸업 후 잠깐 직장 생 활을 하다 시집을 갔는데 이혼할 거란다. 큰언니 사위가 컴퓨터 게임에 빠져 가정을 돌보지 않으니 딸애가 호프집을 차려서 먹 고 살았는데 사위가 손자를 많이 때려서 못 때리게 하면 손녀도 때리고 해서 이혼한다고 애들 둘을 데리고 큰언니 집으로 왔다.

큰언니는 78세지만 손주들 학비라도 보태겠다고 지금도 돈 을 벌고 있다. 예전에는 청소를 했었는데 지금은 우리 식당에서 반나절만 일을 한다. 형부도 나이가 많아서 집에 있으니 둘이 붙어 있어 봤자 서로 잔소리만 하니까 큰언니가 식당에 나와서 아침나절 일하고 운동하러 가서 저녁때까지 있다가 저녁에나 귀가한다. 큰형부가 병원 가는 길에 잠깐 들렀는데 마음이 짠했다. 지금 형부는 80대의 추레한 노인이지만 젊었을 때는 엄청 잘 생겼었다. 그 멋진 청년은 어디로 갔을까. 인생살이가 뭔지…. 서글픔이 마음을 채우는 하루다.

큰언니는 친구도 많아서 외국 여행도 여러 번 다녀왔고, 춤추는 것도 배워서 춤도 추러 다녔다.

큰형부가 착해서 언니는 하고 싶은 것은 다 하고 살았다. 그래도 언니는 형부에게 불만이 많았다. 들여다보면 문제없는 집은 별로 없는 것 같다.

두 자매 이야기

친척 동생인 자매가 있다. 큰애는 나보다 한 살 어리고, 작은애는 나보다 두 살 어리다. 셋이서 친하게 지냈다. 우리 집은 시골이고, 그 애들 집은 서울이라서 서울 이모네라고 했다.

큰애는 애교도 많고 싹싹해서 어른들 말씀이 천상 여자란다. 학교 다닐 때 공부도 잘하고 노래도 잘 불러서 결혼식 축가도 부르고 축제 때 노래도 할 정도였다. 책 읽는 것을 좋아해서 취미가 독서다. 그런 큰딸을 이모부가 엄청 예뻐했다. 과년한데도 아버지 무릎에 앉아 볼에 뽀뽀를 하며 애교를 떨었다. 고등학교 졸업 후 취직을 해서 돈을 벌어서 집안에 도움을 주었다.

작은애는 고등학교 때 고적대에서 나팔을 불었다. 친구들과 어울려 춤추고 노는 것을 좋아했다. 친구들을 집으로 데리고 와서 레코드판을 틀어놓고 춤추며 놀았다. 도넛을 잘 만들어 주었는데 덕분에 나랑 그 집 큰애는 맛난 것을 먹으며 신나게 춤추는 것을 구경했다. 이모부는 작은딸을 은근히 걱정하셨다. 작은애도 고등학교 졸업 후 취직을 했다. 일요일에는 셋이서 잘 모여서 놀았다.

한번은 어딜 가자고 하기에 따라갔더니 큰 슈퍼였다. 아는 오빠가 거기서 일하는데 점심 사준다고 했다고 해서 같이 가서 점심을 맛있게 먹었다. 나중에 알고 보니 나한테 그 오빠를 소개시켜 주려고 갔던 거였다. 그때만 해도 나는 마음에 허풍이 잔뜩 들어 있었다. 못 배운 것이 탄로 날까 봐 많이 배운 척하고, 우리 집안 형편 어려운 것을 누가 알까 봐 허세를 부리고 다녔다.

그리고 괜히 남을 무시하는 마음이 있었고, 무시당할까 봐 오히려 남의 단점을 찾으려고 할 때라서 은근히 슈퍼에서 일하는 사람을 소개시켜 주려 했다는 사실이 불쾌했다. 그래서 동생들한테 미운 마음이 생겼다. 물론, 만남이 성사되진 않았다.

한번은 이모가 어떤 남자를 집에 데려왔다. 나한테 미리 얘기를 한 것이 아니라서 상상도 못했다. 알고 보니 이모가 나한테 소개시켜 주고 싶어서 데려온 것이었다. 점퍼 차림의 남자는 추레해 보여서 싫었다. 그리고 얼마 후 나한테 애인이 생기는 바람에 이모네를 가지 않게 되었다. 그때는 전화가 흔치 않아서 전화도 자주 못했다.

몇 년 후에 소식을 들으니 이모부는 돌아가셨고, 큰동생은 시집가서 아들 둘을 낳았고, 작은동생은 옷가게를 하고 있단다. 이모는 페인트칠을 하러 다니신다고 한다. 이모는 자기 집도 있고 월세를 받아서 사셨는데 왜 막일을 하러 다니시냐고 했더니 큰딸 때문이란다. 큰딸이 이모부 돌아가시자 집을 팔아서 남편 사업 자금을 대주면 생활비를 주겠다고 했단다. 그래서 집을 팔아서 이모 살 방을 구하고 작은딸한테 옷가게를 차려준 후 사업 자금으로 재산을 다 주었다고 한다. 그런데 사위 사업이 망해서 생활비를 못 받게 돼서 이모가 돈을 벌러 다니신다고 한다. 작은동생이 결혼을 한다기에 갔더니 이모가 다니는 페인트집 사장과 결혼한단다. 작은동생이 이모 일하는 데를 한 번 간 적이 있었는데 그때 사장이 작은동생한테 홀딱 반했다고 한다. '열 번 찍어서 안 넘어가는 나무 없다.'고 하더니 사장이 좋다고 거의 2년을 매일 쫓아다니다 보니 결혼까지 하게 되었단다. 사위가 이모한테도 엄청 잘한다고 한다. 이모 말씀이 페인트집 사장은 심성도 착하고 말수도 적고 듬직하다고 하셨다. 작은딸은 아들을 낳고도 처녀 때 버릇을 못 고치고 밤에 놀러 다니고 있단다. 사위 보기 민망해서 이모가 딸한테 주의를 주면 오히려 성질을 낸다고 속상해하셨다.

어느 날, 큰동생한테서 전화가 왔다. 그동안 왕래가 없어서 어떻게 사는지 소식을 몰랐는데 살아온 얘기를 하면서 이혼을 하겠단다.

남편은 자기가 다니던 직장의 거래처 사람이었다고 한다. 평소에 호감이 있었는데 만나자고 전화가 와서 엄청 좋았단다. 몇 달 안 만나고 결혼을 했고, 시댁에 들어가서 살게 되었다고 한다. 시할아버지, 시할머니, 시부모님과 함께 대가족 살림이다 보니 밥하고 빨래하고 청소하느라 죽을 고생을 했단다. 남편 사업이 잘 안 돼서 시어른들이 살고 계시던 집을 팔았기 때문에 시할아버지댁으로 들어갔던 거라고 한다. 시할아버지 집이 몇 채 있었는데 자기 남편이 사업한다고 다 팔아먹었단다.

결혼 초부터 시부모님을 모시고 살면서 자기 남편이 생활비를 댔다고 한다. 그 전에는 시아버님은 노시고 시어머님이 벌어서 생활을 하셨는데 아들이 결혼하면서 더는 일을 안 하시고 며느리 밥을 얻어먹고 사셨단다. 큰동생의 두 아들이 중학교 다닐 때까지 그랬으니까 거의 20년을 모시고 살았다고 한다. 큰동생은 살림을 워낙 잘하는데다 결벽증에 가까울 만큼 깔끔하다. 애들이 과자를 먹을 때도 휴지통을 받치고 먹으라고 할 정도다. 그러니 남편의 외도를 그냥 넘어가 줄 사람이 아니다. 자기는 죽어도 못 산다면서 나오더라도 친정집 팔아서 가져온 돈은 받고 나오겠단다. 나는 둘 중 하나만 선택하라고 말해주었다. 참고 살든가, 아니면 당장 나오든가. 그 집에 죽어도 있기 싫은데 있으려면 그 고통이 얼마나 크냐고. 마음 힘들게 하지 말고 당장 나오라고 했더니 그냥 나왔다.

그 후 카페를 차려서 생활하다가 고등학생 딸이 둘 있는 사별한 남자를 만나 살았다. 사람들은 살아가는 방법이 각양각색이다. 큰동생은 밖에서 일하는 것보다 살림하는 것이 자기 적성에 맞는다고 한다.

어느 날, 전처 소생의 딸애들이 속을 썩인다고 하소연을 하기에 어린 나이에 엄마가 돌아가셔서 상처가 많은 애들이니 불쌍하게 생각하고 보듬어 안으라고 말해주었다. 가끔 나하고는 위로하면서 지냈다. 그런데 복도 지지리도 없다. 새 남편이 사업이 잘 안 되니까 신경을 너무 많이 써서 그랬는지, 아니면 부도가 나서 충격을 받아서 그랬는지 쓰러져서 기억을 잃었단다. 그렇게 되니까 친척들이 여자 잘못 만나서 그렇게 됐다고 큰동생한테 욕을 퍼부었다고 한다.

큰동생은 남편을 간호하고, 이모가 돈을 벌어서 생활비를 보태주셨다. 그리고 전처 소생 딸 둘이 고등학교 졸업 후 직장에 다니면서 형편이 좀 나아졌다. 다행히 남편의 기억이 돌아왔는데 그동안 고생시킨 것이 너무 미안하다며 헤어지자고 하더란다. 딸애들도 새엄마의 노고를 아니까 더 이상 고생하시지 말고 편히 사시라고 해서 집을 나왔다. 그새 정이 들어서 두고 나오려니 마음이 아팠지만 가난이 죄란다. 그 후 아르바이트하면서 이모랑 살았다. 그때 자주 만났다.

작은동생네는 페인트 가게가 잘 안 돼서 그만두고 떡집을 차렸다. 그때도 낮에는 일하고 밤에는 놀러 다녀서 이모가 한탄을 하셨다.

그럭저럭 지내다가 이모가 돌아가시자 큰동생이 작은동생과 함께 살았다. 하지만 큰동생이 제부와 만나기만 하면 싸우는 바람에 할 수 없이 또 독립해 나갔다. 마침 제부가 혼자 사는 아는 형님을 소개해 주어서 같이 살게 되었다. 그 형님한테는 아들이 하나 있는데 회사 기숙사에 있어서 식구는 단출했다.

작은동생 아들 결혼식에 둘이 왔는데 사람이 괜찮아 보였다. 그런데 그 행복도 오래가지 못했다. 몇 년 후에 갑자기 동갑내기 남편이 세상을 떠나 큰동생은 또 혼자가 되었다. 산에도 다니고 책도 읽으며 하루를 보낸단다. 정말 팔자라는 것이 있긴 있나보다. 큰동생은 혼자 살 팔자인 것 같다.

큰동생은 두고 온 애들을 대학생 때 만나보았다고 한다. 딱 한 번 그 말을 한 후에는 일체 애들 말을 꺼내지 않아서 나도 더는 물어보지 않았다.

큰동생은 가끔 등산도 가고 장구와 가야금을 배우러 다닌다고 즐거워했다. 돈 벌러 다니지 않는 것으로 봐서 아마 마지막 남편이 먹고 살 만큼은 유산을 물려준 것 같다. 작은동생과 친구처럼 지내면서 두 자매가 알뜰살뜰 챙겨주며 잘 산다.

작은동생 아들은 이혼하고 외국에 나가서 돈을 좀 벌어 왔다. 그 돈과 부모님의 도움을 받아 공장을 차렸다. 그 후 작은동생 부부가 떡집을 접고 그 공장에서 일을 했다. 아들 공장이 잘 돼서 아파트도 사고 공장 부지도 매입하고 사업이 번창하자 더 이상 부모님을 공장에서 일하시지 못하게 하고 생활비를 풍족하게 드려서 아주 편하게 지내고 있다. 작은동생은 드럼, 가야금, 장구를 배우러 다니고 있는데 아주 잘 한단다. 고등학생 때 고적대에서 나팔을 불던 애라 음악성은 있는 것 같다. 큰동생이 작은동생 옆집으로 이사를 해서 매일 어울려 다니고 있다.

살만하면 죽더라!

작은동생의 남편인 제부는 나랑 동갑인데 참 착하고 말이 없다. 천방지축 아내를 참고 살아내느라 얼마나 속이 문드러졌을까. 제부는 고향이 전라도이고 7남매 중 막내란다. 밥 먹고 살기도 힘들어서 간신히 중학교를 졸업하고 특별히 기술이 없으니까 페인트칠하는 사람들을 따라다니면서 일당 몇 푼 받고 일을 배웠단다. 겨우 입에 풀칠을 하면서 페인트칠하는 일을 배웠지만 자본이 없어서 페인트 가게를 차릴 수가 없었다고 한다. 나중에는 그 일마저 많이 없어서 친척이 하는 떡방에서 일을 배웠고, 떡 방앗간을 차려 나왔는데 그것도 썩 잘 되진 않았단다.

그래서 마음 놓고 돈을 써본 적이 없다고 한다. 늘 아끼고 살면서 사고 싶고 먹고 싶고 가고 싶어도 참고 살았단다. 어릴 때부터 몸을 많이 써서 그런지 나이가 드니 허리가 아프다고 했다. 그래도 돌이켜 보면 지난날에 한 고생까지도 추억이 된다며 환하게 웃는 모습이 아이 같았다.

큰동생, 작은동생 자매는 살림꾼이다. 음식 솜씨도 좋고 깔끔하기가 이를 데 없다. 음식 만들어 먹는 것을 좋아해서 살이 많이 찐다고 늘 걱정했다.

얼마 전에 작은제부가 죽었다는 연락이 왔다. 평소에 건강한 편이었다는데 그날 아침에 배가 너무 아프다면서 이러다 죽을 것 같다고 해서 아들한테 연락을 했고 아들이 병원에 모시고 갔단다.

가슴이 답답하다고 하더니 병원 응급실 침대에 눕혔을 때는 이미 심장이 멈춘 상태여서 기계로 심장에 충격을 가해 살리려고 안간힘을 썼지만 끝내 깨어나지 못했다고 한다. 병원으로 갈 때만 해도 아무도 죽음을 예측하지 못했다면서 죽은 사람 본인도 아마 자기가 죽게 되리라고는 상상도 못했을 거란다. 사람 목숨이 질기다고들 하지만 꼭 그런 것만은 아닌 것 같다. 작은동생은 어떻게 사람이 그렇게 허망하게 갈 수 있는지 실감이 나지 않는단다. 오늘 우리가 살아 있어도 내일을 모르는 것이 인생인가 보다.

제부 장례식장에서 작은동생의 새 며느릿감을 만났다. 나와는 초면이니까 소개를 시켜주는데 아주 상냥하고 참해 보였다. 시아버지 될 사람이 그렇게 마음에 들어했단다. 그나마 죽기 전에 새 며느릿감을 보고 죽어서 다행이라고 했다. 그동안 이혼하고 혼자 사는 아들 걱정을 많이 했다는 것이다.

작은동생 말이 인연은 다 따로 있나보다고 한다. 아들이 전 며느리하고 결혼하고서는 하는 일마다 되는 일이 없었단다. 전

며느리는 엄마 혼자 딸 하나 키워서 시집을 보냈는데 며느리가 딸 하나 낳고는 무슨 생각에서인지 이혼을 요구했고 지금은 친정엄마랑 같이 살고 있다고 한다. 정말 팔자라는 게 있는 건지 이혼 후에 아들 일이 잘 풀리더란다. 그리고 새 며느릿감을 만나면서 심리적으로도 안정을 찾았다고 한다. 이제 여러모로 살 만해지니까 덜컥 남편이 저 세상으로 가니 딱하기 짝이 없단다. 이제 겨우 70인데 좀 더 호사 좀 누리다 죽지, 뭐가 그리 급하다고 서둘러 간 것인지 모르겠다고 눈물짓는다. 세상에는 인간이 어쩌지 못하는 세 가지가 있는데 '죽음', '과거', '타인의 마음'이 그렇단다. 특히 죽음은 신의 영역에 속한다. 죽고 사는 것은 사람 마음대로 되는 것이 아니고 그야말로 하나님의 고유 영역이다. 우리 인간이 어쩌지 못한다.

옛날 어른들 말씀이 착한 사람은 하늘나라에서도 쓸데가 많아서 일찍 데려간다고 하더니 그 말이 맞는지도 모르겠다.

불현듯 「있을 때 잘하라」는 유행가가 떠오른다.

세상이 변했다

재식이는 큰언니 아들이다. 재식이는 어려서부터 열심히 공부해서 부모님 호강시켜 드린다고 책상 앞에 써 붙여 놓고 공부를 했다. 친구들을 좋아해서 학교 다닐 때 '한잔회'라는 술 마시는 모임을 만들기도 했다. 재식이는 외가 동생들도 잘 챙기고, 친가 동생들두 잘 챙긴다. 대하 졸업하고 금융회사에 취직을 했는데 큰언니는 자기가 버는 돈을 아들한테 다 보내고 조금씩 타서 쓴다고 한다. 아들이 돈 관리를 한 다음부터는 얼마나 짠돌이 노릇을 하는지 큰언니는 화장품도 마음대로 못 산다고 툴툴거렸다. 그렇게 알뜰살뜰 살더니 돈을 많이 모았단다.

재식이는 결혼 전에는 친구들을 만나서 밥도 먹고 술도 마시고 하더니 장가를 가고 나서는 색시가 하라는 대로 하고 산다고 한다. 저녁에 일찍 들어와서 애 목욕을 시키느라고 퇴근 후에는 아무도 못 만난단다. 큰언니가 어쩌다 가보면 세상이 많이 변한 것을 실감한다고 한다. 커피 한 잔 얻어 마시는 것도 며느리 눈치가 보인단다. 한번은 아들네 애 봐주러 간다기에 무슨 일이 있냐고 했더니 며느리가 친구들과 2박 3일 여행을 가는데 아들이 혼자서 애 보기 힘들다고 엄마한테 와달라고 했다는 것이다.

얼마 후에 보니 아들이 며느리와 교대해서 놀러 가더란다. 큰언니만 교대로 애 보느라 고생했다. 요새는 며느리가 아니라 시어머니가 시집살이하는 세상이 된 것 같다. 나 같은 옛날 사람들은 이런 세상에 살고 있는 요즘 젊은이들에게 질투가 난다. 나도 40년만 늦게 태어날 걸….

우리 아파트에 사는 의사 선생님도 낮에는 환자를 보고 저녁에는 집에서 음식물 쓰레기도 버리고 분리수거도 들고 나온다. 나 젊은 시절에는 상상도 못할 일이다. 의사 선생님한테 감히 어떻게 쓰레기 버리는 일을 시킨단 말인가. 요즘은 세상이 많이 변해서 젊은 부부들은 집안일이나 육아를 공동 부담하는 경우가 많단다. 참 부럽다.

우리 큰딸만 봐도 세상이 바뀐 걸 실감할 수 있다. 시댁에 가면 휴가 온 느낌이란다. 친정이라고 오면 자기가 뭐라도 움직여서 해야 되는데 애들은 시아버지가 봐주시고, 밥은 시어머니가 해주신다고 한다. 자기는 해주시는 밥 맛있게 먹고 설거지만 하면 된단다.

확실히 우리 세대와는 다르게 산다. 여자들 입김이 세졌다. 큰사위는 뭐든 딸이 하라는 대로 하고, 뭐든 물어봐서 한단다.

작은딸도 모든 결정권을 갖고 있다. 나와는 정반대로 살고 있다.

어릴 때는 착한 딸들이었는데 결혼하고 나서는 둘 다 남편을 쥐고 흔든다. 두 사위한테 내 모습을 보는 듯해서 나는 사위들한테 연민을 느끼며 잘해주려고 애쓴다.

같이 산다고 해서 생각도 같아야 된다고는 생각하지 않는다. 내 주장만 하지 말고 다름을 인정하고 소통하며 사는 지혜가 필요하다.

가정행복의 10가지 원칙
첫째, 가정의 주인은 가정을 만드신 하나님이다.
둘째, 하나님과 만나는 가정예배는 가정생활의 꽃이다.
셋째, 사랑을 말로 나타내고 사랑이 담긴 선물로 사랑을 표현해야 한다.
넷째, 상호 신뢰감이 두터워야 한다.
다섯째, 주의 교양과 훈계로 양육해야 한다.
여섯째, 자녀를 노엽게 하거나 슬프게 하지 말아야 한다.
일곱째, 가정의 구성요소와 그 틀은 변할 수 없으나
새로운 사고방식으로 환경까지 바꾸어 가야 한다.
여덟째, 가족이 함께 프로그램을 가진다.
아홉째, 기본 틀 안에서 각자가 변신을 시도해 본다.
열째, 행복의 말을 한 가지씩 하도록 한다.

김영복, 『배시시 웃게 하는 10가지 생각·1권』 (도서출판 코람데오, 2010), p. 17

터널 끝에서 만난 희망

4장

빚으로 시작한 식당

작은딸이 유치원 다닐 때였다. 우리 동네에 수입 고기를 취급하는 공장이 있었는데 아르바이트를 모집했다. 하루 3시간 일하고 확실한 기억은 없지만 한 달에 30만 원 정도 받았던 것 같다. 작은딸을 유치원에 보낸 다음 일하면 될 것 같아서 갔다. 공장에 들어서니 고기 비린내가 엄청 났다. 돈 벌려면 참아야지 별 수 있나. 출근하기로 하고 다음날 갔더니 칠면조 다리를 다듬어서 햄 공장으로 보내는 일을 시켰다. 쉽지 않았지만 열심히 해서 내가 가장 많이 손질했다. 그렇게 며칠을 했더니 나와 다른 사람이 일하는 양이 너무 차이 난다며 시간이 아니라 무게로 달아서 돈을 준다고 했다. 그랬더니 나보다 일 잘하는 사람이 많아졌다. 그렇게 몇 달 일했는데 거래처에서 현재 우리 공장보다 다른 공장에서 고기를 더 싸게 준다고 해서 거래를 끊겠다고 했단다. 그래서 납품을 계속하려면 값을 내려야 하니 우리한테 아르바이트비를 내려야 되겠다고 했다. 나는 좋다고 했지만 다른 사람들이 거절하는 바람에 그 일을 못하게 되었다. 그 대신 창고에서 고기 나가고 들어오는 것을 관리하는 일을 맡았다. 그리고 동네 식당에 돼지고기, 쇠고기를 팔았는데 명절 때라서 잘 팔렸다. 하지만 한두 달 지나니까 매출이 떨어졌다. 그래서 고기 납품하는 일을 하게 되었다. 그다음에는 식당 책임자로 갔다. 책임자라기에 예쁜 원피스를 입고 갔는데 청소부터 각종 허드렛일까지 다 해야 했다. 그래서 다음날부터 몸뻬 바지에 면티를 입고 출근했다. 하지만 정신적·육체적으로 너무 힘들어서 그만두고 집에서 며칠 놀다가 인력사무소를 찾아갔다.

저녁에만 일하는 데가 있다고 해서 면접을 보러 갔는데 합격은 했지만 아무리 생각해도 엄두가 나지 않아서 포기했다. 마침 백화점에 납품하러 다닐 때 만났던 사람이 어묵 파는 회사에서 백화점에서 홍보 행사를 담당할 사람을 뽑는다고 알려주었다. 그래서 한 5년 다녔다. 그러면서 망한 식당을 인수받게 되었다.

식당을 시작하고 참 힘들었다. 작은애는 고등학생이고, 시어머님은 치매에 걸리시고, 남편은 새로 여자를 만나서 바깥으로만 나돌았다. 전에는 남편이 가끔 청소라도 해주어서 숨통이 좀 틔었는데 그마저도 기대하기 힘들었다. 아침에 일어나서 도시락 싸서 애 학교 보내고, 조금 있다가 시어머님 재가복지센터에 보내드리고, 10시까지 식당에 출근해서 어떤 때는 새벽 2~3시쯤 집에 온다. 얼마나 힘들었으면 걸어가면서도 눈을 감았다 떴다 졸았겠는가. 돈이 없으니 대출받는 것도 모자라서 사채를 끌어다 썼다. 배짱 좋게 그렇게 빚을 많이 지고 식당을 시작했다.

나 혼자 자유롭게 살고 싶다

애들 아버지는 나한테 너무 인색하다. 얘기를 듣다 보면 나 빼고는 주변 여자들이 모두 팔방미인들이다. 가장 화가 나는 건 대놓고 그들을 나와 비교한다는 사실이다. 아니, 그럼 그 여자들이랑 살지, 왜 부족한 나와 사는 걸까.

세상에 완벽한 사람은 없다. 시행착오를 통해 하나하나 부족한 부분을 채워가는 것이다. 결혼도 그런 것 아닐까. 결혼생활이 잘 굴러가려면 반드시 그에 합당한 노력이 필요하다. 남편이 밖으로 나도는 데는 일정 부분 내 책임도 있음을 부정하지 않는다. 가정이라는 울타리 안에서 채워지지 않는 부분이 있으니 밖에서라도 보상받고 싶겠지. 그렇다고 나를 무시해도 된다는 말은 아니다. 부부간에도 분명 넘지 말아야 할 선이라는 게 있다. 내가 아무리 옛날 사람의 사고방식을 갖고 있어서 인내하고 산다고 해도 그 선이 무너지면 자포자기하는 심정이 된다. 트집 잡을 생각만 하지 말고 내 상처도 한번쯤 돌아봐 주었으면 좋겠는데 현실은 그렇지 못하다. 그래서 집안에서 큰소리가 많이 났다.

우리 부부는 만나기만 하면 싸웠다. 내색은 하지 않으셨지만 그런 모습을 가까이에서 지켜보시는 친정엄마의 심정은 어떠셨을까. 못난 딸 때문에 속이 숯검정이 되셨을 것이다. 그래도 친정엄마는 미아동에서는 마당발로 통하셨다. 경로당 회장으로 경로당 운영을 차질 없이 잘 하셨다. 저녁에는 우리 식당에 나와서 일손도 도와주셨다. 어떤 손님은 우리 엄마를 보면 자기 엄마 생각이 난다며 맛있는 것 사 드시라고 용돈을 드리기도 했다. 대부분의 손님들은 친정엄마가 건강하셔서 경로당에도 나가시고 식당에 와서 일손도 도와주시는 모습이 보기 좋다고들 했다.

큰딸은 시아버님 돌아가시고 난 후 노인복지를 전공해 노인복지회관에 취직해서 경로당 관리 업무를 하고 있고, 작은딸은 호주로 유학을 보냈다. 작은딸이 호주에서 국제 경찰 관련 공부를 하고 싶다고 해서 보내긴 했지만 큰 욕심은 없었다. 적어도 영어는 제대로 배워오겠지 하는 심정으로 허락했다. 또 내심 유학 온 애들 중 집안 좋은 배우자감을 만난다면 좋겠다는 얕은 생각도 했다. 참 우스운 생각이었다. 작은딸은 호주에서 일 년 정도 있다가 너무 집 생각이 난다며 돌아왔다. 나무라지 않았다. 놀러 가고 싶은 데 있으면 놀러 가고, 배우고 싶은 것 있으면 배우고, 하고 싶은 것 있으면 다 해보다 나중에 우리 식당에서 함께 일하면 어떠랴 싶었다.

사람이 참 간사하다. '뒷간 들어갈 때 마음 다르고, 나올 때 마음 다르다.'고 하더니 매일 돈에 쩔쩔매고 살 때는 이런 여유 있는 생각을 하지 못했다. 시어머님은 치매에 걸리셨지, 빌라 살 때 받은 대출 이자는 매달 나가지 그야말로 매일 매일이 살얼음 판이었다. 보다 못한 친정엄마는 우리 사는 형편이 너무 어려우니까 나한테 부담을 주지 않으시려고 큰언니 집에 단독 세대주로 주소를 옮겨 수급자가 되셨다. 당시 친정엄마는 복잡한 집안 사정 때문에 오빠네 호적에 올라가 있어서 호적상 나와는 남이었다.

길거리에 나앉을까 봐 걱정하던 차에 하나님께서 식당을 하게 해주셨다. 처음에는 마이너스 통장을 써가면서 그럭저럭 하다가 점점 잘 되어갔다. 직원도 2명에서 3명, 4명으로 늘었다. 굳이 4명까지 필요하진 않았지만 주방장의 친구가 돈 좀 벌게 해달라고 두 번이나 간청하니 거절할 수 없었다. 나도 그처럼 절박했던 시기가 있었으니까. 정 안 되면 다른 데 소개시켜 주면 되니 우선 살아갈 용기를 준다는 차원에서 데려왔는데 다행히 식당이 잘 되었다. 나까지 5명이 엄청 바쁘게 일했다. 친자매처럼 서로 도와가면서 하루하루 활기차게 지냈다. 식당에서 안정적으로 돈이 들어오니 사는 것이 그다지 힘들지 않았다. 마음의 여유가 생기니 매사에 관대해졌다.

딸들에게는 하고 싶은 것, 먹고 싶은 것, 사고 싶은 것 마음껏 누릴 수 있는 환경을 만들어 주고 싶었다.

그래서 사는 것이 즐거웠다. 가끔 남편이란 사람이 식당에 들러 화를 내는 통에 마음이 답답하긴 했지만 그래도 일주일에 한 번이니까 그럭저럭 견딜만했다. 다른 남자들은 바람을 피우다

가도 얼마 안 가 가정으로 돌아온다고들 하는데 애들 아버지는 순애보(?)다. 한 여자와 10년씩이나 바람을 피우고 있다. 그렇게 하기도 쉽지 않다.

마음속에 한 가지 소망이 생겼다. 친정엄마 돌아가시고 애들 시집보내고 나면 그때부터는 나 혼자 자유롭게 살고 싶다는 것이다.

"하나님, 제 소망이 들어주시기 힘들 정도로 허황된 것은 아니지요?"

다정도 병인가!

나는 식당 식구들을 가족처럼 생각하고 살았다. 다 내 마음 같은 줄 알았다. 속없이 모든 것을 시시콜콜 얘기하고 지냈는데 나만 그렇게 산 것이다. 주인이라서 마음에 안 드는 게 있어도 싫은 말을 잘 하지 못했다. 매일 보고 살아야 하는데 화내고 싫은 말하면 상처가 되니까 하고 싶어도 많이 참는다. 그런데 상대방들은 그렇지 않다는 걸 깨닫게 되었다. 배신감 비슷한 것을 느꼈다.

어느 날, 직원들 중 여러 명이 한꺼번에 이런저런 이유로 출근을 못하게 되는 상황이 벌어졌다. 그나마 며칠 오던 아르바이트생도 그만두고 해서 4명으로 식당을 꾸려가야 할 판이었다. 인력사무소에서 한 명, 아는 사람 한 명 해서 겨우 6명이 일을 하니 난리가 났다. 게다가 금요일, 토요일에는 손님이 평소보다 두 배나 많다. 그날은 사사건건 일이 꼬여 오해가 오해를 낳고 제대로 풀리는 일이 하나도 없었다. 내 말을 잘못 알아듣고 화내는 사람에, 전화를 끊고 나서 나 혼자 무심코 한 말에 성질내는 사람에 아무튼 난감한 상황이 속출했다.

한번은 애들 아버지가 나한테 퇴근을 일찍 시키니 직원들이 저녁에 몰려다니며 길거리를 배회한다고 야단을 한다. 직원들이 퇴근하고 뭘 하든 무슨 상관이냐고 했더니 화를 내면서 한두 번이 아니니 단속을 해야 한단다. 가족이라며. 내키지 않는 마음으로 한 동생한테 전화를 했더니 안 받기에 다른 동생한테 전화를 했다. 애들 아버지가 너희들이 퇴근 후에 바로 집으로 가지 않는다고 걱정한다고 말했다. 그리고 그것이 내 탓이라고 화를 내기에 너희들이 집에 곧바로 갔다고 확인시켜 주느라고 걸었으니 기분 상해하지 말라고 했다. 다른 동생들한테도 그렇게 말했다.

다음날 출근했더니 직원들이 무섭게 화를 냈다.

"뼈가 으스러지도록 일해 주었더니 별꼴을 다 본다. 왜 집구석에 와서 젓가락, 숟가락 몇 개인 것까지 간섭하지! 퇴근하고 뭐 하는 것까지 참견하느냐?"고 하며 주방에서 난리를 쳤다.

너무 놀란 나머지 "나는 우리가 가족같이 친한 사이라고 생각해서 편하게 얘기했는데 미안하다."고 말하고 3일 동안 눈치를 보았다.

정말 알 수 없는 게 타인의 마음인 것 같다. 내 의도는 그게 아닌데 오해를 하게 되는 경우가 많다. 사장과 종업원 간에는 특히 그렇다. 어떨 때는 무심코 내뱉은 말 한마디로 인해 오해가 생겨 식당 분위기가 싸해지기도 한다. 다정도 병인가! 그렇게 화낼 일인가 싶은데 엄청 화를 내니 당황스러울 때가 있다. 내 마음을 몰라주는 것이 서운할지라도 그날 영업에 지장이 있으면 안 되니 먼저 다가가 다독이며 화해를 청하곤 한다. 내가 너무 물러터진 걸까, 아니면 너무 만만한가. 남편이 나를 막 대하니까 자기들도 그렇게 대해도 된다고 생각하는 걸까.

이런저런 일들을 겪으면서 깨닫게 되는 것은 깊이 생각하지 말고 장사나 열심히 하자는 것이다. 예수님 가르침은 사랑, 배려, 믿음이지만 살면서 그것이 얼마나 어려운 일인지 새삼 깨닫게 된다.

'예수님! 왜 인간은 받는 것에 감사함을 모르고 자꾸만 더 주길 바랄까요? 하나님께 기도하면 왜 잘 안 들어 주시는지 이제야 그 이유를 알 것 같아요. 10원을 주면 100원을 달라 하고, 100원을 주면 1,000원을 달라 하니 어떻게 다 들어주시겠어요. 고달프신 하나님, 이제 달라는 기도는 조금씩 줄여 갈게요. 그리고 있는 돈 필요한 사람과 나눠 쓰며 살게요.'

물살이 내 마음을 닮아 있었다

하루는 남편이 당장이라도 무슨 일을 낼 것처럼 화를 냈다. 어디서, 어떻게 듣고 왔는지 자기 집이 오씨네 종노릇하고 산 것을 창피하게 왜 얘기했냐면서 길길이 뛰었다.

살아온 세월이 불쌍해서 어떻게든 편안하게 살게 해주고 싶었는데 왜 아직도 옛날 얘기만 하면 저러는지 알 수 없었다. 큰언니 말이 우리 집안한테 복수하려고 나와 만나는 것이라고 했단다. 큰언니와 남편이 동창이어서 충분히 신빙성이 있었지만 믿지 않았다. 실제로 만나기 시작한 지 얼마 안 됐을 때 나한테도 그런 말을 했었다. 하지만 그때는 내가 엄청 좋아하고 있을 때라서 그 말을 흘려들었다.

그날은 정말 이제는 살지 말아야겠다고 결심하고 입은 채로 간단히 가방만 챙겨 들고 집을 나왔다. 비가 와서 편의점에서 우산을 하나 사서 쓰고 거리로 나오긴 했는데 막상 갈 곳이 없었다. 이대로 집에는 들어가기 싫고 해서 정말 아무 생각 없이 한강으로 갔다. 그날따라 비가 와서 그런지 오가는 행인도 보이지 않고 아침인데도 어두컴컴했다. 우두커니 서서 한강 물을 바라보는데 소용돌이치는 물살이 꼭 내 마음을 닮아 있었다. 울부짖는 것 같기도 하고, 성이 난 것 같기도 하고 마치 나한테 왈칵 달려들 것 같았다. 그동안 내가 힘든 티를 잘 안 내고 지인들이나 친정 식구들한테도 속속들이 집안일을 잘 얘기하지 않아서 사람들은 내 사정을 잘 모른다.

이번에는 내가 죽든지 이혼을 하든지 둘 중 하나는 해야 될 것 같았다. 그런데 소용돌이치는 강물을 바라보고 있자니 갑자기 무서운 생각이 엄습했다. 감히 뛰어내릴 용기가 나지 않았다. 그래서 친구인 조카한테 전화를 했다. 그때는 애들 아버지가 아무도 못 만나게 해서 친구는 그 애가 유일했다.

매일 집하고 식당만 시계추처럼 왔다 갔다 하다 보니 주위에 친한 사람이 없었다. 정말 오랜만에 전화를 했다. 그 친구는 드레스 가게를 하다가 건강이 나빠져 가게를 며느리한테 맡기고 공기 맑고 경치 좋은 시골에 가서 살고 있었다.

"숙아, 내가 죽으려고 한강에 왔는데 무서워서 도저히 못 뛰어내리겠더라. 그래서 너한테 전화했어."

비는 오고 집에서 입던 옷 그대로 뛰쳐나와서 오랜만에 친구한테 전화한다는 것이 이런 모양새라 자존심도 상하고 너무 비참했다.

"무슨 소리야! 주소 찍어줄 테니 당장 택시 타고 우리 집으로 와."

염치불구하고 택시를 타고 알려준 주소지로 달려갔다. 친구는 뒤로는 산이 있고, 앞으로는 넓은 들이 있는 아늑하고 평안해 보이는 동네에 살고 있었다. 집안으로 들어가니 친구 둘째 언니가 놀러와 있었다. 비 올 때는 수제비가 최고라며 집 앞에 나가 뽕잎을 따다가 갈아서 수제비 반죽을 해서 맛있게 먹고 셋이 앉아서 신세타령을 했다. 그동안 살아온 얘기를 쭉 했더니 내가 돈 많이 벌어서 빌딩 사고 부러울 것 없이 잘 사는 줄 알았다고 한다. 동창회에도 안 나가고 시골 친구 모임에도 안 나가고 친척들과도 교류가 적다 보니 많이들 오해를 하고 있었던 것 같다. 내 얘기는 잘 안 하고 누가 힘들다고 하면 힘닿는 데까지 도와주다 보니 내 모습이 잘난 척하는 것으로 비쳐진 것이다.

집안 큰일에도 바쁘다는 핑계로 친정엄마가 대신 다니셨다.

저녁 무렵, 시동생한테 전화해서 지난번에 이혼한다고 했을 때 내버려두지 왜 말렸냐고 하면서 이번에는 진짜 안 산다고 했다. 단호한 내 태도에 당황한 시동생은 형님한테는 자기가 잘 말해볼 테니까 며칠 푹 쉬다 오시라고 한다.

밤새 비는 추적추적 내리고 뜬 눈으로 밤을 보내다 새벽이 되어 친구한테 한숨도 못 잤다고 했더니 수면제를 가져다주어서 처음으로 수면제를 먹고 다시 누웠다. 언제 잠들었는지 몇 시간을 푹 자고 일어났다.

그랬더니 은근히 식당과 친정엄마가 걱정되었다. 그래도 만만한 게 시동생이라고 시동생한테 전화를 했더니 주소를 대라며 자기가 데리러 오겠단다.

시동생 차를 타고 오다가 점심을 먹으면서 한참을 속내 얘기를 했다. 그날 시동생이 남편한테 뭐라고 했는지 앞으로 잘할 테니 제발 이혼은 하지 말자고 한다. 그래서 또 슬그머니 주저앉았다. 하지만 마음이 떠나니까 애들 아버지랑 같이 있는 게 고역이었다. 싫으면 무 자르듯이 잘라야 되는데 이러지도 저러지도 못하고 있는 내 자신이 미워 죽겠다. 어떤 날은 정말 죽을 것처럼 숨이 안 쉬어지고 머리가 아팠다. 자다가도 숨이 탁 막혀서 깰 때가 있다.

어느 날, 머리가 깨질 듯이 아파서 병원에 가 있는데 애들 아버지한테 전화가 걸려 왔다. 병원이라고 했더니 웬일로 바로 달려왔다. 혈압이 너무 높다고 해서 혈압 약을 처방받아서 집에 오고 있는데 의사한테서 전화가 왔다. 다시 검사한 것을 자세히 보니 등쪽의 혈관에 조금 이상이 있는 것 같으니 빨리 큰 병원으로 가보라는 것이다. 차에서 같이 들었으니까 바로 무슨 조치를 할 줄 알았다. 그런데 나를 집에 내려주고는 약속이 있다고 급히 내뺐다.

병원에 있는 선배한테 전화를 해서 상황을 말했더니 예약을 해놓을 테니 바로 와서 정밀 검사를 받으라고 해서 검사를 받고 집에 왔는데 왜 그리 눈물이 나는지…. 죽고 싶을 때가 그렇게 많았는데 심지어 죽는 방법까지 생각해 봤으면서 이 눈물의 의미는 뭘까?

검사 결과를 보러 가기 전날 밤에 꿈을 꾸었다. 해마다 봄가

을이 되면 길가에 꽃을 심고 있는데 그때마다 남은 꽃을 몇 개씩 가져왔었다. 이번에도 그 행사가 있어서 갔더니 다른 사람들은 다 주는데 나만 꽃을 주지 않았다. 더구나 지금까지 한 번도 본 적 없는 엄청 예쁜 흰색 꽃이었다. 그래서 담당자한테 나는 왜 안주냐면서 섭섭하다고 했더니 이름 모를 식물을 심은 화분을 몇 개 주면서 여기서 꽃이 필 거라고 해서 받았다. 기분이 좋았다. 그리고 검사 결과를 보러 갔더니 괜찮다고 했다. 그 말을 들으니 마음이 편안해졌다.

"하나님, 감사합니다."

감사의 기도가 절로 나왔다.

각자 밖에서 위로받을 사람을 찾다

　엄마가 돌아가시자 세상에 내 편이 없다. 두 딸은 아버지와 매일 죽일 듯이 싸우다가도 다음날 아무 일 없다는 듯이 말을 하고 지내는 내가 이상하단다.
　큰딸이 가끔 자기 아빠한테 엄마하고 제발 사이좋게 지내시라고 하면 본인은 잘해보고 싶은데 엄마가 마음의 문을 닫고 있어서 관계 회복이 어렵다고 하더란다.
　한때는 남편을 고소할 생각까지 해보았지만 남의 입방아에 오르내리는 것이 번거롭게 생각되어 포기했다.
　큰딸이 결혼을 하게 되었다. 보통 아버지들이 자식들을 혼인시키면서 많이 달라진다고들 하기에 조금 기대를 하고 있었다.
　사위가 우리 사는 모습을 보면 속으로 얼마나 흉을 보겠냐며 이제부터라도 부모 노릇 좀 제대로 하자고 했다. 그랬더니 또 팔자타령이다. 각자 제 팔자대로 사는 거라나 뭐라나.
　37살에 시집을 간 큰딸은 38살에 손자를 낳았다. 엄마 돌아가시고 나서 낙이 없던 나한테는 커다란 기쁨이었다. 내가 산바라지를 해줄 수 있는 형편이 아니라 산후 조리를 해줄 사람을 구해주었다. 애 돌 때까지라도 쓸 줄 알았는데 애기와 엄마 사이에 애착 관계가 형성돼야 한다며 백일쯤 지나서 도우미를 그만두게 했다. 그래서 내가 큰딸 집에 드나들며 치다꺼리를 했다. 노산이라 그런지 큰딸의 몸 상태가 더디 회복되는 것 같았다. 매일 드나들며 지내다 보니 손자가 돌이 되었다. 그런데 큰딸이 또 임신을 했단다. 아직 몸이 완전히 회복되지 않아서 힘들어 하면서 둘째를 가졌다기에 축하한다는 말 대신 나도 모르게 좀 짜증스럽게 반응한 것 같다. 나는 내 딸 건강이 걱정되어 한 소리인데 그 말이 큰딸한테는 엄청 서운하게 들렸던 모양이다. 시간이 꽤 지났는데도 여전히 그 얘기를 들먹인다.

큰딸은 첫째 낳을 때두 자연분만을 고집하다 엄청 고생했다. 나는 노산이 염려되어 그냥 안전하게 제왕절개를 해서 낳자고 했는데 고집을 피워 자연분만을 시도했다. 입원한 저녁부터 다음날 아침까지 고생고생하다 결국 제왕절개를 통해 애를 출산했다.

그날 핏덩이 손자를 보고 와서 삶에 목표가 하나 생겼다. 그 애가 건강하게 잘 자라서 장가갈 때까지 사는 거다. 하지만 다음날 청천벽력 같은 소식을 들었다. 애기가 집중치료실에 들어갔다는 것이다. 애가 엄마 배 속에서 나오려고 애쓰며 죽을 고생을 했던 것 같다. 때맞춰 제왕절개를 한 것이 신의 한 수였단다. 그래서 그나마 애가 무사히 세상 밖으로 나올 수 있었다는 것이다.

큰딸은 애를 키우면서 육아의 고충을 끊임없이 토로했다. 주중에는 온종일 애기 돌봐주는 사람을 쓰고, 따로 빨래나 청소해주는 사람도 썼다. 그래도 정 힘들면 아예 입주해서 일하는 사람을 쓰라고 하면서 애 키우며 맞벌이하는 사람도 있다고 했더니 엄마가 위로는 못해줄망정 왜 다른 사람과 비교하느냐고 짜증을 냈다.

어느 날, 또 투정을 부리기에 큰마음 먹고 응석을 받아주었다. 그랬더니 적응이 안 되는지 어색하다고 민망해했다. 그러면서 하는 말이 우리 가족은 가족 간에 끈끈한 정이 없는 것 같단다. 그래서 서로 위로하고 위로받는 것에 익숙하지 않아서 각자 밖에서 위로받을 사람을 찾고 있다는 것이다. 듣는 순간 충격이었지만 그럴지도 모른다는 생각이 들었다.

장남이 짊어진 삶의 무게

작은딸이 호주에서 돌아왔다. 나는 작은딸한테 다른 일 할 생각하지 말고 우리 식당을 맡아서 하라고 했다. 그 대신 식당일을 맡아서 하기 전에 몇 년이 걸려도 좋으니 하고 싶은 것, 가고 싶은 곳, 배우고 싶은 것 있으면 원 없이 다 해보라고 했다. 식당을 맡아서 하게 되면 그때부터는 꼼짝 없이 식당일에 묶여 있어야 되니까. 주인이 식당을 자주 비우면 안 된다는 게 나의 신념이다. 그래서 작은딸은 몇 년 동안을 놀면서 지냈다.

그러던 중에 애인이 생겼다. 우연히 전화 통화 내용을 듣게 되었는데 식당을 하는 사람이었다. 늦었다고 손님한테 가라고는 못하고 전화로 그 속상함을 얘기하는 거였다. 작은딸한테 물어보니까 일하는 애들 둘을 데리고 종로에서 식당을 한다고 했다. 작은딸과 동갑인데 차도 없이 새벽시장 다니면서 재료를 사다가 새벽 2시까지 장사를 할 때도 있단다. 바쁜 날은 작은딸이 가서 설거지도 해준다는 것이다.

'아니, 나도 아끼며 안 부려 먹는데 결혼할 사이도 아니면서

왜 거기 가서 일을 도와주나.'

생각해 보니 기분이 별로 안 좋았다. 그래도 뭐 어쩌겠나! 다 큰 아이들이니 자기들끼리 알아서 잘하겠지 뭐. 그러고는 잊고 있었는데 어느 날부턴가 작은딸이 남자 친구 가게 장사가 너무 안 된다고 걱정을 한다. 광화문에서 촛불집회를 해서 손님이 없다고.

그때는 세월호 사고와 관련해서 매일 광화문에서 촛불집회를 하던 시기로 식당에 손님이 없다고 했다. 그래서 작은딸 남자 친구한테 빨리 식당을 내놓으라고 일렀다. 월세 내는 것보다 이사 비용을 물고 빨리 식당을 처분하는 것이 손해를 덜 본다고. 다행히 식당이 빨리 나갔다.

그 후 작은딸 남자 친구는 친한 동생이 다니는 분양 사무실에서 월급 없이 성과에 따라 인센티브를 받고 일한다는데 그 계통의 일을 잘 모르니까 애로가 많은 것 같단다. 그 일이 열심히만 한다고 되는 일은 아니다. 그러다보니 작은딸이랑 자꾸 싸우게 되더란다. 그 애는 요리를 좋아해서 요리학교를 다녔으니 다른 데 기웃거리지 말고 자기가 좋아하고 잘하는 것을 하면 좋을 것 같았다. 게다가 성실하고 몸에 절약이 배어 있는 듯한 느낌이 들었다. 그래서 작은딸한테 그 애를 우리 식당으로 데려오자고 말했다. 그랬더니 작은딸이 우리 식당에서 같이 일하다 자기랑 헤어지면 어떻게 하냐고 걱정한다. 나는 그 애한테서 내 모습이 보여 너랑 헤어지더라도 그 애는 내가 책임질 테니 걱정 말라고 했다. 작은딸과 상관없이 나는 그 애한테 힘이 되어주고 싶었다. 그렇게 해서 그 애가 우리 식당으로 왔다.

　작은딸 남자 친구는 아버지가 일찍 돌아가셔서 엄마가 파출부도 하시고 부업도 하시면서 아들 둘을 기르셨다고 한다. 남자 동생은 미용 기술을 배웠는데 미용학교를 같이 다니던 여자애랑 결혼해서 미용실을 하고 있단다. 미용실이 엄청 잘 돼서 서른이 갓 넘었는데 아파트도 장만하고 상가도 하나 분양받아서 잘 살고 있다고 한다. 지금 엄마는 일하러 다니시지 않고 동생네 애들을 봐주고 계신단다.

　작은딸 남자 친구는 요리학교에서 요리를 배운 후 남의 식당에 월급쟁이로 있다가 군대 가서 장교 식당에 복무한 다음 제대해서 식당을 차렸다고 한다. 천성이 부지런하고 성실한 사람이지만 나처럼 기댈 곳이 없고 자기가 베풀기만 해야 되는 처지란다. 큰아들이니 엄마도 책임져야 하고 가진 것 없이 홀로서기를 해야 하는 상황이라는 말을 들으니 내가 도움을 줄 수 있으면 도와주고 싶었다.

전생에 죄가 많은가 보다!

큰딸과 사위가 에어컨 필터 청소 문제로 옥신각신 했다. 아침 7시에 나가서 저녁 8시, 9시나 돼야 집에 오는 사람한테 그런 걸 시키느냐고 했다가 큰딸한테 한 방 먹었다. 사위는 지금까지 에어컨 필터 청소를 한 번도 안 해봐서 에어컨 필터를 청소해야 하는 것인 줄도 모른단다. 그러면서 큰딸 말이 자기 남편은 알아서 하는 것이 하나도 없어서 화가 난다고 했다. 그 말을 듣고 나는 총각 때 아무것도 안 해봐서 몰라서 그러니 시켜서 안 해주면 화를 내더라도 알아서 안 한다고 화를 내지는 말라고 했다. 그랬더니 엄마는 사위 편만 든다고 화를 냈다. 그 후로는 가급적 큰딸 가정사에 아무 말 안 하고 있다.

자식들은 자식들대로 자기 편 들어주지 않는다고 불평하고, 남편이란 사람은 밖으로 나돌며 나를 점점 멀리하면서 눈도 잘 안 마주쳤다.

한번은 ○○오벨리스크에 사는 아주머니가 우리 큰딸이 자기네 동네에 사냐고 물었다. 애들 아버지가 자주 오더란다. 그래서 남편의 여자가 거기 살고 있고, 거기에 자주 간다는 것을 알게 되었다. 남편은 동네 사람들을 잘 몰라도 동네 사람들은 남편 얼굴을 아는 사람이 많다. 식당에도 같이 있고, 큰딸 결혼식에서 본 사람도 많다.

○○오벨리스크에서 인테리어 가게를 하시는 사장님도 애들 아버지가 자기 가게 앞에다 자전거를 세워 놓고 한참씩 있다가 간다며 거기 누구 사느냐고 물었다.

그런 말을 들을 때면 화가 많이 난다. 정말 안 보고 살면 좋겠다. 나가서 살라고 해도 안 나가고 눈앞에서 알짱대니 견디기가 힘들다. 싫은 사람과 한 공간에 같이 있는 것은 고문 중의 고문이다. 그렇게 살자니 가슴에 바윗덩이 같은 것이 얹혀 있는 듯해서 밥도 잘 넘어가지 않는다. 가슴이 답답하다. 이게 옛날 어른들이 말하는 '화병'인가 보다.

'맞아! 나는 하나님께 벌을 받아도 싸다. 아버지, 어머니 눈에 피눈물 나게 하고, 형제들 마음을 아프게 한 내가 마음 편히 잘 살면 하나님이 없는 거야.'

몸과 마음이 지치니 식당일이든 뭐든 매사에 의욕이 줄어들었다. 그래서 낮에 식당에 나가지 않고 있었다. 그러다보니 손님이 점점 줄었다. 친한 손님들이 식당 문 안 닫으려면 나보고 낮에 나오라고 조언했다.

처음 생각에는 애들이야 지들이 어떻게든 살 거고, 남편은 지금까지처럼 살면 될 테니 식당이 망하든 말든 내버려둘까 생각도 했지만 고심 끝에 마음을 다잡고 아침부터 식당엘 나가기로 했다.

지금 이대로 주저앉으면 큰딸이 나라고 생각하고 살아온 40년의 세월이 헛되게 되니까 다시 용기를 냈던 것이다.

식당에 아침부터 출근하게 되니 아침에 남편이 안방에 있을 때 나는 식당에 나가고, 저녁에 남편이 퇴근해서 밥 먹고 있으면 내가 안방에 들어가서 안 나오니 뭐 그렇게 마주칠 일도 없지만 그래도 어쩌다 눈이 마주치면 여전히 숨이 막혔다.

식당을 아침부터 나가니 식당에서 일하는 동생들이 엄청 좋아했다. 외출했던 엄마가 돌아온 것처럼 반겨주었다.

손님들도 얼마나 좋아하던지…. 모처럼 예약 전화를 받았더니 손님이 엄청 반가워하면서 아프다고 해서 걱정을 많이 했다고 하신다. 마음이 울컥했다. 가족처럼 걱정해 주시니 감사하고 또 감사했다. 내가 뭐라고 내가 아침부터 나오니까 식당 분위기가 화기애애하고 활력이 넘친다고 모두들 좋아한다.

친정엄마는 평소 우리 딸들이 엄마를 부려먹기만 하고 인정머리가 없다고 말씀하셨다. 딸들이 엄마를 부르려고 하면 엄마도 좀 쉬어야 된다고 딸들을 혼내시며 자기 일은 자기가 좀 알아서들 하라고 하셨다. 그럴 때 속으로 친정엄마가 조금 야속하기도 했었다. 그때는 친정엄마가 집안일을 다 해주시던 때라서 잘 몰랐다. 친정엄마가 돌아가시고 나니 그 빈자리가 너무나 컸다. 내가 집안일을 하면서 식당일까지 하려니 힘에 부쳤다. 그제야 왜 친정엄마가 우리 애들한테 인정머리가 없다고 하셨는지 이해할 수 있었다. 우리 딸들은 집에서 손 하나 까딱 안 했다.
 '내리사랑'만 있고, '치사랑'은 없는 것인가. 친정엄마는 나 힘들까 봐 말없이 모든 집안 살림을 다 맡아해 주시고, 내가 밥 먹는 동안 옆에 앉아 계시다가 설거지까지 해주셨다.
 아무리 생각해 봐도 시댁 식구들이나 남편, 애들은 나한테 마음이든 물질이든 나누어 주는 것이 없는 것 같다. 그런 걸 보면 어른들 말씀처럼 나는 전생에 죄가 아주 많은가 보다!

팔은 안으로 굽는다

　　죽을 날을 기다리면서 살다보니 내가 할 일은 그럭저럭 잘 해왔다. 시부모님 모시고 살다가 시아버님 99세, 시어머님 96세에 돌아가시고, 큰딸 시집보내고, 친정엄마 돌아가시고, 이제 작은딸만 결혼시키면 내가 할 일은 다하는 거다. 작은딸도 짝이 있으니 크게 걱정하지 않는다. 그런데 세상은 내 마음대로 되지 않는 것 같다. 식당은 작은딸과 작은딸 남자 친구가 나와서 일하고 있으니 마음도 몸도 좀 편해질 걸 알았다.

　　작은딸 남자 친구인 미래의 사윗감이 처음 일하러 왔을 때는 우리 식당에서 10년도 넘게 일했던 직원이 많이 아파서 병원에 입원 중일 때라 작은딸 남자 친구가 하루 종일 일을 했다. 그 직원이 퇴원해서 다시 출근하게 되자 작은딸 남자 친구는 저녁에만 일을 했다. 그래서 작은딸한테 남자 친구랑 데이트도 하고 나중에 식당을 전적으로 맡아서 할 때 더 열심히 일하라고 했다.

　　그런데 애들 아버지는 토요일에 조금 바쁘기만 하면 애들한테 전화를 해서 허겁지겁 식당으로 달려오게 만들었다. 아빠가 화를 내면서 오라고 하니 자기들이 무슨 큰 잘못이라도 한 줄 알고 밥 먹다가도 벌벌 떨면서 달려왔다. 그때까지만 해도 애들 아버지가 작은딸한테는 야단을 친 적이 별로 없었다. 큰딸과 7살 나이 차이가 나는 늦둥이라서 많이 예뻐했다. 나도 딸들한테 기분 나쁜 말을 해본 적이 별로 없었다. 애들 아버지는 애들을 그렇게 가르쳐서 어디에 쓰냐면서 아침부터 저녁까지 일만 하라고 말하란다. 토요일만 되면 애들을 불러대니 애들이 차라리 그냥 일하는 것이 마음 편할 것 같다고 했다. 그렇게 되면 지금 일하는 이모들을 쉬게 해야 한다. 조금 바쁘면 바쁜 대로 하면 되는데 애들을 그리 불편하게 하냐고 했더니 그렇게 싸고돌아서 애들도 직원들도 하나같이 버릇이 없다고 언성을 높였다.

어느 날, 애들 아버지가 사윗감한테 집이 미니 그냥 우리 집에서 같이 지내자고 했다. 일 끝나고 집에 가면 힘들다고. 그래서 같이 살게 되었다. 사윗감은 참 배려심이 많다. 낮에 장을 봐 놓았다가 퇴근 후 저녁에 집에서 밥을 해서 같이 먹었다. 사위가 요리하는 것을 좋아해서 상을 근사하게 차려주었다. 얼마나 행복한지…. 나한테 이런 날이 올 줄 몰랐다. 나는 평생 내가 밥을 해서 먹고 살 줄 알았다. 친정엄마 말고 남이 나를 위해 이렇게 맛있는 음식을 차려줄 줄 정말 몰랐다. 너무 고맙고 행복했다. 그 덕분에 살도 쪘다. 하지만 그 행복도 잠시였다. 어느 날부턴가 남편이 음식을 타박하기 시작했다. 먹기 싫으면 그냥 두면 되는데 옆으로 밀어놓았다. 그리고 애들이 한창 유행하는 것이고 특별한 것이니 드셔보시라고 음식을 사오면 돈 주고 사 먹지 말고 만들어 먹으란다.

식당에서 사위한테 잔소리가 늘었다. 하나부터 열까지 일일이 다 잔소리를 하니까 사위가 작은딸한테 아버지가 잔소리를 너무 하셔서 속상하다고 했단다. 팔은 안으로 굽는다고 했던가. 작은딸은 사위가 자기 아버지 뒷담화하는 것을 싫어했다. 그러다보니 사위하고 딸하고 자주 다투었다. 우리 딸은 점차 성격이 사나워졌고, 사위는 사위대로 장인에게 불만이 쌓여 갔다. 결국, 내가 나서서 사위를 다독였다.

"피는 물보다 진한 거야. 이 집에서 자네와 나만 남이잖아. 그러니 자네는 장인 흉보고, 나는 남편 흉보며 지내자."

그렇게 말을 했는데도 사위는 나한테 말하기 어려우니까 자꾸만 딸에게 하소연했다.

냉장고에 술을 넣는 것조차도 매번 그때그때 다르게 말씀을 하시니까 도저히 맞출 수가 없다는 것이 사위의 불만이었다. 작은딸 말은 이러니저러니 해도 내 아버지인데 자꾸 그렇게 말하면 자기가 누구 편을 들겠느냐는 것이다.

애당초 작은딸은 남자 친구가 식당에 일하러 오기 전에 아버지 얘기를 했다고 한다. 아버지가 워낙 성격이 유별나셔서 비위 맞추기 어려울 거라고 했더니 군대 다시 왔다 생각하겠다고 했단다. 군대 장교들 중에도 엄청 힘들게 하는 사람들이 있었고, 식당에 일하러 다닐 때 못된 식당 주인들도 많았다며 자기가 잘 하겠다고 했다는 것이다. 작은딸은 아버지하고 남자 친구 사이에서 너무 힘들다며 집을 따로 구해달라고 했다.

나는 딸한테 애원했다.

"나는 아버지랑 둘이만 살기 싫어. 그러니 네 힘으로 집을 장만할 때까지 여기서 함께 살자. 나 좀 살려주라."

나는 남편 목소리도 듣기 싫을 때가 아주 많다. 다른 사람들한테는 한없이 상냥하게 말하면서 나한테는 목소리를 내리 깔고 명령조로 말하거나 화가 난 사람처럼 내뱉는 그 변덕스러움에 적응하기가 쉽지 않다. 그러니 애들마저 없으면 나는 지레 말라죽고 말 것이다.

드디어 터질 게 터졌다

　그날도 남편이 낮부터 식당에 앉아서 인상을 쓰고 있었다. 보다 못해 손님들 계시는데 식당에서 인상 쓰고 있지 말라고 했더니 냅다 소리를 질렀다. 그래서 나하고 무슨 웬수졌냐, 왜 나한테는 그렇게 화난 사람처럼 말을 하느냐고 하니까 괜히 시비 건다고 면박을 주기에 참지 못하고 대들었다. 아무 생각 못하고 있다가 싸우면서 알게 되었다. 사귀던 여자와 헤어졌다는 것을. 어쩐지 이상하다 했다. 큰소리를 지르며 싸우니까 딸들 둘이 진작 싸워서 잡고 살던가, 아니면 이혼을 하던가 하지 이제 와서 왜 신경 쓰이게 자꾸 싸우느냐고 원망했다.

　'나쁜 년들 같으니. 이혼하겠다고 했을 때 말린 게 누군데? 이제 와서 자기네들 듣기 싫다고 나를 원망해.'

　하루는 애들이 저녁 밥상머리에 앉자마자 금방 밥 먹을 건데 왜 족발을 사다 먹느냐고 나무랐다. 사위 어머니가 우리 식구들 먹으라고 유명한 집에서 특별히 사다주신 거였는데 그걸 갖고 잔소리를 하니 작은딸이 한마디 했다. 그랬더니 "누가 이런 것 사다달라고 했냐?"며 소리를 질렀다. 가족 모두 기분이 너무 안 좋은 상태에서 밥을 먹었다. 사위는 밥을 다 먹은 후 밥그릇을 싱크대에 소리 나게 넣었다. 그 소리가 거슬렸는지 "어디서 그 따위 행동을 하느냐?"고 또 소리를 질렀다.

사위는 사색이 되었다. 내가 얼른 사위한테 다가가 "아버지는 지적질하는 것이 관심이라고 생각하는 것 같으니 이해해라. 미안하다."라고 했다.

작은딸이 걱정했던 일이 이런 것이었다.

"우리는 아빠 때문에 누가 와도 못 산다."고 애들 아버지와 한판 붙었다.

"내가 대신 사과할게. 둘이 헤어질 거 아니면 좀 참아. 가더라도 좋은 마음으로 가야지."

그렇게 사위를 달랜 후 설거지를 하고 있는데 사위가 애들 아버지 방문 앞에서 노크를 하며 "아버님 제가 뭘 그렇게 잘못했습니까?" 하고 물었다.

얼른 가서 사위 등을 떠밀어 자기 방으로 들여보냈다.

잠시 후 애들 아버지가 나오더니 "둘 다 내보내. 나는 쟤들 절대 안 봐." 하면서 다시 자기 방으로 들어갔다. 나는 더 이상 참지 못하고 방으로 쫓아 들어갔다.

"당신이 나가. 봐주는 것도 한계가 있지. 다른 사람들 가슴에 그렇게 대못을 박고도 아직 정신을 못 차렸어? 우리 엄마한테도 그렇게 못되게 굴더니!"

"내가 우리 엄마, 아버지한테는 안 그랬냐? 내 맘에 안 드니까 고치라고 소리 지르고 화내는 거지. 그게 뭐가 잘못된 거냐!"

"당신은 뭘 그렇게 잘해서 다른 사람한테 고치라 마라 하느냐?"

그랬더니 재산을 반 나누어 주면 자기가 집을 나가겠단다. 결국, 내가 돈을 벌게 된 것이 따지고 보면 자기 때문이라는 것이다. 자기가 월급 타서 가져다주고 돈 벌 때 보증 서 주고 한 것이 씨앗이 돼서 돈을 번 것이니 내놓으란다. 그러면서 돈 안 내놓으면 식당에 불을 지르겠다고 위협했다. 자기가 못할 것 같으냐고 화를 내기에 변호사 사서 재판하겠다고 했다.

"당신이 40년 동안 나한테 얼마를 가져다주었고, 얼마를 가져갔는지 따져보자."

그렇게 한바탕 싸우고 방에서 나와 사위한테 갔다. 사위는 짐 가방을 꾸려 놓고 앉아 있었다.

"둘이 서로 싫어서 헤어지는 거면 안 말리는데 장인 때문에 못 살겠다고 헤어지면 둘 다 얼마나 속상하냐. 너희는 이제 시작이잖아. 제발 나를 봐서라도 마음을 좀 돌려줘."

그렇게 사정을 하고 그 방을 나왔다. 다음날 나는 아침 일찍 식당으로 나왔다. 저녁때 애들이 식당에 와서 하는 말이 아버지가 사위한테 미안하다고 하더란다. 아마 세상에 태어나서 누군가한테 미안하다고 사과한 것은 이번이 처음일 거다. 남편은 미안하면 으레 화를 내서 얼렁뚱땅 넘어가곤 했는데 그래도 사위가 어렵기는 어려운 모양이었다.

뿌린 대로 거둔다

　　남편은 작은딸이 "아빠는 왜 시도 때도 없이 화를 내시는 건지? 화를 못 내서 안달이 난 사람 같다."고 말할 정도로 화를 냈다. 우리 세 식구는 그러는 게 술수라면 더 이상 그 술수에 휘말리지 않으려고 노력했다. 사위와 남편 사이에 그 일이 있고 난 후 사위는 저녁에 부엌에 들어오지 않았고 밥하고 반찬해서 저녁 밥상을 차리는 것은 내 차지가 되었다. 달라진 저녁 밥상 풍경이지만 그래도 사위 덕분에 화기애애해졌다. 사위가 싹싹한 며느리처럼 얘기도 잘하고 기분 좋은 말을 많이 하니까 전보다 훨씬 집안 분위기가 좋아진 것이다.

　　이참에 애들 아버지한테도 몰두할 거리가 있으면 식당 직원들이나 애들한테 잔소리를 덜하게 될 것 같아서 노래를 배우라고 권했다. 노래를 녹음해서 생전 목소리를 남겨 놓으면 좋지 않겠냐고 했더니 안 한다며 더 이상 말도 못 붙이게 딱 잘라버렸다.

　　어느 날, 시동생이 나한테 돈을 좀 해달라고 해서 내게 돈 얘기하지 말라고 했더니 결국 형님을 통해 그 얘기를 해왔다. 할 수 없이 마지막이라 생각하고 해주었다.

그리고 다시는 돈 얘기 꺼내지 말라고 남편한테 아주 못을 박았다.

"내가 시부모님에, 당신 치다꺼리까지 하고 살면서 그것도 모자라 당신 동생들까지 챙겨야 되느냐? 당신도 동생들 때문에 학교도 제대로 못 다니고 농사지어서 동생들 뒷바라지 해줬으면 됐지. 언제까지 동생들 치다꺼리할 거냐. 앞으로 절대로 나한테 돈 얘기하지 마라."

그 말을 하며 식당에 있으면서 마음에 안 든다고 화내지 말고 잘하고 좋아하는 노래를 해보라고 다시 권했다. 가수로 돈을 벌라는 게 아니고 어디 재능 기부라도 하러 다니면 보람 있는 일 아니냐고.

식당에 있다 보니 작은딸하고 매일 싸웠다. 작은딸이 아빠랑 똑같이 한다고 말투도 흉내 냈다. 그러더니 이일 저일 시키며 제 아빠를 구박했다. 그랬더니 하루는 애들 아버지가 나한테 작은딸의 나쁜 행동들을 이르면서 하소연했다. 그래서 뿌린 대로 거두는 거라고 말해주었다.

"당신이 다른 사람한테 하는 걸 딸내미가 배워서 그대로 하는 거니까 이참에 당신도 좀 고쳐봐라."

그래도 여전하다. 딸내미가 하는 건 하는 거고 자기는 전혀 바꿀 생각을 하지 않는다. 아무리 옆에서 말을 해도 소용이 없다.

소망을 이루다

작은딸과 작은사위는 결혼식을 올리지 않고 살았다. 내 생각엔 살아보고 결혼해도 좋을 것 같았고, 애들 아버지가 식당에서 사위네 집이 멀다고 우리 집에 살면서 식당에 출퇴근하라고 하는 바람에 자연스럽게 같이 살게 되었던 것이다. 살아보니 둘이 마음이 맞아서 결혼식을 올리기 위해 날짜를 잡게 되었다. 집안의 큰 행사이니만큼 큰일 앞두고 큰소리 나지 않도록 애들 아버지가 원하는 대로 하기로 했다. 날짜(9월 토요일)도 장소도 다 애들 아버지가 정했다.

애들 아버지는 자기 말이 법이라며 토를 달지 말고 뭐든지 자기 말대로 해야 된다고 억지를 부린다.

자기는 식당에 나가서 마음에 안 드는 것이 있으면 짜증이 나서 죽을 것 같단다. 그렇게 죽을 것 같으면 안 나가면 되는데 왜 굳이 나가냐고 물으니 자기가 없으면 식당이 잘 돌아갈 것 같지 않아서 불안하다는 것이다.

옛날에는 내가 말대꾸를 하면 폭탄이 쏟아졌는데 지금은 로켓을 쏘아댄다. 돈 좀 번다고 자기를 무시한다고…. 그 말은 하도 많이 들어서 귀에 딱지가 앉을 지경이다.

나는 죽기 전에 책을 내고 싶은 소망이 있다. 나는 책을 내고, 남편은 가수가 되면 얼마나 좋을까. 우리 부부는 작곡가 선생님과 친구로 지내면서 식사도 자주하고 놀러 다니기도 하며 어울렸다. 그에 따라 점차 응어리졌던 내 마음도 조금씩 풀리기 시작했다. 마음속 배가 다시 맨 처음의 강기슭으로 유턴을 시작했다. 나는 내 마음에 주문을 걸었다.

'어차피 살 거라면 남은 인생은 사이좋게 살자. 날 위해 지난 일은 강물에 다 던져버리고 다시 시작하자. 옛날 같으면 70세가 노인이지만 지금은 그렇지 않다. 시아버님은 99세까지 사셨고, 해마다 추석에 뵈면 다음 설 때까지 못 사실 것 같다고 하시고, 설 때 뵈면 이번 햇곡식은 못 먹고 돌아가실 것 같다고 하시면서도 시어머님은 96세까지 사셨다. 친정엄마 또한 98세까지 사셨다. 그러니 나는 살날이 20년도 넘게 남았다. 남은 세월이라도 후회 없이 잘 살아야겠다.'

내가 좋아하는 18번 노래는 「인생」이다. 세상에 올 땐 내 마음대로 온 건 아니지만 내겐 꿈이 있었다. 그 꿈이 바로 책을 출간하는 것이었다. 그래서 마음을 굳게 먹고 글을 쓰기 시작해서 한 출판사의 사장님 도움으로 책 한 권을 낼 수 있었다.

식당일이 끝나고 집에 와서 저녁밥을 해먹고 설거지하면 12

시가 되는데 너무 피곤한 날은 한숨 자고 일어나서 글을 쓰고, 덜 피곤한 날은 두세 시간씩 글을 쓰고 잤다. 또 글을 쓰는 것이 재미있는 날은 새벽 4시까지 쓰기도 했다. 그렇게 해서 애들 아버지 가수 데뷔보다 내가 책을 먼저 냈다.

내가 책을 내고 몇 달 있다가 애들 아버지도 노래 앨범이 나왔다. 어떤 기자가 신문에 기사를 내줘서 유튜브에 노래가 올라왔다. 신기하고 좋았다.

내 책이 나온 날에는 자식을 낳았을 때만큼 기뻤다. 책도 사람처럼 태어난 날을 신고하는 것도, 내 이름 세 글자를 치면 책 이름과 판매처가 올라오는 것도 모두 다 신기했다. 어쨌든 죽기 전에 나는 꿈을 이루었다.

애들 아버지는 애들 결혼식에서 축가를 불렀고 며칠 후에 작곡가 선생님과 함께 어느 유튜브 방송에 나가서 노래하고 얘기도 나누었다. 그 방송에서 이제는 일상에서 잔소리를 줄이고 좋은 말을 많이 해주겠다는 말도 했다. 그래서 식당 식구들과 우리 가족이 엄청 좋아했다.

남편이 가수로 데뷔하고 나서 나는 가수 남편을 새로 맞았다고 생각하고 잘 지냈다. 남편도 내 덕분에 가수가 됐다면서 생전 처음 나한테 고맙다고 했다.

하지만 그런 평화로운 시기도 몇 달 못 가서 끝났다. 정말 본성은 바뀌지 않는가 보다. 사람이 변한 듯했는데 원점으로 돌아가 있었다.

때 아닌 시집살이

남편은 식당에서 작은딸하고 언쟁이 잦았다. 아빠가 손님이 있으나 없으나 잔소리하고 화내고 야단을 치니 나보고 가게에 꼼짝 말고 붙어 있으란다. 엄마가 식당에 있으면 아빠가 밖으로 나가니까 그나마 살 것 같다고.

낮에 집에 와서 잠깐 쉴 때조차 빨리 나오라고 전화를 한다. 처음에는 엄청 속상했다. 나는 애들이 식당에 나와 일하면 식당 일에서 해방되어 보고 싶은 친구들도 만나고, 쇼핑도 하면서 몇 시간씩은 자유를 만끽할 수 있을 줄 알았는데 어디를 가려거든 아빠를 꼭 데리고 나가란다. 아니면 움직일 생각을 말라고 엄포를 놓는다. 그래서 꼼짝 못하고 식당에서 집, 집에서 식당만 다니고 있다. 그나마 자주 통화하던 친구와 전화 연락도 자주 못하고 만나지도 못하고 있다. 웬 때 아닌 시집살이를 하고 있는지. 지금 이 나이에 이렇게 사는 게 맞는 걸까.

젊었을 때 밖으로 나돌던 사람들도 늙으니까 아내가 불쌍하게 살았다고 미안하다고 잘 한다는데 여전히 나는 매일 남편이랑 싸우고 산다. 옛날에는 창피해서 어디다 말도 못했다. 그런데 늙으니까 체면을 내려놓게 되는 것 같다. 속상하면 말로 풀게 된다. 창피한 줄도 모르고….

시동생한테서 전화가 왔다. 조카딸과 자기 형님이 언쟁하는 것을 목격했는데 우리 딸애가 아버지한테 너무 말을 함부로 하더란다. 어디 감히 아버지한테 그럴 수가 있냐며 자식 교육 똑바로 시키라고 한다. 절대 그렇게 하면 안 되는 거라고. 자식이 부모 면전에서 대거리 하면 도리가 아니라는 걸 누가 모르나. 애들 아버지는 부모에 대한 자식의 도리와 마찬가지로 부모 또한 자식에 대한 도리가 있다는 것을 모른다. 가족이 뭔가? 서로 위로하고 감싸주고 희로애락을 함께하는 존재들이다. 그런데 우리 애들한테 '아버지'라는 존재는 모든 불화의 원인이다.

작은딸은 아빠를 할머니, 할아버지가 잘못 키웠다고 생각한다. 그리고 자기도 아빠 성품을 닮아 성품이 곱지 않아서 해야 할 말을 참지 못한다고 한다.

나는 시동생한테 우리 애가 얼마나 착한 아이인데 오죽하면 그러겠냐고 안 당해 본 사람은 모르니까 말을 하지 말라고 했다. 애가 아빠한테 아파 죽겠다고 이제 그만 때리라고 말하는 거다. 그러니 너무 아프니까 더 이상 때리지 말라고 소리치는 사람을 말리려 하지 말고 때리는 사람 좀 말려 달라고 했다. 그랬더니 시동생이 그럼 나도 애들도 손님들 앞에서는 말대꾸하지 말고 집에 가서 그러란다. 집에 와서 말을 하면 듣기나 하고. 한술 더 떠서 고래고래 소리나 안 지르면 다행이다.

언제부턴가 나도 남편과 죽기 살기로 싸운다. 남편한테 화를 내고 나면 마음이 후련할 때도 있다.

그러다보니 내 얼굴이 옛날보다 좀 건강하고 밝아 보인다는 말을 많이 듣는다. 마음속에 쌓아두지 않고 겉으로 쏟아내서 그런 것 같다.

시동생 때문에도 남편과 몇 번 싸웠다. 명절에 시동생 식구들이 왔다. 다른 때는 음식 만들 때 보태라며 돈을 내놓아서 요긴하게 썼다. 어차피 돌아갈 때 받은 만큼 용돈을 챙겨주니까 서로 손해날 일은 없었다. 그런데 그해 명절에는 빈손으로 와서 주는 용돈만 냉큼 챙기더니 그냥 갔다. 조금 섭섭한 마음이 들었다. 게다가 명품 핸드백을 들고 와서 자랑까지 했다. 그날 동서한테 섭섭했던 마음을 그러려니 하고 넘어갔으면 좋았으련만 딴에는 그래도 명절인데 동서가 빈손으로 온 것이 경우가 아니라 생각해서 남편한테 말을 했다.

"명색이 명절인데 아무리 없어도 그렇지. 조상님 모시러 오면서 성의 없이 빈손으로 오는 사람이 어디 있냐?"고 했더니 그 말이 떨어지기 무섭게 미친 사람처럼 화를 냈다.

그래서 또 날벼락을 맞았다.

몇 달 후 동서한테서 문자가 왔다. 돈을 빌려달란다. 그래서 빌려줄 돈이 없다고 했더니 주기 싫어서 거짓말하는 거라고 한다. 나는 돈을 쌓아놓고 사는 사람인 줄 안다.

그러거나 말거나 딱 잘라 거절했는데 그때도 애들 아버지를 어떻게 구워삶았는지 결국에는 견디다 못해서 돈을 해주고 말았다.

작은딸이 그 사실을 알고 한바탕했다. 그도 그럴 것이 딸애한테 매번 허투루 돈 쓰고 다닌다고 그렇게 싫은 소리를 해댔으니 자업자득이다. 그럴 돈 있으면 자기나 달라며 딸애가 아빠한테 소리치는 바람에 한바탕 소동이 일어났다.

한번은 시동생이 국회의원을 나가겠다고 2억을 빌려달란다. 나는 더 이상 돈 얘기를 하지 못하게 딱 잘라 말했다.

"젊어서 내가 얼마나 고생한 줄 알잖아. 늙어서 편히 살겠다고 그 고생을 참고 살았으니 이젠 나를 위해 살게 나한테는 돈 얘기 꺼내지도 마."

그랬더니 형님한테 전화를 한 모양이었다. 돈은 그런 보람된 일에 쓰라고 버는 것이란다. 잘되면 가문의 영광이라나 뭐라나. 그래도 나는 빌려주기 싫다고 했다. 빌려 가면 끝인데 또 속을 수는 없다. 시동생네는 집이 두 채나 되니까 한 채를 팔면 되는데 왜 나한테 해달라고 하느냐면서 심적으로나 물질적으로나 여유가 없다고 했다.

얼마 전에 머리가 어지러워서 검진을 받았더니 심장 판막증에, 머리에 종양도 있어서 조심해야 된다고 했다. 언제 어떻게 될지 모르니 마음이 급해져서 애들한테 증여할 것은 대충 증여해 주어야겠다고 생각하던 참이었다. 증여세를 준비해야 되니 돈을 해줄 수가 없었다.

그리고 한 2년 정도 흘렀나. 이번에는 아주 급하다는 문자가 왔다. 친구한테 빌린 돈을 못 갚아서 전세 놓은 집이 경매에 넘어가게 생겼단다. 세를 올려서 전세를 놓으면 빚을 갚을 수 있는데 사람들이 집을 보러 왔다가 그냥 간다는 것이다.

경매를 풀고 전세 나가면 돈을 갚겠다고 해서 애들 아버지한테 이번이 마지막이고 안 갚으면 의절할 거라고 하면서 돈을 해 주었다.

그리고 며칠 후 시할아버님이 독립운동하셨다는 서류를 받게 되었다. 그 일로 며칠은 웃으면서 잘 지냈다.

삶의 목표가 생기다

남편이 고기 값을 올리란다. 경기가 안 좋아서 손님이 점점 줄어 걱정인데 이런 시기에 고기 값을 올리라고 하니 안 된다고 했다. 왜 자기가 말하면 뭐든지 다 안 된다고 하냐면서 화를 냈다.

내가 자기 말을 무시하니까 식당에서 일하는 사람들도 자기를 무시한다면서 자기가 뭘 물어봐도 대답도 잘 안 하는 사람이 있단다. 그러면서 나한테 주인 노릇도 못한다고 야단이다.

남남끼리 만나서 자기 마음에 꼭 드는 사람이 몇이나 될까. 일 조금 더 한다고 죽는 거 아니니까 서로 도와가면서 하루하루 즐거운 마음으로 일하자는 것이 내 신조다.

작은딸은 내가 식당에 있어야 마음이 편하다고 하니까 열심히 맞춰 주고 있는데도 내가 마음에 안 든다고 심통을 부린다. 일 잘하는 사람을 정직원으로 뽑아놓고 마음 편히 살자고 해서 그렇게 했다. 식당일이라는 게 원래 손님이 많은 날도 있고 적은 날도 있고 일정하지 않다. 경기가 안 좋아서 손님이 줄어든다고 정직원을 무작정 자를 수는 없는 노릇이었다. 계속 손님이 줄자 생각 끝에 작은딸이 자기네 부부가 일을 잠시 쉬겠다고 했다. 식당에 일하는 사람들이 있을 때 둘이 푹 좀 쉬고 싶단다.

그래서 인건비가 많이 나가더라도 딸의 요구대로 해주기로 했다. 적자만 나지 않으면 그냥저냥 살자는 마음이었다. 전에는 건물도 식당도 잘 지키고 있다가 애들한테 주고 가려고 생각했다. 그런데 지금은 생각이 바뀌었다. 죽을 만큼 고생해서 이루어 놓은 것들이라서 그것들이 없어지면 평생을 헛되이 살다 가는 것이라 생각하고, 고생한 세월이 너무 아까워서 잘 지키고 있다 남겨두고 가야겠다고 생각했었는데 다 부질없는 일이다. 물 흐르듯이 세월 흐르는 대로 그날그날 살기로 했다.

큰딸애는 내가 작은딸만 예뻐하다가 이제는 큰손자만 예뻐한다고 불만이다. 작은손자도 좀 예뻐하란다. 큰손자는 약간 늦되는 것 같다. 또래보다 2년은 늦는다고 한다.

그래서 우리 큰딸이 마음고생, 몸 고생을 엄청 한다. 매일 애를 데리고 치료센터에 다니느라 몸 고생하고, 애가 정상적으로 성장하지 못할까 봐 마음고생도 심하다. 내가 안타까운 마음에 희망을 갖고 마음 편히 살자고 했다가 얼마나 나한테 화를 내던지…. 다른 말은 하지 말고 그냥 고생한다고만 해달란다. 하긴 듣고 보니 맞는 말이다. 속 깊은 딸이다.

우리 큰손자가 화를 잘 내서 그것이 제일 힘들다고 한다. 그래서 짜증내고 화내는 것을 고치러 다니느라 고생한다. 큰딸 말로는 외할아버지를 닮았다고 해서 걱정이 크단다. 외할아버지를 닮으면 세상살이를 어떻게 하겠냐는 것이다. 유전이라니 더욱 큰손자가 불쌍하다. 그렇게 태어나고 싶어서 태어난 것도 아니고, 또 딸애는 딸애대로 그런 유전자를 닮는다는 걸 알았으면 애를 안 낳을 걸 그랬다고 한다. 참 큰딸도 안 됐고, 손자도 안 됐다. 그래도 지금은 손자가 어려서 그런지 잘못을 꾸짖으면 잘못했다고 다시는 안 그러겠다고 한단다. 그런데 어떤 때는 큰딸이 속상하니까 너무 심하게 야단을 치니 옆에서 보는 나도 화가 날 때가 있다.

죽을 날 기다리면서 마음 편히 살자고 했는데 이제 삶의 목표가 하나 생겼다. 우리 큰손자 잘 커서 잘 사는 것 좀 봐야겠다. 기차 만드는 사람이 된다고 했다가 소방관이 된다고 했다가 경찰이 된다고 했다가 포켓몬 만드는 사람이 된다고 했다가 피카추 탐정이 된다고 했다가 지금은 버스 만드는 사람이 되겠단다.

나는 큰손자를 버스 박사님이라고 부른다. 사달라는 것을 사주면 그냥 갖고 놀지 않고 다 분해를 한다. 그래서 큰딸이 사주지 말라고 한다. 정 사주고 싶으면 큰딸 허락을 받고 사준다. 큰딸은 내가 자기한테는 관심이 없다고 야단인데 어쩜 그리 엄마 마음을 몰라주는지…. 내가 표현을 안 해서 그런 건지도 모르겠다. 나와 딸들의 관계는 남의 집 아버지와 딸의 관계랑 비슷하다고 보면 된다. 어릴 때부터 일하러 다닌다고 외할머니가 돌보고, 나하고는 별로 교류가 없었다. 내 딴에는 그래도 엄마 노릇 해보겠다고 여건이 허락하는 한에서는 챙겼다고 생각했는데 턱없이 부족했나 보다. 지금 돌이켜 보면 내가 몸이 워낙 약한데다 일을 많이 하니까 집에 오면 녹초가 될 때가 많아서 눕기를 좋아했던 것 같다. 만사가 다 귀찮으니 저녁 먹고 눕는 일이 다반사였다.

그러니 뭐 애들하고 이런저런 정담 나눌 시간이 별로 없었다. 애들은 학교 갔다 학원 갔다 밤늦게 오니 서로 얼굴 잠깐 보고 잠자러 가고, 아침이 되면 나는 직장으로, 애들은 학교로 서로 바쁘게 살았다.

이제 애들은 어른이 됐고, 반대로 내가 애들이 되어가고 있다. 내 생각은 다 버리고 말 한마디라도 조심하며 애들이 원하는 대로 모든 걸 해주고 살아간다. 우리 엄마가 나한테 그러셨듯이…. 그러고 보니 우리 엄마도 시부모님도 나이 드셔서는 자식한테 칭찬을 아끼지 않으셨다. 나도 그렇게 살아야겠다.

큰딸은 가끔 나한테 큰손자가 불쌍하면 아빠도 불쌍하게 생각하란다. 아빠도 자기 마음과 다르게 병이라 스스로 통제가 안 될 수도 있으니.

이제 바람이 있다면 남편 노래가 히트를 쳐서 바쁘게 돌아다녔으면 좋겠다는 것이다.

복권에 당첨되는 꿈을 꾸다

　　　토요일, 일요일에는 4시 30분~9시 30분까지 아르바이트생을 쓴다. 남편은 아르바이트생이 일찍 간다고 투덜댄다. 시간제로 쓰는 사람이니 시간되면 가는 게 당연한데 그게 왜 트집거리가 되는지 알 수 없다. 집도 가까운데 30분 더 하다 간다고 뭐 큰일이라고 시간되면 뒤도 돌아보지 않고 긴다고 그런다. 아르바이트생이 30분 더 일하면 내가 30분에 해당하는 임금을 지불해야 된다고 했더니 그 얘기를 들었는지 못 들었는지 엉뚱한 소리를 해댄다. 저번에도 손님이 세 팀인가 있었는데 그냥 가버리더라고.

　　지금 우리 식당에서 아르바이트를 하고 있는 아이는 치킨 집에서 일할 때 얼마나 열심히 하는지 사람들이 그 아이가 치킨 집 사장인 줄 알았다고 한다. 그 후 그 치킨 집을 인수했는데 운이 없으려니까 얼마 안 있다 코로나가 터지는 바람에 빚만 잔뜩 졌다고 한다. 빚이 2억인데 갚을 길이 없어서 회생 신청을 했단다. 회생 신청을 하면 빚에서 80퍼센트를 탕감해 주므로 한 달에 70만 원씩 5년만 갚으면 된다고 한다.

그래서 닥치는 대로 일을 하며 열심히 빚을 갚고 있단다. 아주 야무진 젊은이다. 나는 대견해 죽겠는데 애들 아버지는 그다지 마음에 안 들어 한다.

순전히 내 생각인데 그 아이가 맨 얼굴에 모양도 안 내고 수수하게 하고 다녀서 그런 것 같다. 애들 아버지는 여자들이 꾸미고 다니는 걸 좋아하는 편이다. 그래서 괜히 일머리를 모른다느니 해가면서 타박을 한다.

죽기 전에 애들 아버지가 벌어다 주는 돈으로 살아봤으면 좋겠다. 남편이 벌어다 주는 돈으로 살림하는 사람들이 참 부럽다. 그리고 할 수만 있다면 요양원을 운영해 보고 싶다. 기왕이면 요양원과 고아원이 함께 있는 시설이면 더 좋을 것 같다. 노인들만 있는 것보다 아이들이 같이 있는 것이 정서적으로 노인들에게도 좋고 아이들에게도 좋을 테니까.

예전에 진짜로 복권 꿈을 꾼 적도 있었다.

"양로원을 하고 싶어도 돈이 없어서 엄두가 안 나니까 매주 복권을 사서 당첨될 날을 기다리는 재미에 푹 빠져 살았다. 한 주 한 주 희망이 있으니까 삶의 원동력이 되었다. 복권 사는 것이 즐겁고 행복했다.

그러던 어느 날 정말로 복권이 당첨되었다. 그래서 요양원을 짓고 옆에 고아원을 세워 노인들과 아이들이 같이 생활할 수 있는 터전을 마련했다. 아이들한테는 할머니, 할아버지의 정을 알게 하고, 할머니, 할아버지들은 손주, 손녀들과 생활하니까 생동감이 있고 사람 사는 것 같았다. 땅도 있어서 소일거리로 농사도 조금 지었다. 시설도 좋고 서비스도 좋고 운영도 다른 시설들의 귀감이 돼서 대통령상까지 받게 되었다. 그래서 상을 받으러 가서 상을 받다가 꿈에서 깼다."

지옥을 경험하다

부모님 만나는 것과 결혼 상대 만나는 것은 운명인 것 같다. 하필 많고 많은 사람 중에 우리 엄마가 뜯어 말리고 싶은 사람을 만나 좋아하니까 그 넓고 넓은 서울 천지에 너 좋다 하는 남자 하나 없더냐고 속상하실 때마다 말씀하곤 하셨다. 그냥 시골에 놔두지 굳이 데리고 가서 살게 뭐냐며. 서울에 왜 나 좋다는 사람이 없었겠는가?

양장점에 잠깐 있을 때 옆집이 사진관이었다. 그 사진관에서 일하던 총각이 나를 엄청 좋아했다. 어느 날, 산에 가자는 내용을 적은 쪽지를 양장점 문 안으로 살짝 넣어놓았다. 양장점에서 같이 일하던 동료들하고 친하게 지낼 때라 일요일에 같이 등산을 다니곤 했었는데 사진관 총각도 데리고 함께 북한산엘 갔다. 그 총각이 사진사니까 멋진 사진들을 많이 찍어주었다. 그 후로 몇 번인가 일요일에 산에 같이 다녔는데 한번은 친구가 안 와서 둘이서만 산에 올라갔다. 그날은 날씨가 조금 흐린 탓에 구름이 산 정상 아래에 걸쳐 있어서 마치 신선이 된 기분이었다. 엄청 좋았다.

나는 아무것도 준비하지 않고 몸만 갔다. 그 총각이 먹을 것을 다 준비해 와서 밥도 해주고 커피까지 끓여 주어 여왕 대접을 받았다. 총각은 아들만 셋인 집의 막내아들이었는데 아버지는 돌아가셨고, 엄마는 전매청에 다니신다고 했다. 집이 정릉이라서 그 집 앞에 가서 같이 버스를 타고 산에 갔다. 단독 주택에 사는데 돈 걱정은 안 하고 산단다. 소띠라고 했다.

그 총각과 다시 만나지 않게 되는 일이 생겼다. 같이 산을 가기로 했던 총각의 친구가 안 나오는 바람에 둘이 산행을 하게 되었다. 산에서 내려오면서 인적이 없는 곳에 이르자 뽀뽀 한 번만 하자고 하는데 정나미가 뚝 떨어졌다. 혼자 죽어라 뛰어 내려왔다. 그 후론 말도 못 붙이게 했다. 미안하다고 실수했다고 몇 번이나 사과를 했는데도 쌀쌀맞게 대했다. 돌이켜 보면 그 총각이 키가 작아서 더 싫었던 것 같다.

나는 키가 큰 사람을 좋아했다. 내가 키가 작으니까 키가 큰 사람이 좋았다.

그때는 성에 대해 무지해서 남자와 손만 잡아도 임신이 되는 줄 알던 시절이었다. 더구나 남자를 만나면 평생 같이 살아야 된다고 생각했다. 그래서 철없는 마음에 다른 것은 아무것도 생각하지 않고 남편감으로 키 크고 눈 쌍꺼풀지고 남자답고 박력 있는 사람이 좋다고 생각했다. 그런데 사진관 총각은 여성스럽게 말하고 키도 작았다. 어쨌든 연분이 아니라서 그랬는지 나한테 엄청 잘했음에도 불구하고 그게 그렇게 좋지 않았다. 내가 좋아하는 사람이 나한테 잘해주어야 좋지, 내가 그다지 좋아하지 않는 사람이 잘해주면 부담스럽다. 몇 번이나 저녁을 사준다고 하기에 엄청 못되게 굴며 곁을 주지 않았다. 얼마 후 그 총각은 사진관을 차려서 나갔다. 가끔은 어떻게 사는지 궁금했다.

내 성격이 좀 유별나긴 했다. 내가 좋으면 백 번을 넘어져도 하고, 싫으면 죽어도 안 한다. 어릴 때 사귀자고 하는 애들한테도 여간 쌀쌀맞게 군 게 아니었다.

그렇게 잘난 척하다가 애들 아버지한테 첫눈에 반했다. 첫눈에 콩깍지가 씌어 보이는 것이 없었다. 운명이니까 그랬겠지. 애들 아버지를 보는 순간, 가슴이 설레고 같이 있으면 세상을 다 얻은 것처럼 좋았다. 어렴풋이 이게 사랑이라고 느꼈다. 지금도 내 손을 처음 잡던 날을 잊지 못한다.

얼굴이 화끈거리고 괜스레 기분도 이상해 혼자 부끄러워서 쩔쩔맸다. 천생연분이겠거니 했다. 그래서 뭐든 다 해주고 싶었고 목숨을 달라고 해도 줄 수 있을 것 같았다. 이 남자 아니면 삶의 의미가 없다고 생각했다. 그랬던 사람이 나 아닌 다른 여자를 만났을 때의 고통은 이루 헤아릴 수 없었다. 내 나이 스물다섯이었다. 그 나이에 감당하기에는 너무 큰 고통이었다.

배 속에 아이가 있으니 이러지도 저러지도 못하고 이것이 바로 지옥이구나 생각하고 멍하니 지냈다.

내 인생은 애들 아버지가 첫 번째 바람났을 때부터 방향을 잃어버린 것 같다. 그날 이후 의지대로 살기 보단 그날그날 되는 대로 산 날이 더 많다. 운명을 탓하면서….

콩 심은 데 콩 나더라!

'뿌린 대로 거둔다.'고 했다. 그 말이 실감나는 것 같다. 요즘 식당들이 장사가 정말 안 된다. 그래도 우리 식당에는 손님이 꽤 있다.

'하나님이 나보고 돈 많이 벌어서 어려운 이웃을 더 많이 도와주라고 손님을 보내주시는 걸까.'

내 딸들도 열심히 벌어서 이웃들과 나누는 삶을 살았으면 좋겠다.

언젠가 큰딸애가 "엄마는 어떤 일을 할 때 사람들한테 착한 사람이라는 말을 듣고 싶어서 하는 것 같아." 한다. 깜짝 놀랐다. 남들이 볼 때는 그렇게 생각할 수도 있겠다는 생각이 들었지만 가장 가까이에서 엄마를 지켜본 딸애가 내 마음을 몰라주는 것 같아 서운한 마음이 들었다.

돌이켜 보면 나도 없는 살림에 남들한테 밥을 먹이고 재워주는 아버지가 가끔 위선자처럼 느껴지던 때가 있었다. 나이가 들고 돈 걱정 없이 살게 되니까 비로소 아버지의 행동을 올바로 이해하게 되었다.

'나도 어렸을 때는 그랬지. 너도 어른이 되면 나눠 먹고 살게 될 거야. 할아버지가 콩 반쪽이라도 나눠 먹으라고 가르치실 때는 정말 듣기도 싫었다. 근데 콩 심은 데 콩 나더라!'

다른 사람과 나누는 것도 사실은 내 마음 편하자고 하는 것인지도 모른다.

지금 나의 바람은 대략 이렇다.

첫째, 딸 둘이 마음고생, 돈 고생, 몸 고생 안 하고 건강하게 사는 것

둘째, 손자 둘이 밝고 바르게 잘 자라서 가정과 사회에 꼭 필요한 사람이 되는 것

셋째, 아프지 말고 건강하게 살다가 잠자는 것처럼 죽는 것

넷째, 상대가 변할 때를 바라지 말고 내가 변하는 것. 옳든 그르든 따지지 말고 편이 되어주자. 남은 세월이 얼마 안 남았으니까.

다섯째, 마음으로 물질로 어려움에 처한 사람들을 돕는 것. 몸도 마음도 물질도 기댈 곳 하나 없는 서러움을 겪어봤으니까. 의지할 곳 없는 처지를 원망하면서 얼마나 많이 울었던가. 죽고 싶은 날들은 또 얼마나 많았던가.

주님을 믿습니다!

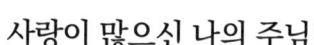
사랑이 많으신 나의 주님!

모든 것을 주님께서 알아서 해주시리라 믿습니다. 앞으로 어떤 삶을 살게 해주실지 모르나 저는 믿습니다. 결코 힘들게 하지 않으시리라는 것을…. 제 소망대로 주님께서 물질의 축복을 주셔서 감사합니다.

주님 덕분에 부모님들 잘 모실 수 있어서 감사하고, 아이들 고생 안 시켜서 감사해요. 모두모두 감사합니다.

창조주 하나님께서 지구별에 생명을 주셔서, 우리 가족에 태어나게 하심을 진심으로 감사드립니다. 잘 자라게 하심도 감사드립니다! 우리 손자 학교에서 선생님 말씀 잘 듣고, 선생님께서 내주시는 과제 잘 따라하게 해주셔서 감사합니다. 자폐 마귀, 화내는 마귀 모두 예수님 이름으로 물리쳐주옵소서!

주님의 보혈로 머리부터 발끝까지 보호하셔서 악한 마귀 일절 틈타지 못하게 해주시고, 천군 천사가 지켜 보호하게 하옵소서!

손자가 사람들과 잘 소통할 수 있도록 손자한테 말을 잘할 수 있는 지혜를 주시고, 그 애가 복된 사람을 만나도록 인도하여 주옵소서!

사람들한테 사랑을 줄줄 알고 받을 줄 알게 해주시옵소서. 버스 만드는 박사님이 돼서 잘 살아갈 수 있게 해주시길 사랑 많은 예수님 이름으로 기도 드립니다. 아멘!

축복의 통로로 사용해 주세요!

화가 나서 잠이 안 온다. 머리도 아프고 마음도 아프다. 눈물이 흐른다.

왜 나는 남편한테 뭐든 잘못한다고 야단을 맞고 사는지….

지금은 11월 말이고 회식이 많아서 예전 같으면 엄청 바쁠 때다. 그런데 올해는 회식 단체 손님이 별로 없다. 불경기라지만 그래서 그런지…. 저녁에 퇴근해서 집에 오면 10시다. 새우 넣고 아욱국을 맛있게 끓여서 파김치, 고추 장아찌, 김치로 상을 차려놓고 저녁을 먹었다.

밥하는 동안에 애들 아버지는 씻고 방에서 텔레비전을 보다가 상 다 차려놓고 불러야 나와서 식탁에 앉았다.

밥 먹으면서 주로 장사 얘기를 많이 하는데 얘기를 하다가 내 생각이 자기 생각과 다르면 막 화를 낸다. 많이 못 팔아서가 아니라 최고의 자리를 빼앗길까 봐 그런단다. 손님들한테 친절하게나 할 것이지 별걱정을 다한다는 생각이 들었다. 손님 쫓는 데 일가견 있는 사람이 최고를 빼앗길까 봐 걱정이 된다고 하니 기가 찰 노릇이다. 내가 손님이 왕이니 원하는 대로 해드려야 한다고 말하면 손님 비위를 일일이 어떻게 다 맞추느냐면서 화를 낸다. 손님이 좋은 자리를 달라고 해도 화를 낸다. 손님은 한 명이 오더라도 귀하니 친절하게 대해야 되는 것이 기본이다.

당분간 일찍 나가도록 해야겠다. 힘들더라도 옛날처럼 목숨 걸고 해보자. 초심으로 돌아가서 감사한 마음으로 불평하지 말고 심기일전해 보자. 하나님께 물질의 축복을 주시고 만사형통하게 하심을 감사드리자.

"주님, 저를 요셉처럼 축복의 통로로 사용해 주세요. 장사가 잘돼서 여러 사람한테 베풀면서 빛과 소금 역할을 제대로 하게 해주시고, 주님께 받은 은혜와 축복을 많은 사람에게 알리고 주님을 믿음으로 평안함을 얻으리란 것을 간증할 수 있도록 해주세요. 예수님 이름으로 기도 드립니다. 아멘."

나 정말 바보 아냐!

지금 이 순간, 화가 나서 참을 수가 없다.

"미친○, 죽일○, 나쁜○"이라고 욕이라도 실컷 해야 살 것 같다.

뭔 마음을 먹었는지 「잘살아 보세」를 만들어서 불러야겠다고 한다. 앞으로 싸우지 말고 잘살아 보겠다고.

"잘 생각하셨네. 당신만 아무 말 안 하면 싸울 일이 없어요."

방금 그렇게 말해놓고 또 가게 얘기를 끄집어낸다.

남은 다 소용없으니 자를 것은 잘라야 한다나 어쩐다나.

"걱정하지 말아요. 당신 말처럼 내가 호구였으면 지금까지 세상살이를 어떻게 했겠어요. 그러니 제발 앞으로는 말 폭탄으로 나 좀 괴롭히지 말아요."

그랬더니 또 기분 나쁘다고 화를 낸다.

내가 원하는 대답은 "앞으로는 그렇게."였다. 그런 대답을 듣고 싶은 것이 그렇게 큰 욕심인 걸까.

어느 집에서 남편이 아내한테 '호구, 돌대가리 등'의 막말을 할까. 정말 말도 안 되지. 나도 문제가 많다. 늘 시부모님, 친정엄마, 애들 뒤에 숨어서 남편의 폭력성을 방관하고 있잖아.

어떤 아내가 남편이 바람피우는 상대 여자들과 만나서 얘기를 나누고, 심지어 내 식당 종업원으로 데려오기까지 할까. 나 정말 바보 아냐! 맙소사, 오늘도 나는 내 발등 내가 찍고 살아간다. 이러한 현실에서 기독교 신앙인다운 처신은 무엇일까. 어떻게 결단해야 되는지, 가장 낮은 자리에서 기도드린다.

우물에서 숭늉 찾고 있다

 오늘도 싸운 건지, 아니면 말로 두들겨 맞고 아프다고 소리를 지른 건지.

 아무튼 우리는 아니지 싶다. '우리'라는 말조차 하고 싶지 않다. 예전에는 그래도 핸드폰에 '내 편'이라고 해놓았는데 지금은 '웬수'라고 해놓았다. 웬수도 그런 웬수가 없다. 세상에 태어나서 수많은 사람을 만나고 살았지만 나한테 제일 못되게 하는 사람이다. 정말 지독한 '나르시스트'다. 제 멋에 겨워 자기가 최고인 줄 안다. 사람을 가스라이팅하는 못되도 너무 못된 사람이다. 못나도 너무 못난 사람이다.

 다른 사람들한테는 찍소리 못하면서 나한테만 호랑이 노릇한다. 또 오래 있는 직원들한테도 못 되게 군다. 직원들이 우리 식당에 온 지 20년이 넘다보니 이젠 제법 나이들이 있다. 어디 가도 안 써 줄 거라면서 함부로 갑질을 한다.

 오래된 직원들은 우리 식당이 이만큼 자리 잡기까지 동고동락한 사이니까 가족이나 진배없다. 그러니 함부로 대해서는 안 된다고 누누이 당부해도 들은 척도 안 한다.

내일 모레면 일흔 줄에 들어서는데 애들한테 하듯 혼내면 되냐고 해도 내 말을 무시한다. 오히려 왜 그 애들 편을 들어주는 거냐고 화를 낸다. 편을 들고 안 들고의 문제가 아니다. 그리 큰 잘못도 아니고 의자가 삐뚤어졌다든가, 점심 지났는데 쓰레기통을 안 비웠다든가 소소한 것들이 대부분인데 그걸 갖고 그런다. 정 그런 것이 눈에 거슬리면 화를 내는 대신 자기가 손수 하면 만사가 편할 텐데….

부족한 것은 서로 보완해 가면 되지. 꼭 말로다 복을 턴다. 한 번은 듣다못해 그러지 말고 차라리 눈에 띌 때마다 직접 하는 건 어떠냐고 했더니 "그럼 뭐 하러 월급 주면서 사람을 쓰냐?"고 미친 사람처럼 길길이 뛰었다. 사장은 지시하고 잘못된 것을 지적하는 거라나 뭐라나. 아침에 나가면 뭐가 잘못됐는지 보고 혼내는 게 사장이 할 일이란다. 내게 사장 노릇 할 줄도 모르면서 사장 자리를 꿰차고 있다고 역정을 낸다.

내가 사장 노릇하는 방법은 직원들한테 전적으로 일을 맡겨 놓는 것이다. 책임감이 있으니 열심히 한다. 지켜보고 있다 영 아니다 싶으면 쿡 찔러보면 된다. 그 직원의 말을 들어보고 합당할 경우에는 칭찬하고 격려해 주면 되고, 아닐 경우에는 설명을 해주면 된다. 이처럼 직원들이 일을 잘할 수 있도록 옆에서 격려해 주고 도와주는 게 사장이 할 일이라고 생각한다.

자식들한테도 마찬가지다. 애들이 잘하면 칭찬하고 잘못하면 잔소리도 해야 된다. 세상에 완벽한 사람이 어디 있나.

사위하고 딸이 식당에 나와서 일한다. 사위는 주방과 홀, 설거지 등을 담당하고, 딸도 허드렛일부터 하니까 식당일이 어떻게 돌아가는지 훤히 안다. 나보다 더 잘 알 수도 있다. 정작 아버지란 사람은 아무것도 안 하니까 뭐가 어떻게 돌아가는지 잘 모른다. 그런데도 매번 딸 내외가 아무것도 모른다고 잔소리한다. 자기들이 직접 부딪혀가면서 배우는 것이 진짜 공부인데 우물에서 숭늉 찾고 있다. 설령 뭐가 잘못되더라도 젊으니 다시 시작하면 되지 않나. 생각이 달라도 우리는 너무 다르다.

남편은 가까운 이들을 우리에 가둬 놓고 자기 식대로 사육해야 직성이 풀리는 사람인 것 같다. 자기 자신도 자기 마음에 안 들 때가 허다한데 세상 사람이 어떻게 다 지기 마음에 들겠는가. '아흔아홉 가지 잘하다가 한 가지 잘못'하면 그 한 가지 때문에 매번 시달린다.

내가 흉을 하도 많이 봐서 사람들이 자기를 무시한다고 한다. 그래서 자식들도 자기한테 말대꾸를 한다는 것이다. 자기가 남을 무시하고 함부로 대하는 줄은 모르고 자격지심에 다 내 탓을 하고 있다. 수시로 그렇게 사람들을 학대해 놓고 그 모든 것이 내 탓이라고 우기며 나한테 화를 내는 것이 정당한가.

보통 사람들은 자기한테 잘하는 사람한테는 잘한다. 하지만 남편은 자기한테 잘하면 만만하다고 말도 너무 막하고 사람을 종 부리듯이 한다. 멀리하는 게 상책이다. 차라리 남이면 안 보면 되는데…. 체면 중시하듯 마음보도 좀 크게 쓰면 안 되나.

쥐가 고양이를 무는 심정

오늘은 왜 싸웠냐고?

　퇴근 후 기분 좋게 집에 왔다. 차안에서 자기가 부른 노래가 나오니까 "이게 왜 나오지!" 하기에 슬쩍 노래를 잘한다고 칭찬해 주고 집에 올 때까지 둘 다 기분이 좋았다.

　남편이 목욕탕에서 씻고 나오면서 뜬금없이 "니가 날 무시하니까 애들도 다 날 무시한다."는 것이다.

　사연인즉, 저녁 장사 때 테이블에 4인상을 차려놓았는데 예약 시간 10분 후에도 예약한 사람이 안 오고 있었다. 마침 손님 두 명이 와서 작은딸이 손님들을 그 자리에 앉히자고 했단다. 그래서 자기가 금방 올지 모르니 안 된다고 하니까 두 명의 손님이 그냥 가버렸다는 것이다. 그 모습을 보고 작은딸이 언제 올지도 모르는데 그냥 주지 그러냐고 했다며 싸가지 없이 아빠 말에 토를 단다면서 나보고 딸내미 교육 제대로 시키라고 소리를 지른 것이었다. 나는 상관하고 싶지 않으니 나한테 그러지 말고 당신이 직접 딸애한테 말하라고 했다. 그랬더니 어느 집에서 엄마가 그 따위로 말을 하느냐며 또 노발대발이다.

얼마 전에도 작은사위한테 계속 짜증을 내면서 말을 하니까 사위가 처음으로 "아버님, 왜 저한테 짜증을 내면서 말씀을 하시냐?"고 했다. 그 자리에서는 자기가 목소리가 커서 그렇지 짜증을 낸 것이 아니라고 변명하더니 집에 와서는 자기한테 큰소리 쳤다고 싸가지 없다며 나를 들들 볶았다. 아버지한테 그러면 안 되는 거라고 가르치란다. 오죽하면 그 착한 사위가 말대꾸를 했을까. 참다 참다 더 이상 참을 수가 없으니 쥐가 고양이를 무는 심정으로 폭발한 거였다.

"애들도 노력하고 있으니 사사건건 시비 걸지 말고 제발 잔소리 좀 줄이세요."

그렇게 말한다고 나한테 무시하다고 또 야단이다. 세상에 이면 장인이 쫓아다니면서 사위한테 잔소리를 한단 말인가.

"당신은 뭐 부모님께 잘했냐? 뭐든 자기 맘에 안 든다고 소리 지르고 야단했지. 우리는 아프다고 소리도 못 지르느냐!"고 대들었다.

주먹으로 때리는 매는 시간이 지나면 멍도 가시고 표시도 안 나지만 말로 때리는 매는 마음에 깊이 상처로 남는다는 사실을 이해하지 못하는 것 같다.

이제 행복 타령은 그만할게요

작년에 계속 장사가 안 돼서 연말에는 잘 되겠지 했는데 11월에도 장사가 잘 될 기미를 보이지 않았다. 곧 12월인데 마음이 급해졌다. 저녁에 아르바이트 직원한테 조심스럽게 당분간 나오지 않아도 된다고 말했다.

"언니, 나 해고된 거야?" 한다.

"너는 남편이 돈도 잘 벌고 애들도 다 제 밥벌이를 하잖아. 다른 애들은 이혼하고 혼자 사니까 돈을 벌어야 되니 형편 나은 네가 나 좀 봐줘라."

12월에는 지출이 많다. 성금 낼 곳도 많고 여기저기 도움 줄 곳도 있어서 정신 차리고 돈을 벌어야 한다. 수입이 줄었다고 매해 해오던 일을 그만둘 수는 없지 않은가.

'하나님 죄송합니다! 언제는 다른 것은 다 참아도 돈 없는 것은 못 참겠다고 징징 대서 장사가 잘 되게 해주셨는데 이제 식당이 자리 잡아 돈 좀 만지게 되니 돈 없어도 좋으니 마음 편히 살고 싶다고 "행복"타령을 했네요.

돈 없을 때는 모든 불행이 돈이 없어서 생긴다고 생각하고 돈만 있으면 행복할 줄 알았어요. 그래서 죽기 살기로 일했는데 꼭 돈하고 행복이 같이 가지는 않는 것 같아서 마음 편히 살고 싶다고 했어요. 이제 더 이상 돈 없어도 마음 편히 행복하게 살고 싶다고 하지 않을 테니 예전처럼 돈 좀 많이 벌게 해주세요.

애들 아버지가 직원들한테 화가 풀릴 때까지 잔소리를 하든, 나한테 시비를 걸든 이제 싸워도 좋으니까 하나님! 장사만 잘 되게 해주세요.'

요즘 드는 생각인데 남편의 모습에서 시아버님 모습을 본다. 우리 부부가 서로 악다구니를 치며 싸울 때 보면 시어머님과 시아버님이 싸우실 때와 똑같다. 지금은 시어머님을 이해해 드리지 못한 것이 후회된다. 시어머님이 옛날 얘기를 들추시면서 시아버님과 싸우실 때는 뭐 하러 지난 얘기까지 하시나 했었다. 시어머님은 평생 주눅 들어 산 세월이 억울하셨던 것이다. 젊어서는 시아버님이 무서워서 소리치면 소리치는 대로, 화내면 화내는 대로 당하고 사셨지만 늙어서는 더 이상 그렇게 살지 않겠다고 시아버님한테 맞서 소리치고 화를 내며 맞아 죽을 각오로 싸우셨던 거다. 그때 왜 시어머님께 "고생 많이 하셨네요."라는 말 한마디를 못해드렸을까….

어쨌든 하나님께 "싸워도 좋으니까 장사만 잘 되게 해주세요." 했더니 12월에는 장사가 잘 됐다.

12월에 세 번이나 대판 싸웠다. 나는 '호구' 소리를 들을 때 가장 화가 난다. 물론, 시댁 식구들한테 호구가 되어 산 것은 맞지만 그런 줄 알고 산 사람한테 자꾸 그 말을 하면 어느 순간에는 화가 치밀어 나도 모르게 말 폭탄을 퍼붓게 된다.

자기 마음에 쏙 드는 사람하고 살지. 왜 결점 많은 나와 살면서 못되게 구는지 모르겠다. 평생을 밖에다 여자 두고 나돌아 내 복장을 터지게 하더니….

나는 이 꼴을 당하면서도 그게 나한테 주어진 삶이겠거니 하고 또 그렇게 살아갈 것이다.

따듯하고 평화가 넘치는 가정을 꿈꾸며

철이 없는 건지, 생각이 모자란 건지, 현실을 모르는 건지 도무지 판단이 서질 않는다. 30년 넘게 살았으면서도 어떻게 마누라라는 사람을 이렇게 모르고 있는지 신기하기까지 하다.

나는 남편을 단지 철없는 애들 같다고 생각하고 산다. 그래야 내 마음이 편하다.

남편은 매사를 부정적으로 보고 자신의 잣대로 판단하고 그에 합당하지 않으면 소리부터 지른다. 입만 열면 상대방 기죽이는 말만 하니까 말대꾸하기가 무섭다. 우리 부부는 사고방식과 가치관이 너무나 다르다. 이처럼 매사가 다르다 보니 조화롭게 살기가 어렵다.

나를 돈밖에 모르는 여자라고 손가락질하지만 내가 번 돈을 남편은 잘도 쓰고 다닌다. 한 번쯤은 자신을 돌이켜 볼 만한데 세상 이치를 몰라도 너무 모른다. 나는 당장 필요한 돈을 벌기 위해 열심히 일한 죄밖에 없다. 그래서 돈밖에 모르는 여자 취급 받는 게 몹시 억울하다.

기본적인 생활비와 집 장만, 애들 뒷바라지에 노인 세 분을 모셔야 하는 압박감이 어떤 것인지 알기는 할까. 다른 집 여자들처럼 손가락 빨고 앉아서 돈 벌어오라고 생떼라도 부려볼 걸 잘 못했다. 남편 마음 아플까 봐 말없이 살아온 내 죄가 크다. 내 착각이었다. 늙어서까지도 나는 그 판단 미스에 대한 책임을 지고 있다. 남편의 온갖 화풀이 대상이 되어.

식당도 빚을 내서 시작했다. 망해 가는 곳을 살리자니 또 하루하루 열심히 일해야 했다. 만일 남편이 무슨 일이든 해서 생활비를 가져다줄 사람이었다면 나는 애당초 밖에 나가 돈을 벌 생각을 안 했을 거다. 그런데 남편은 가정을 꾸리고도 무슨 배짱인지 가족을 부양할 생각을 하지 않았다. 남편만 바라보고 있을 수가 없어 시작한 돈벌이가 결국 돈밖에 모르는 사람으로 비쳐지다니….

사정을 모르는 사람들은 가끔 그렇게 돈 벌어서 다 뭐 할 거냐고 묻는다. 빚 갚고 나서 집 사고, 집 사고 나서 식당 건물 사고, 건물 사고 나서 주차장 사고 나니 이렇게 늙어 있었다.

나는 남편을 이해해 보려고 무던히 노력했다. 하지만 내 가슴에 쌓여 있는 분노와 한은 해소할 길이 없다.

애들 아버지는 나한테도 '감정'이 있다는 것을 인정하지 않는다. 자기감정은 표현하면서 내가 조금이라도 찡그리거나 싫은 표정을 하면 뻗대고 화를 낸다. 어떻게 사람이 자기감정대로만 살까.

이 나이쯤 되면 아내를 대하는 태도에도 변화가 있어야 하는데 영 그럴 기미가 보이지 않는다. 부부는 같은 곳을 바라보고 가야 하는 동반자인데 우리는 여전히 평행선을 달리고 있다.

내가 좀 더 현명해서 남편 입으로 이혼하자고 했을 때 이혼했으면 둘 다 인생이 달라졌을 것이다. 최소한 지금의 고통은 없었을 것이다. 그때를 놓치고 차일피일 하다가 여전히 속을 끓이며 살고 있다. 누구 탓을 하겠는가.

그러니 오늘도 나는 따듯하고 평화가 넘치는 가정을 꿈꾸며 하나님께 간절히 기도한다. 터널 끝에서 희망을 만나기를….

선한 목자 되신 우리 주 항상 인도하시고 푸른 풀밭 좋은 곳에서 우리 먹여주소서
선한 목자 구세주여 항상 인도하소서 선한 목자 구세주여 항상 인도하소서

양의 문이 되신 예수여 우리영접하시고 길을 잃은 양의 무리를 항상 인도하소서
선한 목자 구세주여 기도 들어주소서 선한 목자 구세주여 기도 들어주소서

흠이 많고 약한 우리를 용납하여 주시고 주의 넓고 크신 은혜로 자유 얻게 하셨네
선한 목자 구세주여 지금 나아갑니다 선한 목자 구세주여 지금 나아갑니다

일찍 주의 뜻을 따라서 살아가게 하시고 주의 크신 사랑 베푸사 따라가게 하소서
선한 목자 구세주여 항상 인도하소서 선한 목자 구세주여 항상 인도하소서 아멘

찬송가 569장 〈선한 목자 되신 우리 주〉

타인의 삶 바라보며 기도 드리기

5장

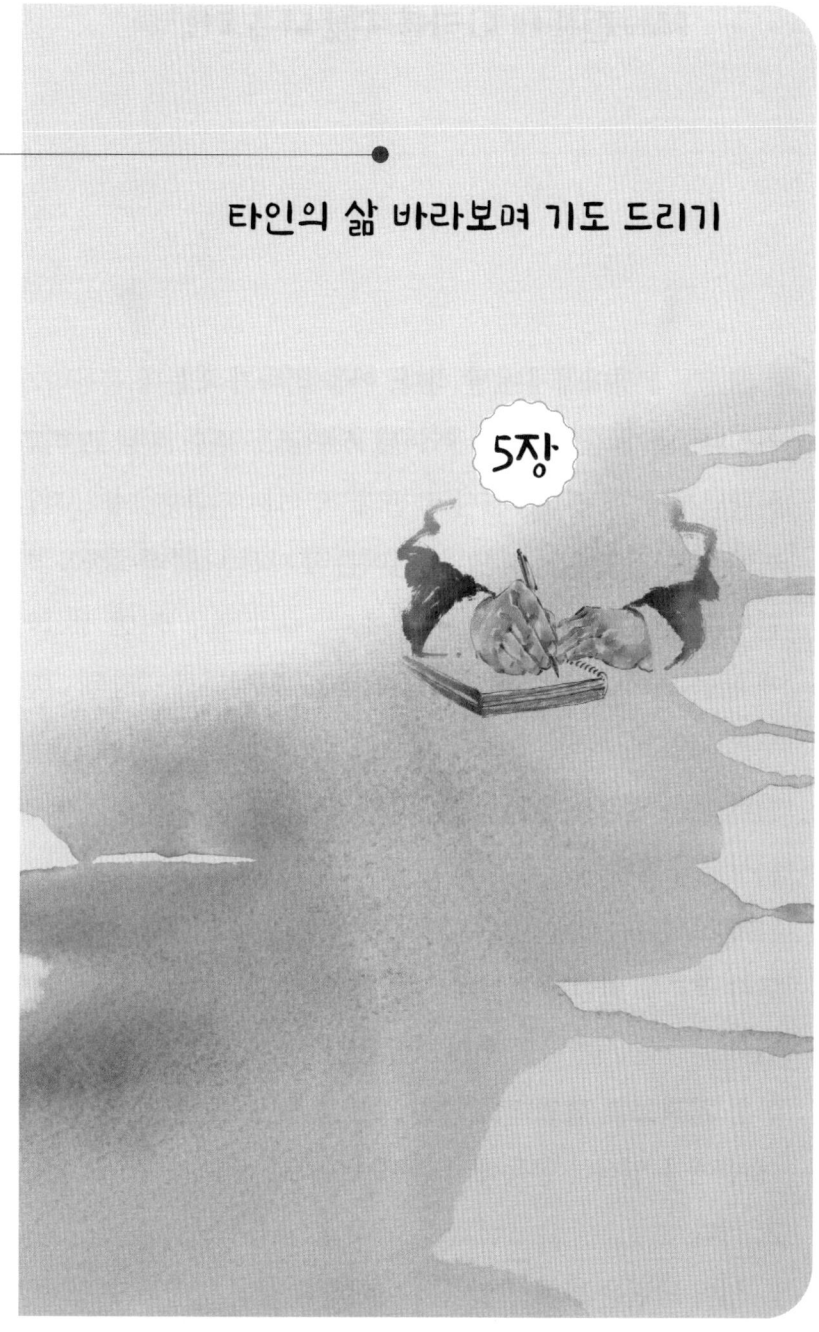

전생에 나라를 구했나 보다!

영이에게는 딸 하나, 아들 하나가 있는데 훌륭하게 키웠다. 내가 자랑스러운 어머니 상이라도 줘야 된다고 하면 하나님께서 다 길러주셨다고 한다. 영이는 결혼한 이래 지금까지 쉬지 않고 일하고 있다. 영이를 보면서 나의 부족함을 깨닫게 되었다. 영이 남편도 결혼 초에는 직장을 다니며 성실하게 돈을 벌어다 주었단다. 어쩌다 빚을 많이 져서 직장을 그만두게 되었고, 퇴직금으로도 변제가 안 돼서 영이가 동네 친구한테 돈을 빌려서 남편 빚을 갚았다고 한다. 그리고 영이가 벌어서 친구한테 이자를 주고 아이들을 양육했단다. 애들도 자기 엄마 고생하는 것을 아니까 고등학생 때부터 아르바이트를 하면서 공부도 열심히 했는데 딸은 공부보다는 운동에 재능이 있어서 운동을 시켰다고 한다. 아침 일찍 일어나서 남편과 애들 아침 차려놓고 남편 점심까지 준비해 놓고 출근했다. 나중에 그 딸애가 열심히 운동해서 돈을 벌어 그 빚을 다 갚아주었다고 한다.

영이 남편은 밖에서 일하는 아내한테 형님 반찬까지 챙겨달라고 한단다. 형님은 애들이 다 큰 다음에 형수님과 이혼하고 혼자 사신다고 한다. 형님은 둘째이지만 어머니와 살았고 둘째 형수님이 시집살이를 호되게 당했단다. 제사도 모시고 친정에서 더부살이하는 시누이 살림까지 해주었다고 한다. 그래도 고마운 줄 모르고 타박만 들었다는 것이다. 다행히 영이네 사정은 시어머니나 시누이가 잘 알고 있어서 영이는 시집살이에서 면제되었는데 둘째 동서는 정말 불쌍하게 살았단다. 종도 그런 종이 없을 정도라고 했다. 애들이 커서 그렇게 사는 엄마가 불쌍하니까 힘들면 참지 말고 집에서 나가라고 해서 둘째 동서가 집을 나갔고 지금은 혼자 살면서 애들과 왕래하며 잘 지내고 있단다.

그래시 영이는 둘째 아주버니가 고생 좀 하셔아 된다고 반찬을 안 챙기고 싶은데 그러면 남편과 싸움이 되니까 할 수 없다고 했다. 내가 영이를 보면서 반성하는 게 많다. 영이의 정성으로 딸애는 유명한 선수가 되었고, 아들은 외국 유학까지 갔다. 영이는 지금도 월세에 살고 있지만 그늘이 없고 에너지가 넘친다. 아들은 공부를 잘 마치고 귀국해서 집 근처의 회사에 취직을 했다. 그래서 점심을 집에 와서 먹는다고 한다. 지금 딸은 선수 생활을 하다가 은퇴하고 심판 자격증을 딴 후 심판 보는 일을 하고 있단다. 경기가 없는 날에는 집에 있으니까 어느 때는 짬을 내서 남편, 아들, 딸 점심 밥상을 차려주러 집에 다녀오기도 한다. 지극정성이다. 그런 영이의 모습을 통해 나는 시간이 없어서 애들한테 못해준 게 아니라 간절함이 없었다는 것을 깨달았다. 간절함이 있었다면 시간을 쪼개서라도 해줄 수 있었다. 나는 친정엄마를 너무나 의지하고 살았던 것 같다. 그래서 나는 애들한테 신경을 덜 쓰게 되었고, 애들 또한 엄마가 바쁘다는 것을 알고 나한테 뭘 해달라고 요구한 적이 없다. 그러니 나하고 무슨 특별한 교감이 있겠는가.

영이 아들딸은 아버지가 아파서 병원에 입원해 있을 때도 엄마 빼고 둘이서 번갈아 가며 아버지 병수발을 했단다. 딸은 아버지가 좋아하는 음식을 사오기도 하고, 아버지 용돈까지 주고 있다고 한다.

아들은 영이와 친구처럼 지낸다. 시시콜콜 엄마와 많은 얘기를 나누며 산다. 저녁에는 운동 삼아 함께 한 시간씩 걸으면서 그날 있었던 일들을 얘기한단다. 아들이 낯가림이 심한 편인데 엄마한테는 마음에 있는 말들을 곧잘 한다고 한다. 영화 얘기, 직장에서 있었던 얘기, 정치 얘기, 친구들 얘기 등 숨김없이 얘기해 주니까 아들의 생활을 훤히 꿰뚫고 있단다.

딸도 선수 시절 얘기, 코치할 때 얘기, 심판 보며 겪는 일들을 모두 엄마한테 얘기를 해준다고 한다.

영이는 음식을 잘하니까 하나를 해도 엄청 많은 양을 해서 이 집 저 집 나누어 준다. 나도 자주 얻어먹는다. 내가 또 반성하게 되는 부분이다.

영이 남편은 거의 40년 동안 백수로 지냈다. 염치도 없이 먹고 싶다는 것이 많아서 영이가 짜증을 내면서도 다 해주었단다.

집에 틀어박혀서 매일 여기 아프다 저기 아프다 하면 나가서 친구라도 만나라고, 아니면 형님한테라도 가라고 용돈까지 챙겨 주었다고 한다. 남편이 원래는 룸살롱에서 일을 했단다. 영이 시누이 남편이 강남에서 아주 큰 룸살롱을 해서 영이 남편과 둘째 형님, 큰형님이 다 거기서 일을 했다고 한다. 큰동서 될 사람이 성격이 까칠해서 큰형님은 결혼하면서 시댁에서 분가해 나왔단다. 그렇게 해서 착한 둘째 동서가 분가를 못하고 시댁에서 시어머님을 모시고 살았던 것이다.

왜 사람들은 착한 사람한테는 함부로 하는지 모르겠다. 막되먹은 사람들은 정말 당할 수가 없다.

영이는 중매결혼을 했는데 뭣 모르고 시집을 와보니 남편이란 사람이 밤에 돈 벌러 다니며 어떤 때는 일 핑계를 대고 외박도 하더란다. 집을 얻을 돈이 없었는지 신혼 초에는 시누이 집에서 더부살이를 했다고 한다. 시누이는 주택에 살았는데 방이 많아서 총각 때부터 남편이 거기 살고 있었단다. 그래서 그 집으로 들어가 살면서 시누이네 살림을 많이 도와주었다고 한다.

남편이 외박이 잦으니 견디다 못해 어느 날 애들을 데리고 친정으로 갔고, 몇 달 후 남편이 찾아와서 다시는 그러지 않겠다며 싹싹 빌기에 다짐을 받고 집으로 돌아왔다고 한다.

결혼 초기에는 남편이 가부장적이라서 힘들었지만 딸애가 커가면서 잔소리를 하니까 조금씩 변하더란다. 아들한테는 무조건 이기려 하지만 딸한테는 한없이 약한 아버지라고 한다. 그래서 딸이 하는 말은 거의 다 들어주는 편이란다. 남편이 성품은 착해서 살면서 특별히 힘들게는 안 했는데 문제는 돈을 안 벌어다 주어서 경제적으로 고생을 많이 하고 살았다고 한다.

지금은 남편이 아픈데 약해진 모습을 보면 그저 불쌍한 생각이 들어 가족들이 잘해주려고 노력하고 있단다. 영이 남편은 전생에 나라를 몇 개는 구했나 보다!

자식들이 십분의 일이라도 알면 좋을 텐데…

숙이는 70살이 다 됐는데 그 시절에 고등학교까지 다녔다. 부모님이 시골에서 농사를 지어 시내에 있는 고등학교에 보내실 정도로 학구열이 높으셨던 것 같다. 그래서 친구들과 자취하면서 학교를 다녔단다. 엄마가 몸이 너무 약하셔서 숙이는 어릴 때부터 엄마 일을 많이 도왔다고 한다. 아버지는 너무 엄하시니까 무서워서 말 한마디 마음 놓고 해본 적이 없단다. 옛날 아버지들은 다 왜 그랬는지 모르겠다.

예전에 친구 집에 놀러갔다가 친구 아버지가 지게 작대기를 들고 그 애 엄마를 때리겠다고 쫓아다니는 걸 보고 기겁을 한 적이 있었다. 아버지가 술만 취하면 애들을 때리는 집도 있었고, 학교 가지 말고 일하라고 때리는 집도 있었다.

숙이는 성격이 활달하고 자기 할 일 다 하면서 잘 먹고 잘 놀았다. 처녀 시절에 숙이한테는 좋아하는 사람이 있었는데 아버지가 반대하셔서 헤어지고, 중매를 통해 남편을 만나서 결혼을 했단다. 남편감이라고 사진을 보여주는데 잘 생긴데다 양반 집안이라고 하기에 선을 봐서 결혼을 했다고 한다. 남편은 가락시장에서 도매업을 크게 해서 낮에는 자고 밤에 일하러 나갔단다. 애 둘을 연년생으로 낳다보니 혼자서 기르느라고 엄청 고생했다고 한다. 그래도 남편이 돈은 잘 버니까 애들도 분유를 먹여서 기르고 돈은 아쉬움 없이 쓰고 살았단다. 다만, 직업상 애들 아버지가 낮에 잠을 자기 때문에 방해가 되지 않도록 낮에는 애들을 밖으로 데리고 나가 시간을 보내는 게 힘들었다고 한다. 그때 벌써 아파트를 사고 애들 둘한테 수영을 가르치고 사립학교에 보낼 정도로 잘 살았는데 애들 중학교 때쯤 부도가 나서 폭삭 망했단다. 그래서 숙이와 애들은 방 한 칸짜리 집으로 이사하고, 남편은 시골 어머니 집에 가서 살았다고 한다. 아마도 빚쟁이들 때문에 그랬던 것 같다. 숙이는 부지런히 벌어서 애들 둘을 가르쳤다. 딸애는 고등학교 졸업 후 취직을 했고, 아들은 중국으로 유학을 갔다. 딸은 유명 콘도 회사에서 일했기 때문에 일의 특성상 그곳에서 숙식을 하고 있고, 아들은 중국에 가 있고, 남편은 시어머니한테 가 있어서 숙이 혼자 살았다. 그래서 일하면서 등산 다니는 것에 취미를 붙이고 열심히 등산을 다녔다.

　시어머님이 돌아가신 후 남편이 집으로 왔다. 그때 남편이 돈을 좀 갖고 와서 집을 넓혀 갔다. 얼마 후에는 편찮으신 시아버지를 형제들이 돌아가면서 모시기로 해서 한동안 모시고 있었다. 그러다가 나라에서 주는 영구 임대 아파트를 전세로 가서 살았다.

　지금 숙이 남편은 몸이 많이 아파서 집에서 놀고 있고, 애들은 자기 짝들을 찾아서 제 앞가림하며 살고 있다. 하나님께서 모자란 것을 채우고 살라고 숙이 아들은 며느리 집이 돈이 많고, 딸은 사위 집이 사는 게 넉넉해서 둘 다 돈 걱정 안 하고 산단다. 노는 날에는 오전에 등산 갔다 와서 손자, 손녀들과 노는 재미에 빠져 산다.

숙이 남편은 딸이 결혼하기 전에는 딸과 연인처럼 카톡을 주고받으면서 세상에 둘도 없는 사이였다. 그런데 딸한테 애인이 생기고 결혼을 하고 나서는 아빠가 뒷전으로 밀렸단다. 남편은 딸이 용돈도 안 주고 대화도 단절되었다고 서운해한다고 한다. 딸은 애를 셋이나 낳아서 기르느라 엄청 고생하고 있는데 아버지란 사람이 그런 것은 생각하지 않고 자기 시운함만 끌어안고 있단다. 숙이가 일하러 가면 집에서 운동 삼아 살살 빨래도 하고 밥도 해서 먹으면 좋으련만…. 숙이 퇴근할 때를 눈 빠지게 기다리고 있다고 한다. 아픈 사람도 힘들겠지만 그런 모습을 보면 화가 나서 울화통이 터져 죽을 것 같단다. 그래서 산에도 다니고 친구도 만나러 다니고 있다고 한다. 남편은 항상 미안하다는 말을 하지만 어떤 때는 그 말을 듣는 것조차 화가 난단다. 애들은 이제 엄마 하고 싶은 대로 하고 살라고 하지만 애들하고 남편 사이에서 중재하느라 머리가 터질 지경이라고 한다.

애들은 점점 아버지한테서 멀어지고, 애들 아버지는 자식들한테 서운하다고 투덜대니 중간에서 얼마나 난처할까.

"아버지가 돼서 애들한테 해준 것도 없으면서 뭘 그렇게 바라는 게 많은지 모르겠다."며 숙이는 한숨을 쉬었다.

　남편은 숙이가 조금이라도 애들 역성을 들면 삐져서 한동안 말도 안 한단다. 그래서 애들을 집으로 오지 못하게 하고, 숙이가 애들 집에 가서 음식 만들어 주고 놀다 자고 바로 출근할 때가 많다고 한다.

　손주들 사진을 보여주는 숙이의 모습이 엄청 행복해 보인다. 자식들이 엄마의 그 마음을 십분의 일이라도 알면 좋을 텐데….

집하고 여자는 가꾸기 나름이라고 했던가!

명이는 예쁘고 슬기롭다. 사람들 비위도 잘 맞추고 처신을 잘해서 적이 별로 없다. 다만 한 가지, 다른 사람을 챙기는 데는 조금 서툰 것 같다. 내 것, 네 것이 분명하고 남 일에는 아예 상관을 안 한다. 그래서 다들 좋아하는지도 모르지만.

큰언니가 슈퍼를 했는데 단골손님을 동생인 명이한테 소개해서 결혼을 하게 되었단다. 인물도 잘생기고 말도 재미있게 하니까 언니가 보기에 좋았던 모양이다. 정확히 말을 안 해서 어떤 일을 하는지 잘 모르지만 남편은 차를 갖고 다니면서 일을 했단다. 그래서 짐작에 배달 일을 하지 않았나 생각하고 살았다고 한다. 빌라에서 살고 있었는데 가끔 집에도 안 들어왔단다. 한번은 강도가 들어와서 명이를 꽁꽁 묶어 놓고 집안을 다 뒤져서 돈 될 만한 것은 모조리 가져갔다고 한다. 뉴스에서 보던 일을 직접 겪은 것이었다. 그나마 안 죽인 게 천만다행이라고 생각했단다.

큰애 낳고 애들 아버지가 교통사고를 당해서 엄청 많이 다쳤다고 한다. 생계가 막막해서 시댁으로 들어가서 시할머니까지 모시고 살았단다. 시댁이 부자여서 먹고 사는 걱정은 안 했지만 층층시하에서 살림하느라 고생했다고 한다. 시할머니 똥 기저귀까지 빨았단다.

남편이 회복되자 서울에 방을 얻어서 이사를 하고 남편이 취직해서 먹고 살았다고 한다. 그때 작은애를 낳았단다.

어느 날, 남편이 임신한 여자를 집으로 데리고 오더란다. 너무 기가 막혀서 이번에는 마음을 굳게 먹고 애들을 그 집에 두고 오빠 집으로 갔다고 한다. 신혼 초에도 한 번 여자를 데려와서 그때는 얼떨결에 여자를 달래서 보냈던 적이 있었는데 습관성인 것 같더란다. 명이가 오빠한테 집을 나온 이유를 말했더니 오빠가 두 번씩이나 바람을 펴서 애까지 만들어 오는 남자를 어떻게 믿고 사느냐고 이혼을 하라고 했단다. 큰애가 10살 때였다. 남편이 미우니까 애들도 밉더란다. 그래서 이혼하고 자식과도 거의 10년을 연락을 끊고 살았다고 한다.

명이는 자기애가 강하다. 음식도 좋은 것으로 먹고, 영양제도 잘 챙겨 먹고, 모양도 엄청 낸다. 집하고 여자는 가꾸기 나름이라고 했던가! 엄청 젊어 보이고 예쁘다. 운동도 아주 많이 한다. 수영은 기본이고 산악회에 들어가서 열심히 산에도 다닌다. 친구 모임도 많아서 외국 여행도 자주 갔다. 인생을 즐기면서 살고 있다.

그러다가 큰애가 고등학교 들어갈 무렵 엄마를 찾아왔단다. 명이와 이혼 후 명이 남편은 서울을 떠나 본가에 들어가서 살았다고 한다. 호프집을 해서 먹고 살면서 할머니가 애들을 키우셨단다. 만나보니 애들이 반듯하게 잘 컸더란다. 그 후 방학이 되면 으레 엄마한테 와서 있다 가고 하니까 새록새록 애들한테 정이 간다고 했다. 애들은 배다른 동생한테도 애정이 깊어 보였단다. 엄마는 달라도 어릴 때부터 같이 자라서 그런 것 같다고 한다.

그렇게 지내다 큰애가 결혼을 하게 되었고, 아버지는 혼수를 장만해 줄 형편이 못 돼서 명이가 모아놓은 돈으로 혼수를 장만해서 시집을 보냈다. 다행히 큰애가 좋은 집안으로 시집을 갔다. 딸애가 고등학교 때부터 사귀었다는데 사람도 듬직해 보이고 금슬도 좋아서 애를 셋씩이나 낳고 잘 살고 있다. 셋째를 낳았을 때는 명이가 열흘이나 휴가를 내서 산바라지를 해주고 왔다.

한번은 애들 아버지한테서 전화기 왔단디. 같이 살면 안 되냐고. 같이 사는 남자가 있어서 그럴 수 없다고 단칼에 거절했다고 한다.

아들은 서울에서 직장 생활을 잘하고 있단다. 회사 기숙사에 있다고 하더니 하루는 집들이 한다고 화분을 사 들고 다녀왔다. 아들이 신혼집을 마련해서 갔다 왔다고 하더니 진짜 얼마 후에 결혼을 했다. 그래서 명이 아들 결혼식에 다녀왔다.

가끔은 명이가 부러울 때가 있다. 혼자 살면서 하고 싶은 것 다 하고 누릴 것 다 누리고 살았는데도 애들이 엄마 혼자 사느라고 고생했다고 잘한단다. 보통은 원망이 앞서기 마련인데…. 명이 애들한테는 아버지의 잘못으로 이혼하고 오랫동안 혼자서 산 엄마에 대한 연민이 아주 큰 것 같다.

내 주장이 강한 사람이 편하게 산다

옥이네는 사진관을 해서 먹고 살았단다. 시절이 변해서 굳이 사진을 종이로 인화하려는 수요가 줄어들어 생계가 막막하던 차에 시누이 남편이 자기가 하는 일을 도와달라고 했다고 한다. 시누이네는 김포에 땅도 많고 부자였다. 그래서 일을 도와주러 다녔단다. 운전사 노릇도 하면서 시키는 일을 열심히 했는데도 준다는 말만 할 뿐, 월급 한 푼을 주지 않더란다. 심지어 시누이 남편이 병원에 입원했을 때는 간병까지 했다는 것이다.

어느 날, 시누이네가 모텔을 하겠다고 해서 적당한 모텔을 찾으러 몇 개월을 같이 다니면서 고생하고, 필요하다고 해서 시설 관리 자격증까지 땄단다. 모텔을 개업한 후에는 밤잠을 설쳐가며 한 달 동안 일했는데도 그에 대한 보상이 너무 적어서 옥이가 남편한테 그 일 때려치우고 시누이와 의절하자고 했다고 한다.

비록 사촌 시누이지만 남자 형제가 없어서 시누이 친정엄마 제사를 옥이 시아버님이 지내고 계셨는데 그 일로 너무 분해서 시부모님께 앞으로는 그 집 제사 지내지 마시라고 말씀드렸더니 이때까지 지내던 걸 어떻게 안 지내냐면서 제사를 계속 지내고 계신단다. 그래서 옥이는 명절에 시댁에 안 간다고 한다. 옥이 남편은 물론, 시어른들이 물정 없이 착하신 것 같다.

그 후 실직한 남편 대신 처음으로 옥이가 돈을 벌러 다녔다고 한다. 시어른들은 며느리 고생한다고 철마다 농사지은 것들을 바리바리 싸서 보내주시더란다. 남편과 아들 둘은 집안일을 많이 도와주었단다.

옥이가 남편한테 돈 벌러 안 다닐 거면 시골 가서 어머님, 아버님이랑 농사나 지으라고 화를 내며 하도 닦달을 하니까 마흔 몇 살 때 아파트 경비로 취직을 했다고 한다. 남편도 적은 돈이지만 착실히 벌어오고, 두 아들도 열심히 공부해서 좋은 직장에 취직해 큰 걱정 없이 잘 살고 있다. 얼마 전에 아들이 결혼했는데 김포 어딘가의 아파트 분양에 당첨되었다고 좋아했다.

옥이는 내 주장이 강해 보인다. 시어른들한테도 하고 싶은 말을 다 하고 사는 것 같다. 그렇지 못한 나로서는 닮고 싶은 부러운 성격이다. 예전에 잘 사는 동서한테는 일을 잘 안 시키고 자기한테는 엄청 일을 많이 시켜서 속상했다며 한동안 명절 때도 남편과 애들만 보냈다고 한다.

어쨌든 사는 것 보면 내 주장이 강한 사람이 편하게 산다. 받은 만큼 되돌려주는 성격 때문인 것 같다. 보통 사람들은 문제를 더 크게 만들지 않기 위해 그런 사람들을 잘 건드리지 않는다.

정말 '팔자'라는 것이 있나!

정자한테는 야쿠르트 배달을 하면서 아들 하나, 딸 하나를 데리고 살고 있는 친구가 있다. 내가 처음 알았을 때는 그 친구가 이혼하기 전이었다. 정자랑 나는 단짝 친구라서 그 친구를 만나고 오면 가끔 그 친구 소식을 전해주었다.

친구의 남편은 직업이 없단다. 그래서 친구가 새벽에 야쿠르트를 배달하고 집에 가서 애들을 챙겨서 학교를 보내는데 어쩌다 늦게 집에 가보면 애들이 학교를 안 가고 자고 있다고 한다. 아버지가 애들을 깨워서 학교에 보내면 좋으련만 도통 집안일에는 관심이 없으니 이런 날에는 셋이서 깨우지 않으면 낮 12시까지도 잠을 잔단다. 남편과 한바탕 싸우고 난 뒤에는 친구가 술을 잔뜩 마시고 정자를 불러내서 신세 한탄을 한다고 한다. 보통은 새벽에 배달하고 얼른 집에 와서 애들 챙겨서 학교 보내고 낮에는 거리에서 야쿠르트를 파는데 일이 끝나면 사람들과 어울려서 자주 술을 마신단다. 애들이 초등학생이라는데 그 엄마의 생활 방식이 마음에 안 들어서 나는 그 친구가 별로다.

정자 말에 따르면 그 친구는 애들 때문에 할 수 없이 남편이랑 사는 거라서 이 사람 저 사람 만나서 술 마시는 것이 유일한 낙이란다.

그러다 그 친구 남편이 바람이 났단다. 희한한 일이다. 백수가 어떻게 바람을 피우느냐고 물었더니 생긴 게 멀쩡하니까 어디서 눈 먼 여자 하나 걸려든 것 같다고 한다. 그 참에 그 친구가 남편한테 돈을 얼마간 해주고 이혼을 했다는 것이다.

아들은 간신히 고등학교 졸업장을 땄고, 딸은 고등학교를 졸업했는지 못했는지 모르지만 네일아트를 배우러 다닌다고 한다. 아들은 고등학교 졸업 후 집안에 틀어박혀 매일 게임만 하더니 얼마 후에 소식을 들으니 군대를 갔고, 딸은 아직 취업을 못하고 있어서 정자 친구가 벌어먹고 산단다.

한번은 내가 정자한테 그 친구 밤에 술 마시러 다니지 말고 저녁에 우리 식당에 와서 일하라고 말해보라 했더니 남 밑에서 눈치 보면서 일하는 것은 딱 질색이라고 하더란다. 그 친구는 구속받기 싫어한단다. 그 친구 아들은 제대하고도 한참을 놀았는데 그래도 제 용돈은 자기가 벌어서 쓴다고 하니 그나마도 다행이라고 한다. 딸도 자기 용돈은 벌어서 쓴단다.

정자 친구는 내일 모레 칠십이다. 최근에 소식을 들으니 치매 초기란다. 삶을 살아내는 것은 쉽지 않다. 정답이 없다. 예전에 친정엄마가 속상하면 "다 네 팔자려니 하고 그냥 살아."라고 말씀하셨는데 정말 '팔자'라는 것이 있나!

강인한 엄마의 향기를 느끼며

미경 씨는 엄청 똑똑하고 담대하다. 아무튼 아주 큰 사람이다. 나보다 세 살 많은데 내가 마음으로부터 존경하고 그 성격을 부러워했다. 어마어마하게 큰 식당을 운영했지만 처음에는 미경 씨도 그 남편도 그 식당 종업원이었단다. 사람들 말에 따르면 남편은 그 집에서 숯불 피우는 일을 했다고 한다.

둘이 인연이 돼서 결혼해 아들 하나, 딸 하나를 낳았다. 성실히 일하며 돈을 모아 식당을 조그맣게 하다가 땅을 사서 4층짜리 건물을 짓고 1, 2층에서는 식당을 하고, 3층에서는 살림을 하고, 지하에서는 노래방을 했다. 유명해져서 돈을 많이 벌었는데 한 가지 걱정은 딸애한테 아주 심한 자폐가 있다는 것이었다. 나는 속으로 얼마나 속상할까 걱정했는데 미경 씨는 자폐인 딸애가 태어나고 나서 장사가 잘 된다면서 그 애가 복덩이라고 했다. 후에 미경 씨는 구의원에 출마해서 당선되었다. 아들은 한의학을 공부하고 있었다.

미경 씨한테 정작 속 썩는 일은 따로 있었는데 남편의 노름 때문이다. 미경 씨는 남편이 노름하면 경찰서에 신고해서 벌을 받게 했다. 장애협회 회장을 맡아 하면서 장애인들한테도 많은 도움을 주었다. 식당 운영하랴, 구의원하랴 힘에 부칠 텐데도 힘든 내색 하나 없이 당당하고 위엄이 있었다. 음식 문화 거리를 만들자고 제안해서 그곳 상인들한테 회비를 걷어 협회를 만들어 운영했다. 한 달에 한 번씩 어르신들께 식사 대접도 해드리고 자그마한 선물도 드리고 축제도 열고 어려운 이웃에게 김장 김치를 나누면서 음식 문화 거리가 자리를 잡는 데 큰 역할을 했다.

하지만 일단 사람이 모이다 보면 으레 구설수에 오르게 마련이다. 의견 차이로 상인들 간에 패가 갈려 분위기가 험해졌다. 뒤에서 꼭 구시렁대는 사람들이 있다. 미경 씨 말투가 강해서 더 그런 것 같다. 용건만 간단하게 말하는 스타일이라 듣는 사람이 거부감을 느낄 수 있겠다는 생각도 든다.

미경 씨는 시의원에 출마했다가 떨어졌다. 아들은 학교 졸업 후 병원을 개원했고 얼마 전에 결혼도 했다. 아들은 성격이 엄마를 많이 닮았다.

미경 씨 남편은 많이 아파서 강원도로 휴양하러 갔고, 미경 씨는 식당을 넘기고 딸애랑 산다. 산책하다가 우연히 만났는데 팔십을 바라보는 나이에도 미경 씨는 여전히 당당한 모습이다. 보기가 참 좋았다.

'미경 씨, 건강하게 오래오래 살아요.'

나는 멀어져가는 미경 씨의 뒷모습을 오래도록 바라보고 서 있었다. 그 뒷모습에서 강인한 엄마의 향기가 느껴졌다.

산 사람은 다 살아지게 마련이다

경옥이는 병원에서 태어났단다. 우리 자랄 때는 대부분 집에서 애를 낳았다. 경옥이 엄마도 집에서 낳으려다 산모가 통증으로 기절할 지경에 이르러 병원으로 가게 된 거였다. 응급 상황이므로 수술을 해서 애는 살렸는데 경옥이 엄마는 끝내 돌아가시고 말았단다. 경옥이가 일곱째이고 큰오빠는 중학교를 다니고 있었다고 한다. 아버지가 혼자 갓난쟁이를 키울 생각을 하니까 너무 막막해서 애기를 고아원에 데려다준다고 했더니 중학생인 오빠가 말리더란다. 아버지도 계시고 형제들도 있는데 왜 애기를 고아원엘 보내느냐면서 병원에서 애를 집으로 데려왔단다. 그날 한 스님이 경옥이네 집에 시주 차 들렀다가 이 집이 갓 태어난 아기 때문에 부자가 될 거라고 했다고 한다.

그 후 아버지는 큰딸을 중학교에 안 보내고 딸한테 집안 살림을 맡겼단다. 그래서 할머니하고 큰언니가 동생들을 돌보게 되었고, 그때부터 큰언니가 집안에서 엄마 노릇을 하고 살았다고 한다.

그러다 큰언니가 스무 살 무렵, 중매를 통해 서울로 시집을 갔단다. 3년 후에는 동생들 둘을 서울로 데려와서 언니가 데리고 있었다고 한다. 아버지는 새엄마를 얻으시고 막내인 경옥이는 할머니 집에서 살다가 결혼해서 서울에 살고 있는 큰오빠 집으로 오게 되었단다. 오빠 부부는 장사를 했으므로 올케가 일하러 나가니까 경옥이가 집에서 살림을 했는데 매일 올케 언니한테 혼이 났다고 한다. 그러다가 작은오빠가 고등학교를 졸업하고 큰오빠 장사를 돕는다고 서울로 올라왔고, 작은오빠가 와 있게 되면서 경옥이 역성을 들어주는 바람에 올케 언니가 경옥이를 야단칠 수 없게 되었단다.

그렇게 지내다가 경옥이는 그 동네 공장에 취직을 했는데 동네 아주머니가 오빠 집에서 눈칫밥을 먹고사는 것이 안쓰러웠는지 중매를 했단다. 22살 되던 해에 8살인가, 10살인가 위인 사람과 선을 봐서 시집을 갔다고 한다. 그때는 오빠 집에서 나오는 것만으로도 너무 행복해서 그냥 남편이 좋았다고 한다. 신랑이 인물은 없지만 마음이 넓고 성실하단다. 말수는 적지만 말을 해도 좋은 말을 골라하고, 생각도 굉장히 긍정적이라고 한다. 결혼할 때 이미 조그만 아파트를 갖고 있더란다.

경옥이 큰애 돌잔치에 갔더니 경옥이 남편이 하는 말이 누가 중매를 한다는데 부모님이 두 분 다 돌아가신 처자라고 하는데 선을 보기도 전이라 어떤 처자인지도 모르면서 자기가 데려다가 부모님한테 못 받은 사랑을 듬뿍 주겠다고 생각했단다. 그래서인지 경옥이한테 엄청 잘했다. 경옥이 남편은 보일러 기술자인데 벌어서 다 경옥이한테 가져다주고 용돈을 타서 쓴단다. 술 담배를 안 하니까 돈 쓸 일이 많이 없다며 용돈을 모아서 경옥이 금반지도 해주고 금목걸이도 해준다고 한다. 애들 키울 때는 저녁에 퇴근해 오면 애들 기저귀도 갈아주는 자상한 남편이었단다. 분명 경옥이를 낳다가 돌아가신 엄마가 보내준 사람이라는 생각이 들었다. 경옥이 남편은 남자 천사다.

살림살이 하는 것도 다 타고나는 것 같다. 경옥이는 살림꾼이다. 정리정돈도 잘하고 음식 솜씨도 좋다. 애들도 잘 자랐다. 아버지가 엄마를 엄청 위하니까 애들도 엄마를 끔찍이 위한다. 그 집은 엄마가 1등 대장, 아버지가 2등 대장이다. 서로 위하며 살아가는 화목한 가정이다. 최고로 행복한 삶이 아닌가 싶다. 화목한 가정에서 자라서 그런지 딸과 아들 모두 온순하다. 한마디로 사람 꽃이다. 아들은 대학을 졸업하고 취직을 해서 직장에 다니고, 딸애는 직장에 다니다가 결혼을 했다. 딸은 전업주부로 살고 있다. 요즘은 다들 맞벌이를 해야 살 수 있다고 하지만 경옥이 딸은 남편 월급으로 애를 키우면서 알뜰살뜰 절약해서 잘 살고 있다.

그런데 경옥이 남편이 갑자기 아프다고 했다. 병원에서 검진을 받고 입원해서 치료중이라더니 얼마 안 있다 죽었다는 연락이 왔다. 병원에 입원했을 때 경옥이 아들이 직장을 그만두고 아버지 병간호를 했다고 해서 정말 기특하다고 생각했다. 아들은 사람들이 말하는 소위 좋은 직장에 다니고 있었다. 퇴사 이유가 아버지 간병 때문이라고 했더니 회사 측에서 퇴사 처리를 보류할 테니까 나중에라도 다시 오라고 했단다.

경옥이는 엄마, 아버지, 남편 세 사람 몫으로 사랑을 주던 남편이 갑자기 저 세상으로 갔으니 얼마나 상심이 컸겠는가.

사람이 죽으라는 법은 없다. 산 사람은 다 살아지게 마련이다. 상실감에 빠져 살던 중에 경옥이 딸애가 큰손자랑 세 살 터울로 작은손자를 낳았다. 애가 둘이 되니까 힘들다고 엄마한테 애를 봐 달래서 손자 보는 재미에 빠져 활력을 되찾고 있다고 한다. 경옥이는 평소에도 워낙 애들을 좋아했다. 남의 애들도 예뻐하는데 자기 손지니 얼마나 예쁘겠는가. 그렇게 또 나름 행복을 찾아서 살고 있다. 사는 것이 다 그런 거지 뭐. 생각해 보면 경옥이 남편만 불쌍하다. 조금 더 오래 살아서 딸애가 낳은 둘째 손자도 보고, 아들이 대학 교수되는 것도 봤으면 좋으련만. 아들은 직장에 다니면서 공부해서 대학 교수가 되었지만 아직 미혼이다. 하지만 걱정은 하지 않는단다. 어련히 알아서 잘 할 거라고 믿는다고 한다.

경옥이는 7남매 중에서 자기가 제일 편하게 살고 있단다. 든든한 아들이 있어 더 안심이 된다고 한다.

부모 마음은 다 똑같은 것 같다. 나는 무슨 고생을 했더라도 자식들만 잘 되면 바랄 것이 없다.

부모가 뼈 빠지게 고생해서 키워놓았더니 늙은 부모한테 여태껏 노후대책도 못해놓고 뭐했냐고 야단야단하는 자식도 있고, 다른 집 부모들은 자식한테 돈을 펑펑 준다면서 가난한 부모를 원망하는 자식도 있다고 한다. 자식들이 나쁜 게 아니라 세상이 변한 탓을 해야 하나! 옛날 사람인 나로서는 도저히 이해할 수 없는 세태다.

푸념을 다 들어주는 남편

인희는 중매결혼을 했다. 선보는 날, 남편이 밤색 양복을 입고 왔는데 엄청 멋져 보이더란다. 물론, 호감도 있었지만 남편이 처음부터 자기를 엄청 좋아해서 잘해주니까 얼떨결에 결혼을 했다고 한다. 삼남매 중 큰아들과 딸은 결혼해서 분가해 나갔고, 그래서 인희는 시댁에 들어가 살았단다. 집이 2층집이라서 아래층에는 시부모님이 사시고, 위층에서 신혼을 시작했다고 한다. 식사도 시부모님 따로, 부부 따로 해먹고 살았단다. 남편은 자가용 운전도 하다가 개인택시도 하다가 하면서 돈을 잘 벌어다 줘서 먹고 사는 것은 신경 안 쓰고 살았다고 한다. 딸 둘을 낳았는데 시어머님께 애들을 맡겨놓고 부부가 여행도 다녔단다. 나는 속으로 참 복도 많다고 생각했다.

하지만 시어른들이 편찮으실 때는 고생을 많이 했는데 남편이 속상하고 힘들 때마다 속이 후련하다고 할 때까지 푸념을 다 들어주었단다. 세상에 흔치 않은 남편이다.

시어른 두 분이 돌아가시고 나자 인희한테 친정어머니를 모시고 살자며 남편이 직접 가서 친정어머니를 모셔왔단다. 딸보다 남편이 훨씬 친정어머니한테 싹싹하게 잘한다고 한다. 그리고 처가일이고 시댁일이고 큰일은 다 도맡아서 하고 있단다. 인희는 돈을 벌어 본 적도 없으면서 자판기를 하면 돈을 많이 번다는 말에 현혹되어 덜컥 그 일에 뛰어들었다가 빚을 삼천만 원이나 져서 돈 벌러 나왔다고 한다.

남편은 모범택시를 하는데 인희 출퇴근을 시켜준다. 시어른들이 사시던 집이 재개발돼서 아파트에 살다가 시어른들 돌아가시고 난 다음 팔아서 형님, 누나와 나누어 가졌단다. 인희는 친정이나 시댁 양쪽 식구들과 모두 잘 지낸다. 서로 자주 왕래하고 살아서 참 바쁘다. 친구들과 여행도 다니고 친척 집 방문도 자주하는 요즘 보기 드문 사람들이다. 참 부러운 모습이다.

그 아버지에 그 딸

선희는 서울 사람이고, 부모님 두 분이 다 대학을 졸업하셨다. 할아버지가 엄청 부자셨단다. 아버지는 미대 졸업 후 딱히 직업이 없으셨다고 한다. 엄마는 엄청 멋쟁이고 예뻤는데 아버지가 첫눈에 홀딱 반해서 결혼을 했지만 직업이 없어서 결혼 초에는 시댁에서 생활비를 타서 살았단다. 선희가 큰딸이고 여동생, 남동생 이렇게 셋을 낳았는데도 아버지는 여전히 돈 벌 생각을 하지 않으셨다고 한다. 그러다가 할아버지 장사가 잘 안 돼서 생활비를 못 받게 되었단다. 애가 셋이나 되니 부모님이 매일 돈 문제로 싸우시다 어느 날 엄마가 집을 나가버리셨다고 한다. 그때가 선희 초등학생 때인데 동생이 수시로 학교에 찾아오는 바람에 창피해서 죽고 싶을 만큼 힘들었단다.

아버지가 밥을 못해줘서 빵과 우유를 먹고 지낸 적도 있다고 한다. 점심은 굶는 날이 많았단다. 엄마가 많이 야속했다고 한다. 2년 후쯤 엄마가 집으로 돌아왔단다. 애들 때문에 할 수 없이 돌아왔다는 것이다. 엄마가 인형 만드는 일을 해서 생활을 했는데 새벽에 일어나서 남편과 삼남매 밥을 정성껏 차리고 삼남매 도시락을 싸고 남편 점심까지 챙겨놓고 출근하셨다고 한다. 그래도 저녁에는 온 가족이 다함께 밥을 먹었단다. 선희는 그게 그렇게 행복했다고 한다.

선희는 고등학교 3년 내내 엄마 속을 엄청 많이 썩였단다. 책 가방 들고 버스 정류장에서 버스를 기다리다 한참 동안 버스가 오지 않으면 학교를 가지 않고 집으로 그냥 와 버렸다고 한다. 어느 날에는 만원 버스를 타기 싫어서 그냥 집으로 왔단다. 학교 가는 날보다 안 가는 날이 많아서 엄마가 학교에 많이 불려갔다고 한다. 학교 안 가는 날에는 집에서 잠만 자고 밥도 잘 안 먹었단다. 엄마가 밥 안 먹는다고 걱정을 하시면 자식 떼어놓고 몇 년씩이나 나갔다 왔으면서 뭐 이제 와서 걱정을 하느냐고 오히려 엄마한테 엄청 화를 냈다고 한다. 엄마가 몇 번씩이나 모든 것이 엄마 잘못이니 용서해 달라고 사과했지만 그러는 엄마가 더 미웠단다.

애당초 모든 것은 아버지가 돈을 안 벌어서 생긴 일인데 돈 안 벌고 집에 있는 아버지가 오히려 불쌍해 보였다고 한다. 고등학교를 졸업하고 집에서 놀고 있으니까 외삼촌이 자기 회사에 출근하라고 했단다. 그래서 취직을 했는데 첫날부터 늦잠을 자는 바람에 회사에 지각을 했다고 한다. 그날 외삼촌이 내일부터는 제시간에 오라고 나무라셨는데 그 말이 서운하고 자존심 상했단다. 당장 집으로 오고 싶은 것을 간신히 참고 일을 했단다. 그다음 날에도 늦잠을 잤고 그래서 결국 회사를 못 다녔다고 한다. 아버지처럼 집에서 놀고먹고 잠자는 것이 일상이 되었단다. 하는 일이라곤 몸단장하고 친구 만나러 가는 거였다고 한다. 친구가 많지는 않았는데 고등학교 졸업 후 미용실하는 친구와 옷장사하는 친구 집에 번갈아가면서 놀러 다녔단다. 친구네 옷가게에 놀러 가서 마음에 드는 옷이 있으면 엄마한테 엄청 못되게 굴어서 사야 직성이 풀렸다고 한다. 엄마가 안 된다고 하면 어떻게든 억지를 부려서 엄마한테 돈을 타갖고 가서 꼭 샀단다.

그렇게 세월을 보내다 남편을 만나게 되었다고 한다. 시어머님이 큰아들인 남편 형님을 장가보낸 후 장사 밑천을 대주면서 서울에서 동생들을 데리고 있으라고 했단다. 친구 옷가게 옆집이 남편 형님 가게였다고 한다. 그때 남편은 법대생으로 형님 가게에 왔다가 선희와 우연히 마주쳤고, 만나자고 하는데 아무리 법대생이라고 해도 시골 촌뜨기처럼 얼굴이 새까맣고 못생겨서 만나고 싶지 않았다고 한다. 일방적으로 약속한 날, 놀다가 나올 때까지 기다린다던 말이 퍼뜩 생각나서 4시간 후에 약속 장소에 갔더니 그때까지 기다리고 있더란다.

그 후 가끔 만났는데 선희를 왕비처럼 떠받들고 학생인데도 돈을 잘 써서 부잣집 자식인 줄 알았다고 한다. 만나다가 덜컥 애가 생겼고, 방 한 칸을 얻어서 살림을 차린 후 남편이 고시 공부를 그만두고 취직을 했단다.

어느 날, 남편이 잠꼬대를 하는데 여자한테 하는 말을 하더란다. 그때부터 전쟁이 시작되었다고 한다. 선희는 여자가 생겼다고 하고, 남편은 생트집 잡는다면서 싸웠단다. 그러다가 밤에 당구장을 한다며 집에는 밥 먹고 옷 갈아입으러만 들어왔다고 한다. 이혼을 한다고 애를 남편 형님 집에 데려다주었단다. 며칠 후 남편이 다른 여자가 있다는 것을 알게 되었다고 한다. 그 여자, 남편, 선희 셋이 삼자대면해서 남편한테 누구랑 살 건지 택하라고 했더니 선희와 살겠다고 했단다. 애를 생각해서라도 선희가 마음을 돌렸다고 한다. 남편이 돈도 잘 벌어다 주고 좋은 아파트로 이사도 가고 그럭저럭 25년을 살았단다. 그런데 남편이 또 바람이 났다고 한다.

선희가 그 여자를 찾아가서 행패를 부렸는데 그랬다고 남편이 선희를 야단치더란다. 그래서 이혼을 했단다. 위자료는 당장 줄 돈이 없다고 매달 나누어 주기로 하고, 애는 선희가 데리고 왔단다.

그 후 다른 남자도 만나보았는데 남자 복이 없는지 남자들이 돈을 안 쓰더란다. 그래서 더 이상 남자를 안 만나기로 했다고 한다. 애들 아버지는 책임감이 강해서 이혼 후에 돈 걱정은 안 하고 살게 했단다. 그 딸애가 지금은 시집을 가서 자식을 낳았다. 70줄에 들어선 선희는 이제 그 애 봐주는 재미에 살고 있다.

사람마다 타고난 복이 따로 있나 보다!

나는 강남 동생이 혼자 사는 줄 알았다. 애인을 만날 때 몇 번 동석한 적이 있는데 애인인 남자가 여자처럼 예쁘고 얌전하니 말이 별로 없었다. 강남 동생이 데이트 비용도 대고 꼭 남자처럼 행동했다. 그래서 몇 년 동안은 싱글인 줄 알고 있었다. 특이한 것은 애인이 있으면서도 가끔 젊은 남자애들을 데리고 와서 자기 애인이라고 자랑을 했다. 여자가 혼자 살면서 저렇게 세상을 사는 것도 나쁘지는 않겠다고 생각했다.

그랬는데 어느 날, 아들이 미남이라며 사진을 보여주었다. 그러면서 남편이 자기보다 두 살 어리고 외국계 회사에 다닐 때 자기 부하 직원이었단다. 연하 남편은 애들 같은 구석이 있어서 집에 같이 있으면 성격이 너무 안 맞아서 울화통이 터진다고 한다. 퍼뜩 내 남편이 저런 마음인가 하는 생각이 들었다. 강남 동생도 남편이 자기한테 착착 못 맞춰 준다고 화가 난단다. 그 말은 내 남편이 입에 달고 사는 말이다. 내 남편과 강남 동생은 성향이 도플갱어인 것 같다.

강남 동생은 남편 얘기는 별로 안 하고 아들 자랑은 가끔 한다. 그리고 애인 자랑은 엄청 한다. 한번은 자기 집안 사진을 보여주는데 엄청 예쁘고 깔끔하게 해놓고 살아서 놀랐다. 남이 하는 것은 마음에 안 들어서 자기가 직접 다 정리하고 청소한단다. 살림도 잘하고 밖에 나와서도 하고 싶은 대로 하고 사는 모습이 놀라웠다. 외국 여행도 자주 다녔다. 남자들이 밖에서 답답한 마음을 풀듯이 강남 동생도 그런 사람이었다. 얘기로만 듣다가 내가 직접 그런 강남 사모님을 본 것이다. 사람마다 자기가 타고난 복이 따로 있나 보다!

세상에 혼자 남겨지는 것이 두려워서

용희는 식당에서 일할 사람이 필요해서 구인할 때 인연이 닿아 우리 식당에서 일하게 되었다. 함께 일하다 보니 언니, 동생처럼 지내게 되었고 더욱 가까워진 것은 용희의 성장 과정 얘기를 듣고 나서부터였다. 부모 형제 없이 고아가 되어 이 집 저 집으로 옮겨 다니면서 고생을 많이 했단다. 어릴 적 기억에 어떤 할머니 집에서 살고 있었는데 10살 무렵에 이웃에 살던 분이 부잣집에 수양딸로 보내준다고 해서 몰래 할머니 집을 도망 나와서 부잣집으로 갔다고 한다. 말이 수양딸이지 식모로 간 것이었다. 도착한 첫날부터 온갖 잡일을 다 시켰고 학교도 못 다니다가 17살에 주인아주머니 동생네로 보내졌단다. 그들을 외삼촌, 외숙모라고 부르면서 집안 살림을 다 하고 살았다고 한다. 말이 조카딸이지 월급도 못 받는 식모살이였단다. 그렇게 지내다가 스무 두세 살 때 나이를 스물다섯 살이라고 속이고 식당에 취직을 했다고 한다. 그곳은 큰 식당이라서 직원들이 거기서 숙식을 해결할 수 있었다. 그러던 중에 나라에서 호적이 제대로 되어 있지 않은 사람들한테 호적을 정정하거나 만들 수 있는 기회를 특별히 주었단다. 그때 지금의 이름과 호적상 나이를 만들었다고 한다.

용희는 정확한 자기 나이를 모른단다. 울면서 살아온 얘기를 하는데 불쌍해서 나도 모르게 눈물이 나왔다.

나를 친언니라 생각한다며 가끔 반찬도 해다 주고 살갑게 굴었다.

용희는 젊어서 식당에서 일하다 남자들한테 안 좋은 일을 당해서 식당을 그만두고 그래도 있던 곳이 집이라고 외삼촌이라 부르던 사람 집으로 가서 다시 식모처럼 일하고 살았다고 한다.

어느 날, 지금의 남편이 무슨 일로 외삼촌 집에 왔었는데 며칠을 드나들더니 하루는 용희한테 밖에서 만나자고 하더란다. 그래서 밖에서 만났다고 한다. 남편은 애들 둘을 데리고 사는 홀아비로 용희한테 그 집에서 식모살이 하지 말고 자기랑 같이 가자고 하더란다. 그래서 그 길로 지금의 남편을 따라와서 살고 있다고 한다. 그런데 살면서 얼마나 속을 썩이는지 나오자니 갈 곳도 없고 게다가 자기 배 아파 낳은 아들까지 있으니 참고 살 수밖에. 피붙이 아들한테 마음을 붙이고 살다보니 그냥저냥 살아지더란다.

애당초 남편을 따라올 때는 그 사람보다 그 사람 애들이 불쌍해서 잘 기르고 싶은 마음에 따라왔다고 한다. 자기가 엄마 없이 자라서 그런지 애들이 엄마 없이 자라고 있다기에 불쌍한 마음이 들었단다. 그래서 잘 모르는 남자를 따라나섰다는 것이다. 그런데 장사가 잘 안 되는 건지 어떤지 생활비를 제대로 주지 않아서 용희가 돈을 벌러 다녔다고 한다. 애가 어리니까 종일 일하는 곳에는 못 가고 몇 시간씩만 일을 해서 생활에 보탰단다. 용희 남편은 노래도 잘하고 유머도 있어서 여자들한테 인기가 많았다고 한다. 그래서 주위에 여자들이 늘 있었단다. 그렇다고 그걸 뭐라고 할 수도 없는 일이라 내버려두었다고 한다.

그러다 한 3년 전쯤에 동네 아줌마가 용희 남편을 다른 여자의 남편이라고 하기에 깜짝 놀랐단다. 무슨 소리냐고 했더니 그 여자랑 자기네 윗집에서 산 지가 10년도 넘었다고 하더란다. 그래서 알아보았더니 용희가 일하러 가면 그 집에 가서 있고, 어느 날은 저녁 늦게까지 있다가 오곤 했단다. 그 여자 친구들이나 식구들을 만날 때도 같이 다녀서 서로 친하게 지내는 사이더란다. 죽고 싶을 정도로 절망적이었지만 사실을 확인하고도 이러지도 저러지도 못하고 그냥 살았다고 한다. 세상에 혼자 남겨지는 것이 너무 두려워서…. 이제는 내 혈육인 아들도 그 여자를 엄마 대접하며 지내고 있단다.

'부모 복 없는 사람이 남편 복도 없고 자식 복도 없다.'고 하더니 자기가 그렇다고 한다. 만일 자기가 다시 태어난다면 좋은 집안에 태어나서 부모님께 사랑 듬뿍 받고 많이 배운 좋은 남편 만나서 아들딸 낳고 평범하게 살고 싶단다.

용희 아들이 어릴 때 용희가 일하러 나가면 그 여자가 집에 와서 아들과 남편한테 밥도 해먹였다고 한다. 그래서 그런지 용희 아들은 그 여자한테 별 반감이 없는 것 같단다. 심지어 어떤 때는 그 여자가 불쌍하다고 한다는 것이다. 정작 불쌍한 사람은 자기 엄마인데 말이다. 그럴 때는 엄청 속상하단다.

  시누이들 만날 때도 그 여자를 데리고 가고 해서 아예 용희 남편은 공식적으로 마누라가 둘인 셈이라고 한다. 그러던 중에 또 다른 여자가 생겼단다. 도대체 남편과 같은 사람들은 마음속이 어떻게 생겼는지 궁금하더란다.

  둘째 여자가 속상해 죽는다고 난리가 났다고 한다. 자기를 두고 어떻게 다른 여자를 만날 수 있냐면서 용희한테 와서 하소연을 하더니 한 술 더 떠서 자기들의 추억 얘기를 들려주었단다. 혼인 신고도 안 되어 있고 딸린 자식도 없으니 그냥 끝내면 그만인 것을 왜 저렇게 죽네 사네 호들갑을 떠는지 알다가도 모르겠단다. 한편으론 이해도 되는 것이 살아온 세월이 있으니 정인들 없을까 싶기도 했다고 한다. 어찌 보면 친정이라는 뒷배가 없어서 당하는 설움일 수도 있을 것 같단다. 그 여자나 자기나 번듯한 친정이 있었다면 그런 굴욕을 당하지도 않았을 거고 또 그런 상황을 감내하며 살지 않아도 됐을 거라는 생각이 들더란다. 주위를 보면 친정이 화목한 집들은 남편들도 아내한테 잘하는 것 같다는 것이다.

  그 말을 듣고 보니 일리가 있다. 주위에서 보면 어릴 때 부모 형제들이 화목하게 지낸 사람들과 그렇지 못한 사람들은 확실히 차이가 있는 것 같다. 결핍 속에 자란 사람들은 남이 자기한테 관심을 갖고 조금만 잘해주면 홀딱 빠져 든다.

용희 아들이 20살이 넘었을 때 그 여자가 병원에 입원을 했는데 꽃 사들고 병문안을 갔다 오더니 앞으로는 그 여자를 작은 엄마라고 부르겠으니 엄마가 이해하시라고 하더란다. 용희는 그날 자기 설움에 펑펑 울었다고 한다.

용희 부부가 수술을 받게 되었다. 용희는 유방암이고, 남편은 위암 초기였다. 남편이 며칠 먼저 수술을 했는데 간병을 그 여자가 했다. 용희가 입원해 있는 동안에 용희 남편은 집에서 아들과 그 여자와 함께 지냈다고 한다.

지금은 용희네가 부동산으로 돈을 많이 벌어서 부자다. 아버지와 아들이 돈 쓰는 재미에 푹 빠져 산다고 하나. 아버지는 그렇다 치고 젊은 아들이 너무 한다고 했다. 아버지가 아들이 달라는 대로 용돈을 주고, 차도 고급 차로만 수시로 바꿔 준단다. 아들이 한 달에 쓰는 용돈이 웬만한 집 생활비만큼 된다고 하니 놀랍다. 용희가 아들의 씀씀이를 나무라니까 아들이 엄마를 싫어한다고 한다.

반면에 전처소생의 딸 둘한테는 해주는 것이 없단다. 형편이 넉넉하지 않을 때 시집을 가게 돼서 혼수도 제대로 해주지 못했다고 한다. 딸들은 가난하게 살고 있단다. 이제는 살만 하니까 좀 도와주면 좋겠는데 남편이 딸들한테는 인색하게 군다고 한다. 그래서 용희가 식당에서 일을 해서 조금씩 보태주고 있단다. 자기가 낳지는 않았지만 기른 정이 있어서 뭐라도 해주고 싶은

데 자기가 할 수 있는 일이 많지 않아서 큰 도움은 못주고 있다고 한다. 아들한테는 아낌없이 펑펑 쓰면서 딸들한테는 왜 그러는지 도대체 모르겠다고 한다.

용희 아들은 마흔이 다 되어 가는데 여태껏 직장이 없다. 한때는 장사를 한다고 했다가, 한때는 연예인을 한다고 했다가 하면서 돈만 쓰고 다닌다고 한다. 용희가 그런 아들이 걱정이 돼서 남편한테 아들을 망치고 있다고 제발 정신 좀 차리라고 했더니 시끄럽다고 소리를 치더란다.

그 여자 생일에는 강남의 한 고급 식당에서 용희, 남편, 아들과 그 여자 이렇게 넷이서 식사를 했단다. 넷이서 부대끼며 산 지가 오래돼서 적응될 만도 한데 용희는 그 자리가 그렇게 불편하더란다.

용희는 깔끔하니 정리정돈을 잘하고 반찬도 엄청 맛있게 한다. 용희 말로는 어릴 때 데리고 있었던 외숙모가 엄청 깔끔하고 반찬도 잘하고 몸단장도 잘 했단다. 아침 일찍 일어나서 씻고 화장도 곱게 한 후 식사 준비를 했다고 한다. 그때 외숙모를 보고 배운 거란다. 지금 자기도 집에 있을 때 아침에 일어나면 씻고 화장부터 하고 옷도 예쁘게 챙겨 입는다고 한다. 혼자 식사를 할 때도 대충 먹지 않고 식구가 다 같이 밥을 먹을 때처럼 제대로 상을 잘 차려서 먹는단다.

용희는 술을 잘 마신다. 속상해서 한 잔, 기분 좋아서 한 잔, 술이 취하면 노래방엘 가는 게 코스다. 노래를 참 잘한다. 틈틈이 시간 내서 노래 교실도 다니고, 친구 모임에도 나가고, 전국 팔도 놀러 다니기도 하면서 혼자 잘 즐기고 산다. 가끔 술을 너무 많이 마시면 필름이 끊긴단다. 그럴 때는 남편과 아들이 화를 내는 것 같다고 했다.

그것이 용희가 그 집에서 버티고 살 수 있었던 비법이란다. 술이라도 마셔야지 그렇지 않았으면 벌써 자기는 이 세상 사람이 아니라고 했다. 맨 정신으로는 도저히 살기 힘들었단다.

용희 아들은 직업도 없이 미혼인 채로 지냈다. 여자 친구를 사귀기는 해도 오래가지 않았다고 한다. 자기한테 혈육이라고는 아들 하나니까 아들이 장가가서 손주라도 생기면 좋겠는데 같이 다니던 여자 친구가 안 보여서 물어보면 매번 헤어졌냐고 하더란다. 남의 집 대소사까지 자기 돈 쓰면서 챙기니까 밖에서는 따르는 사람들이 있긴 한 것 같은데 영 실속이 없는 것 같다고 했다. 아들이 고등학교 졸업하고 대학도 제대로 다니지를 않아서 속상하단다. 용희 말이 자식 농사를 잘 지어야 한다고 했는데 남편이 속 썩이는 것은 아무것도 아니란다. 아들이 속 썩이는 것은 정말 힘들어도 너무 힘들단다.

'무자식이 상팔자'라나 뭐라나.

천사 같은 분

부부가 같이 살다 늙어서 병이 들 경우 남편들이 아프면 아내가 집에서 정성껏 간호해 주고 사는 집은 많이 보았다. 하지만 아내가 아프면 거의 요양원에 보내는 집이 많다. 그런데 목동 사장님은 아픈 부인한테 지극정성이시란다. 사장님 부인은 치매라서 꼭 옆에 사람이 붙어 있어야 하는데 사모님 식사부터 씻기는 일까지 부인과 관련된 것은 모두 다 사장님이 직접 하고 계시다는 것이다. 병원에 입원했을 때는 얼마나 간병을 잘하셨는지 옆에 입원해 있던 부부가 그 모습을 보고 싸움을 다 했단다.

사장님이 아내한테 정성을 다하시는 모습을 보고 옆의 환자 부인이 환자인 남편한테 나중에 자기가 아프면 목동 사장님처럼 해달라고 하니까 그 집 남편이 자기는 그렇게 못할 거 같다고 했다는 것이다. 그래서 말싸움이 났단다.

목동 사장님은 팔순이시다. 한때 대기업 사장님이셨는데 늘 그막에 고생하고 사신다. 사위가 사업한다고 돈도 많이 없애고, 여동생이 이혼하고 사장님댁에 와서 있다며 목동 사장님 친구분들이 모이시면 걱정을 많이 하셨다. 겉으로 괜찮은 척하지만 얼마나 힘들겠냐고….

목동 사장님은 당신이 살아 있는데 어떻게 아내를 요양원에 보내느냐고 하신단다. 힘닿는 데까지 해보시겠다고. 어떻게 하는 것이 좋은 건지는 잘 모르겠다. 사람마다 생각이 다르니까. 하지만 목동 사장님은 정말 천사 같은 분이라는 생각이 들었다.

제 버릇 남 못준다

친정엄마 친구분 얘기다. 그 이모는 엄마 친구분들 중에서 고생을 제일 많이 하고 사셨다. 엄마도 친정이 대전이고 그 이모도 대전인데 처녀 때는 잘 몰랐단다. 산골로 시집을 와서 보니 집이 딱 두 채였다고 한다. 그 이모네 하고 엄마네 하고. 그림처럼 동네는 예뻤는데 먹을 것이 없어서 고생을 많이 하셨단다. 엄마는 그 이모네 집에 잘 놀러 갔는데 이모 남편이 노름을 좋아하고 술을 좋아해서 집에서 식구들은 굶고 있어도 노름과 술에 빠져 살았다고 한다. 그리고 술 마시고 들어와서 이모를 때릴 때가 많았단다. 한번은 놀러 갔더니 이불이며 살림살이들이 마당에 나뒹굴고 있고 이모는 주저앉아 엉엉 울고 있더란다.

왜 그러냐고 물어보았더니 남편이 어떤 여자를 데려와서는 그 여자랑 살 거니까 나가라고 했다는 것이다. 애가 셋이나 되는데 두고 나갈 수도 없고 해서 안 나가고 버텼단다. 한 이틀인가 집에서 있으면서 밥 해오라면 해다 바치고 했는데 오늘은 안 나간다고 살림살이를 다 집어던지고 자기를 때리고 하더니 그 여자를 데리고 나가버렸다고 한다.

　그 후 얼마 지나지 않아 이모는 애들을 남편한테 주고 대전 친정으로 갔고, 한동안 못 만났는데 10년 후쯤 서울에서 슈퍼마켓을 하며 살고 있다는 소식을 들었다고 한다. 만나서 얘기를 들어보니까 친정에 가 있으면서 번 돈과 부모님이 일부를 보태주셔서 서울로 와 슈퍼를 차렸다고 하더란다.

　애들을 학교라도 보내려고 데려왔더니 애들이 하라는 공부는 하지 않고 공장에 돈 벌러 다닌다고 했단다. 딸 하나는 죽고, 아들과 큰딸만 데려와 살고 있다고 한다.

　몇 년 후에 남편이 찾아와서 함께 살았는데 '제 버릇 남 못준다.'고 같이 살게 되니 또다시 제 버릇이 나오너란다. 술 먹고 때리기 시작했다는 것이다. 그 와중에 낳은 늦둥이 아들을 두고 또 도망을 갈 수가 없어서 살기는 하지만 속이 터진다고 하더란다. 그래도 늦둥이 아들은 장가간 큰아들의 아들하고 친구처럼 지내고 있단다.

　이모 남편은 집에 먹을 것을 해놓으면 전부 경로당에 가져간다고 한다. 남들한테는 얼마나 잘하는지 집에서 그렇게 못되게 구는지 아무도 모른단다. 큰아들이 20살일 때 22살짜리 여자와 결혼을 시켰는데 집에 방이 여러 개라서 데리고 살면서 이모가 슈퍼를 해서 바쁘니까 며느리한테 살림을 맡겼다고 한다. 그런데 이모 남편이 며느리한테도 욕하고 큰아들도 때리고 해서 며느리랑 큰아들이 갓난애를 데리고 나가버렸단다. 그때부터 며느리가 애 업고 다니면서 장사를 했다고 한다. 그러더니 돈을 모아서 시장에서 가게를 얻어 장사하면서 애 셋을 낳아서 기르고 살았단다. 며느리가 열심히 사니까 애들이 참 잘 큰다고 생각했는데 나중에 알고 보니 큰손자가 할아버지를 닮았는지 동네 깡패 우두머리란다. 이모가 엄청 실망을 했단다.

큰손자는 3살 연상의 애가 하나 있는 여자를 만나서 동거를 한단다. 그래서 결혼을 시킨다고 해서 친정엄마도 결혼식에 가셨다. 이모 말이 큰손자 빼고는 다른 애들은 다들 착하다고 하셨단다.

이모 남편은 70 조금 넘어서 돌아가셨다고 한다. 그러다 큰며느리가 쓰러졌고 몸을 마음대로 못 움직여서 사람이 꼭 붙어 있어야 한단다. 이모 큰아들이 병간호를 하고 있다고 한다. 이모 딸은 아버지의 성정을 닮은 구석이 있어서 처녀 때도 친구들하고 어울려 다니기를 좋아하더니 시집가서 애를 낳고도 친구들과 어울려 다니기를 좋아해서 신랑하고 매일 싸운다고 한다.

이모 딸은 아들이 셋이고 남편은 젊은 나이에 병으로 죽었단다. 큰애가 8살 때였다고 한다. 그래서 이모가 그 애들을 잘 기르는 게 삶의 목표가 되었다고 하셨단다. 외할머니 덕분인지 외손자들 셋이 다 아주 잘 컸다. 한 애는 대학교수, 한 애는 회사원, 한 애는 개인 사업을 하는데 외할머니와 엄마한테 지극정성으로 효도를 한단다.

그러니까 있을 때 잘하지!

나이 70살이 넘으니까 주위에 부인이 죽은 사람들이 꽤 있다. 부인이 살아 있을 때는 데면데면하던 사람들이 부인이 죽고 나니까 멘붕이 온단다. 그건 여자들도 마찬가지인 것 같다. 살아 있을 때는 남편을 웬수처럼 얘기하던 사람들이 남편이 죽고 나니까 엄청 애통해하면서 마음을 추스르질 못한다. 내가 아직 안 당해 봐서 그런지 잘 이해가 되지 않는다.

한 남자가 부인이 명절 준비를 하다가 쓰러져서 그 길로 갔는데 꽤 시간이 지났는데도 지금까지도 혼자서 먼저 갔다고 화를 낸단다. 어두컴컴한 집에 들어갈 때나 어디 가서 좋은 것을 먹거나 볼 때 아내가 몹시 그립다고 한다. 뭘 사갖고 가도 뭘 먹어도 아내가 없으니 재미가 하나도 없단다. 거짓말하고 몰래 친구들과 놀러 다니기도 했는데 이제는 속일 대상이 없으니 서운하다고 한다. 현재 친구로 지내는 여자가 있는 걸로 아는데 조강지처와는 다른 모양이다. 그럴 수 있을 것 같다. 낮에는 밖에서 그런대로 지내다가 저녁에 텅 빈 집에 혼자 들어가는 기분이 유쾌할 수는 없으니까. 그러니까 있을 때 속 썩이지 말고 잘하지.

또 한 남자는 평생을 수많은 여자들을 만나고 다니기에 부인하고 정이 없는 줄 알았다. 그런데 그 남자도 아내가 죽고 나서 똑같은 말을 했다. 부인이 저녁에 열이 나기에 감기인 줄 알고 다음날 아침에 병원에 갔더니 급성 폐렴이라는데 치료도 못해 보고 그 길로 죽었단다. 부인 죽고 난 직후에는 자기도 따라 죽을 사람처럼 하고 다녔다. 세상 다 잃은 것 같다고 해서 어처구니가 없었다. 그 마음이 무슨 마음인지 모르겠다.

여자들도 하나같이 아무리 속을 썩여도 남편 있을 때가 좋다고들 한다. 나는 도대체 이해가 안 되는 말이다. 아직 내가 그 입장이 되어 보지 않아서일까.

사람의 마음은 참 간사하다

금이 남편은 직장에서 일을 하다가 많이 다쳐서 산재보상을 받고 집에 있다. 많이 다쳤기 때문에 먹는 약이 많았단다. 사람이 집에만 갇혀 지내다 보니 화를 많이 내고, 무슨 이유인지 보상받은 돈을 움켜쥐고 내놓지를 않았다고 한다. 애들이 셋이나 되니 남편 처분만 바라보고 손 놓고 있을 수가 없어 금이가 일하러 다녔다. 그러니 남편 병수발은 언감생심이었다. 금이는 딸만 셋인데 딸 셋이 다 집안일을 하나도 안 도와주니까 아버지가 잔소리를 많이 했단다. 그러면 딸들이 그 말을 듣기 싫다고 짜증을 냈다고 한다.

금이는 남편이 밤에 잠을 안자고 중얼거리며 집안을 돌아다녀서 괴롭다고 했다. 하도 화를 많이 내니까 애들은 아빠랑 이혼하라고 하는데 살 일이 막막해서 용기를 못 냈다. 금이는 밤에는 건물 청소하러 다니고, 틈틈이 식당 아르바이트도 했다. 일하러 나오기 전에 남편과 딸 셋 식사 준비를 다 해놓고 다녔다.

딸 셋이 커서 직장에 다니게 되자 자기들이 보탤 테니 월세라도 얻어서 나가자고 해서 딸 셋하고 월세방을 얻어서 나온 후 이혼 신청을 해서 이혼을 했다.

그러더니 몇 달이 지나자 괜히 애들 말만 듣고 이혼했다고 후회했다. 아픈 남편이 자꾸 불쌍한 생각이 든다는 것이다.

나는 금이가 자기 마음을 잘 들여다보고 신중하게 결정했으면 해서 다시 예전의 그 지긋지긋한 생활로 돌아가서 후회하지 않고 살 자신이 있으면 그렇게 해라. 하지만 괜한 동정심 때문에 다시 불구덩이 속으로 들어가는 일은 없었으면 좋겠다고 했다. 사람의 마음은 참 간사하다. 몇 개월 지났다고 미운 마음은 다 어디로 가고 불쌍한 생각이 드는 걸 보면. 어쩌면 금이 남편도 혼자 있는 시간이 필요할 수도 있다. 가족의 소중함과 아내에 대한 고마움을 깨닫는 기회가 될 수도 있으니. 시간이 흐를수록 금이는 남편에 대한 연민이 점점 사라지고 자신의 삶에 만족하는 듯했다. 어쩌다 한 번씩 아픈 사람이 혼자 있으니까 마음에 걸려서 남편한테 다시 돌아갈까 말까 마음이 오락가락해도 처음보다 그 빈도가 많이 줄어들었다.

그렇지. 자식 낳고 30년 넘게 부대끼며 살아온 정이 하루아침에 무 자르듯이 잘라지는 것은 아니지. 점차 마음의 안정을 찾아가는 것 같았는데 지금은 어떻게 지내고 있는지 모르겠다.

보이는 것이 다는 아니다

최 회장은 워낙 부자라서 머리부터 발끝까지 명품으로 휘감았다. 그리고 애인과 공개적으로 함께 다녔다. 사는 데는 뭐든 좀 부족한 듯해야 좋은 것 같다. 돈이 많으면 꼭 탈이 난다. 애인이라는 사람은 말인즉 학교 선생이었다는데 최 회장 때문에 학교에서 해고되고 남편하고도 이혼을 했단다. 부인이 있는 줄 뻔히 알면서도 어찌 그럴 수 있었는지 모르겠다. 어쨌든 최 회장이 엄청 좋아한다고 한다. 애인은 최 회장 부인보다 많이 젊고, 키도 크고, 얼굴도 예쁘다. 부인은 말이 별로 없고, 깍쟁이 같은 스타일이다.

최 회장은 낮에는 거의 매일 애인하고 붙어 다녔다. 공식적인 일에도 같이 다녔다. 부인은 어쩌다 보는데 부인한테 엄청 함부로 했다.

한번은 부인이 어디가 아파서 수술을 했는데 회복이 안 된 상태에서 최 회장의 호출을 받았단다. 모임에서 술을 마시고는 부인한테 운전을 하라고 하자 부인이 대리운전을 부르니까 화를 내서 부인이 아픈 몸으로 운전을 했다고 한다. 아니, 애인 아파트 사주고 차 사줄 돈은 있으면서 고작 대리운전비 2만 원이 아까워서 아픈 부인한테 운전을 시키는 게 말이 되나. 최 회장은 누구든지 마음에 안 들면 두들겨 패서 고발당하는 일이 많단다. 그러니 부인이 말대꾸 한마디 못하고 아픈 몸으로 운전을 했겠지 짐작했다.

 최 회장을 알고 있는 사람들은 부인을 엄청 안쓰러워하는데 정작 본인은 남편의 외도와 밖에서의 생활을 아는 건지 모르는 건지 잘 모르겠다. 어떤 때 보면 정말 모르고 있는 것 같기도 하다. 자존심 때문에 그럴 수도 있고.

 어느 날, 최 회장이 감옥살이를 해야 된단다. 사람을 때려서 고소를 당했는데 재판에 져서 몇 달 살고 와야 된다는 것이다. 상대방이 절대로 합의를 안 해준다고 했단다. 감옥 가기 전에 애인한테 카페를 차려주고 돈도 몇 억을 주었다고 한다. 한동안 안 보이더니 감옥에서 나왔다고 죽을상을 하고 식당에 왔다. 사연인즉 애인이 안 만나 준단다. 그새 카페도 망해서 문을 닫았고, 집으로 찾아갔더니 이혼하고 오라고 했단다. 이혼하기 전에는 만날 생각도 하지 말라고 하더란다. 그래서 울화통이 터져서 죽을 것 같다는 것이다.

 그 후 최 회장은 다른 젊은 여자를 데리고 다녔는데 학교 선생이었던 여자와 다닐 때와 사뭇 표정이 달랐다.

 최 회장은 몇 달 안 가서 암에 걸렸다고 하더니 몇 개월 못 살고 저 세상으로 갔다. 우연히 최 회장한테 아파트 한 채, 고급 승용차, 카페, 현찰까지 뜯어낸 애인의 소식을 듣게 되었다. 그 여자는 선생님이 아니라 백화점에서 옷 파는 아르바이트를 가끔 하던 사람이었단다.

최 회장 큰아들 말로는 아버지는 자기 엄마와 이혼하고 재혼했다고 한다. 내가 알고 있는 부인이 자기 새엄마란다. 새엄마가 늦둥이로 자기 남동생을 낳았는데 아버지가 엄청 예뻐했단다. 지금은 돈 때문에 새엄마랑 연락을 끊고 산다고 한다. 아버지 돌아가시고 새엄마는 유산을 많이 받으셨는데 코로나로 인해 자기 형편이 조금 안 좋아져서 돈 좀 빌려 달랬더니 거절하더란다. 그러더니 이제는 자기 전화도 안 받고 피한다고 한다.

그 후 우연히 최 회장 부인을 만났다. 남편이 모든 걸 다 알아서 해주다 옆에 없으니 사는 재미가 하나도 없단다. 마치 세상 살기 싫은 사람처럼 말을 했다. 실제로도 많이 늙어 보였다. 우리가 알고 있는 사실과 다르게 정말 잘해주고 산 걸까? 그랬을 수도 있다. 우리가 남의 가정사를 알아야 얼마나 알겠는가. 보이는 것이 다는 아니다.

부러울 게 따로 있지…

둥이란 이름은 둥이 사장님의 친구들이 붙인 별명이다. 여자를 많이 사귀고 다녀서 붙인 이름인데 대놓고 바람둥이라 하기는 너무 노골적이라서 둥이라고 부른단다. 둥이 사장님은 다양한 직업을 가진 여자들을 만나보았다는 게 자랑이다. 둥이 사장님은 금수저란다. 할아버지 때부터 엄청 큰 회사를 운영하고 있단다. 흔히 농담으로 남자가 여자를 사귀려면 돈, 시간, 힘, 이 세 가지가 있어야 된다고 하는데 둥이 사장님은 그 세 가지를 다 갖추고 있다고 한다. 의자왕도 부럽지 않을 거란다. 둥이 사장님은 젊고 예쁜 여자를 데리고 다녔다. 딸뻘의 여자애가 어찌나 당당하고 뻔뻔스러운지 주위 사람들이 눈살을 찌푸렸다.

그 여자와 외국 여행을 가면 억 소리 날 정도로 선물을 산단다. 둥이 사장님은 딸뻘의 여자한테 아파트를 사주고 살림을 차렸다. 친구들이 그런 둥이 사장님한테 골치 아프다고 애는 밖에서 만들지 말라고 훈수를 두었단다. 우스운 것은 둥이 사장님은 애를 안 낳으려고 하고, 젊은 여자는 어떻게든 애를 낳으려고 한다는 것이다. 몇 년 후 그 여자가 애를 낳았고 친정엄마가 그 애를 몰래 기르고 있단다. 둥이 사장님은 집에서 알게 될까 봐 벌벌 떨고 있다고 한다. 남자들 사는 것 보면 우습다. 둥이 사장님은 아내를 엄청 무서워하고 소중하게 생각한단다. 그러면서 왜 밖에서 여자들을 사귀지 못해 안달을 하는지 모르겠다.

시간 많고 돈 많고 힘이 남아돌아서 그런가 보다. 남자들 말이 나이 들수록 젊은 여자를 사귀어야 한다고 한다. 보약이 필요 없단다. 젊은 여자를 사귀려면 젊게 보여야 되니까 열심히 운동하고 체력관리를 하므로 건강해지고 젊어지기 때문이란다.

둥이 사장님도 자기 나이보다 20년 정도는 젊어 보인다. 그래서 젊은 애인이랑 니이 차이가 별로 안 니 보인다.

어느 날, 우연히 엿들은 얘기다. 거의 칠십 된 남자들 셋이서 소개팅을 해준다기에 소개팅 장소에 나갔더니 상대 여자들이 너무 늙었더란다.

남자들이 화가 나서 말도 잘 안 하고 쳐다보지도 않고 하니까 여자들이 참다못해 남자들한테 "여보슈, 당신들 거울이나 한 번 들여다 보슈. 우리만 늙은 것이 아니고 당신들은 더 늙었는데 뭐가 그리 잘났다고 우리를 못마땅하게 생각하느냐?"고 하면서 일어나 가버렸다고 한다.

"아니, 우리가 늙었으니까 젊은 여자들 만나서 젊은 기를 받으려고 하는 거지. 늙은 사람들끼리 만나면 뭔 재미가 있어. 젊은 애들은 말하는 것만 봐도 귀엽고 재미있는데."

늙으나 젊으나 남자들은 다 똑같은 족속들이다.

둥이 사장님이 한동안 모임에 나오지 않았다. 많이 아파서 입원을 했단다. 불면증에 시달린다고 하더니 산속에 들어가서 휴양 중이라고 한다. 친구들 말에 따르면 아내한테 꼬리를 잡혀서 도망 나와 산속에 별장을 근사하게 지어놓고 젊은 여자랑 진시황 부럽지 않게 살고 있단다. 젊은 여자가 절대로 둥이를 놓아주지 않는다고 한다. 그러려고 애를 낳았으니까. 평생 후처로라도 살 거라고 했단다. 두 사람이 전생에 특별한 인연이라도 있었나. 서로 말다툼 한 번 안 하고 잘 지내고 있단다. 둥이 사장님이 친구들 사이에서는 부러움의 대상이라고 한다.

부러울 게 따로 있지···.

세상에 비밀은 없다

이촌동 회장님은 배우 율브리너(Yul Brynner, 1920~85)처럼 잘생기시고 키도 크시고 멋지시다. 해군사관학교 출신이시란다. 기업 회장님이시기도 하지만 운동하는 곳에서도 회장님이시다. 젊을 때부터 여자들한테도 인기가 많으셨단다. 모임도 여러 개를 하셔서 그야말로 마당발이다. 술도 엄청 좋아하시고 잘 드신다. 결혼은 친구 동생하고 하셨다는데 사모님이 회장님을 아빠라고 부르셔서 깜짝 놀랐다. 친구 동생이라서 그런지 사모님을 애기처럼 위하신다. 아들도 엄청 잘생기고 좋은 회사에 다니고 있다. 보기에 회장님은 부러울 것이 하나도 없으실 것 같다.

회장님은 다른 사람들의 말을 잘 경청해 주신다. 그래서 여자든 남자든 주위에 사람들이 늘 북적였다.

그런 회장님이 병이 나서 죽게 생겼다고 친구분들이 걱정을 했다. 세상에 비밀은 없다. 회장님한테 애인이 있었는데 27살이나 어린 처녀였단다. 헤어지겠다고 시집을 가더니 시집가서도 회장님을 잊지 못하고 계속 연락을 해왔고, 결국 이혼하고 회장님과 살림을 차렸다는 것이다.

사모님만 모르고 알 만한 사람들은 다 아는 사실이란다. 그 여자는 회장님이 어떤 모임에 와 있던지 귀신같이 알고 찾아온단다. 그런데 사모님은 순진하게 친구분들 사모님들과 만나면 회장님 자랑을 한다고 한다. 정말 회장님한테 다른 여자가 있는 걸 모르시는 것인지, 아니면 알고도 일부러 그러시는 것인지 모르겠단다. 어쨌든 댁에서는 사모님이나 애들한테 엄청 잘하신다고 한다.

그러던 어느 날, 깜찍하게도 행복하게 살고 있는 회장님댁으로 그 여자가 전화를 했더란다. 아들이 전화를 받았는데 무슨 말을 주고받았는지는 알 수 없으나 엄마한테는 아무 말 안 하고 아버지한테 조용히 정리하시라고 했단다. 그런데 아버지가 그 여자를 계속 만나니까 엄마한테 아버지와 이혼하시라고 했다고 한다. 회장님 사모님은 그 일로 병이 나서 밥도 못 먹고 잠도 못 자고 죽게 생겼단다.

그 후 회장님이 그 여자와 헤어지고 사모님 마음을 달래주느라 외국 여행을 갔다고 한다. 그런데 그 여자가 외국 여행 중에도 회장님께 전화를 하는 바람에 그 길로 여행을 취소하고 돌아와 사모님이 이혼을 요구했단다. 회장님은 이혼도 안 해주고 집에서 나가라고 해도 안 나가고 버티고 있었는데 아무도 말도 안 걸고 밥도 같이 안 먹고 없는 사람 취급을 했다고 한다. 그렇게 외롭게 지내면서 술을 많이 마셨는데 어느 날 넘어져서 고관절이 부러졌단다. 병원에 입원했을 때도 가족들은 병원에 얼씬도 하지 않았다고 한다. 말년에 불쌍하게 되었단다.

회장님은 퇴원 후 부인하고 아들이 있는 집으로 갔다고 한다. 부인과 아들은 회장님을 투명 인간 취급을 했고, 회장님은 이러지도 저러지도 못한 채 사시다 몇 년 후에 돌아가셨다고 한다. 사람이 망가지는 것은 한순간이다. 여자 하나 잘못 만나서 늘그막에 외롭게 살다 험하게 가실 게 뭐람.

그 여자와의 사이에 소생은 없었던 것 같다. 애가 있다는 말은 못 들었다. 회장님은 평소에 술을 많이 드셨단다. 친구분들이 술 좀 적당히 마시라고 하면 이렇게 해서라도 빨리 죽고 싶다고 하셨다는 것이다. 그것도 필자라고 하기에는 마음이 찐하다. 그놈의 사랑이 뭔지.

용서는 마음의 절약입니다.
용서는 분노의 비용, 증오의 비용, 영혼의 낭비를 저축합니다.
Forgiveness is the economy of the heart.
Forgiveness saves the expense of anger, the cost of hatred, the waste of spirits.

한나 모어(Hannah More, 1745~1833, 영국 아동문학가, 시인)

용서는 단지 상대를 위한 행위가 아니라
우리의 마음을 자유롭게 하는 하나님의 지혜입니다.
용서를 선택할 때 우리는 분노와 증오로부터 자신을 지켜내며
마음의 무거운 짐을 내려놓게 됩니다.
미움은 우리의 영혼을 서서히 병들게 하지만,
용서는 하나님의 평안이 흘러올 수 있는 통로가 됩니다.
우리가 받은 하나님의 크신 용서를 기억할 때
다른 이를 용서하지 않을 이유가 없습니다.
용서는 마음의 낭비를 막고 영혼을 치유하는 거룩한 절제입니다.

한동대학교 2025년 6월 27일 '한몸기도편지/원바디' 중에서

엄마의 빛바랜 노트

초판 인쇄 2025년 7월 04일
초판 발행 2025년 7월 11일
지 은 이 오달자
펴 낸 곳 **코람데오**
등   록 제300-2009-169호
주   소 03173 서울시 종로구 세종대로 23길 54, 1006호
전   화 02)2264-3650, 010-5415-3650
          FAX. 02)2264-3652
E-mail   soho3650@naver.com

ISBN 979-11-92191-48-5

값 15,000원

※ 잘못된 책은 바꾸어 드립니다.

자녀들아 우리가 말과 혀로만 사랑하지 말고 행함과 진실함으로 하자
이로써 우리가 진리에 속한 줄을 알고 또 우리 마음을 주 앞에서 굳세게 하리니
이는 우리 마음이 혹 우리를 책망할 일이 있어도
하나님은 우리 마음보다 크시고 모든 것을 아시기 때문이라
사랑하는 자들아 만일 우리 마음이 우리를 책망할 것이 없으면
하나님 앞에서 담대함을 얻고 무엇이든지 구하는 바를 그에게서 받나니
이는 우리가 그의 계명을 지키고 그 앞에서 기뻐하시는 것을 행함이라
그의 계명은 이것이니 곧 그 아들 예수 그리스도의 이름을 믿고
그가 우리에게 주신 계명대로 서로 사랑할 것이니라
그의 계명을 지키는 자는 주 안에 거하고 주는 그의 안에 거하시나니
우리에게 주신 성령으로 말미암아 그가 우리 안에 거하시는 줄을 우리가 아느니라

요한일서 3:18~24